공병호

습관은 배신하지 않는다

공병호

습관은
THE POWER OF HABIT
배신하지
않는다

21세기북스

인간은 반복적으로 행하는 것에 따라 판명되는 존재다.
따라서 탁월함은 단일 행동이 아니라 바로 습관에서 온다.

_아리스토텔레스

인생, 뿌린 대로 거둔다

살다 보면 '은수저를 물고 난 사람들'을 만나는 경우가 있다. 우리는 인생이란 어차피 불공평한 것이라고 생각하지만, 이따금 유별나게 좋은 조건에서 살아가는 사람들을 만나곤 한다. 주변 사람들이 시새움하기도 벅찰 정도로 뛰어난 머리와 재능을 타고난 사람들, 도저히 기대할 수 없을 것 같은 행운을 잡은 사람들, 친가에서 상당한 재산을 물려받은 사람들, 대단한 처가를 만난 사람들을 두고 하는 말이다.

여러분이 그중 한 사람이라면 굳이 이 책을 읽을 필요가 없다. 내가 이 책을 쓰게 된 이유는 보통의 집안에서 보통의 머리로 보통의 학교를 나와서 살아가는 사람들이 특별한 인생을 살아가려면 도대체 무엇이 필요한가라는 의문 때문이었다. 나는 얼마 전부터 매일 새벽 트위터(@GongByoungHo)에 '새벽단상'이란 글을 올렸는데, 어느 새벽엔가 이런 글을 올린 적이 있다.

보통의 집안에서 보통의 머리를 갖고 태어나, 남들이 하는 만큼의 노력으로 한국 사회에서 나름의 생활 기반을 잡는 일이란 참으로 어렵다는 생각을 할 때가 많습니다. 한마디로 세상살이가 정말 만만치 않다는 사실입니다. 사내아이들을 키우면서는 더더욱 그런 생각이 듭니다.

여러분이 이런 생각에 어느 정도 동감한다면 이 책이 도움이 될 것이다. 내가 답하고 싶은 질문은, '평범한 사람으로서 기반을 잡기가 힘들다면 과연 무엇을 어떻게 해야 하는가?' 라는 것이다. 인생은 한 번 살다 가는 것이기에 그냥 손을 놓고 있어서도 안 되고, 놓고 있을 수도 없다. 그렇다면 무엇을 어떻게 해야 할지에 대한 답이 이 책의 주요 내용이다.

앞으로도 이 땅, 이 시대에 사는 평범한 사람들이 탄탄한 기반을 잡기 힘들다는 사실은 크게 변하지 않을 것이다. 어쩌면 점점 더 힘겨워질 수도 있다. 변화의 속도는 점점 빨라질 것이고, 인생 초년부터 바라는 직업을 얻을 가능성은 줄어들고 여기저기 들어가야 할 씀씀이는 늘어날 것이며, 쓸 수 있는 돈의 양은 생각처럼 쑥쑥 늘어나지 않을 것이다. 또한 직업시장은 점차 단기 계약으로 바뀌고 전통적인 직업의 안정성은 크게 흔들릴 것이다. 어디 그뿐인가? 정년이란 개념이 아예 없어지고 살아야 할 세월은 날로 길어져만 간다고 가정해보라. 중년, 장년, 그리고 노년의 삶이 어떠할지는 조금만 깊이 생각해봐도 쉽게 예상할 수 있을 것이다.

이런 세상의 변화는 어느 누가 통제할 수도 없으며 우리 자신도 벗어날 수 없다. 세상은 그저 자신의 방식대로 굴러갈 뿐이다. 우리가 완벽하게 통제할 수 있는 것은 살아가는 방식에 대해 고민하고 이를 개선해서 더 나은 삶을 만들어가는 것이다. 물론 체제의 성격을 바꾸는 것도 가능하지만 이는 시간이 오래 걸리고 저마다 의견이 다를 수 있다. 다시 말해, 이런 작업이 필요하다는 점에는 동의하지만 시간이 오래 걸린다는 점, 개인이 영향력을 행사할 수 있는 범위가 제한적이라는 점을 염두에 두어야 한다.

이 책은 자신의 삶을 철두철미하게 통제하는 방법을 다룬다. 인생에 정답이 없는 것처럼 삶을 통제하는 최적의 방법 역시 정답이 있을 수 없다. 이 책에서 제시한 답 역시 내가 생각하는 정답이다.' 이 중 70퍼센트가량은 내가 선택해왔던 방법이고, 나머지 30퍼센트가량은 아직 완전히 내 것은 아니지만 그렇게 만들기 위해 상당한 노력을 기울이고 있는 방법이다.

삶을 통제하는 방법이란 무엇일까? 한마디로 변화무쌍한 시대에 맞서 자신의 삶을 튼튼한 반석 위에 끌어올리는, '작지만 야무진 습관 목록'이라 할 수 있다. 이 책에서는 그 목록들을 일, 삶, 가족과 사회생활의 세 부분으로 나누어 소개할 것이다. 물론 그 모든 방법을 선택할 필요는 없다. 읽어보면서 단 몇 가지 정도를 선택하는 것만으로도 삶을 상당 부분 개선할 수 있다. 무엇을 더 추가할지는 여러분이 시간을 두고 고려하면 된다.

미래라고 해서 무슨 대단한 시대가 열리는 것은 아니다. 모든 힘은 각자 자신의 삶을 살아가는 방법에서 나온다. 미디어에서는 새로운 시대가 도래했다며 연일 호들갑을 떨지만, 결국 어떤 시대에 서든 한 인간이 갖고 있는 굳건한 삶의 방식 혹은 습관에 따라 승리하는 삶과 패배하는 삶이 나뉜다고 생각한다. 이 말에 솔깃, 저 말에 솔깃해하면서 시간을 흘려보낼 필요는 없다. 뿌리 깊은 인생을 살면 된다. 그렇다면 그 '뿌리'는 구체적으로 무엇일까?

이 책은 바로 그 '뿌리'를 정리하고 있다. 전적으로 개인의 주관적이고 체험적인 지혜에서 우러나오는 것들이기에 독자들이 동의할 수 없는 부분도 더러 있을 것이다. 그러면 그 부분은 그냥 넘겨버리면 된다.

마지막으로, 여러분에게 묻고 싶은 건 바로 이것이다. '남과 다른 것을 매일매일 뿌리지 않는데, 어떻게 남과 다른 특별한 인생을 살 수 있기를 기대하겠는가?' 특별한 인생을 원한다면 바깥 상황을 제쳐두고라도 특별한 씨앗을 뿌릴 수 있어야 한다. 특별한 씨앗은 무엇인가? 이 책에 그 답이 있다. 그 답은 여러분의 궁금증을 풀어주는 데 부족함이 없을 것이다.

2011년 9월

공병호

CONTENTS

비범한 사람들의
보이지 않는 차이

인풋 경영, 아웃풋 경영

탁월함은 훈련과 습관이 만들어낸 작품이다. 탁월한 사람이라서 올바르게 행동하는 것이 아니라, 올바르게 행동하기 때문에 탁월한 사람이 되는 것이다. 자신의 모습은 습관이 만든다.

_아리스토텔레스

세상에는 정답이 없는 문제가 많다. '어떻게 사는 것이 잘사는 것인가?'라는 문제를 생각해보자. 이 문제 또한 정답이 없는 것 가운데 하나다. 그러나 타인이 살아온 방법을 참고할 수는 있다. 그들이 걸어온 길에서 무엇인가를 배울 수 있다면, 자신에게 적합하면서도 정답에 가까운 방법을 찾아낼 수 있다.

여기에 어떤 사람이 있다고 하자. 그가 누구와 이야기하더라도 "나는 정말 열심히 살아왔어요"라고 말한다거나, "나는 안주하지 않고 꿈을 이루기 위해 후회되지 않을 정도로 열심히 이런저런 시도를 해왔어요", "나는 지금도 진리를 깨우치기 위해 부단히 노력하고 있어요", "나는 사물과 현상, 그리고 삶의 본질에 대해 깊이 생각해볼 수 있는 여유를 갖고 있어요"라고 말한다면, 그의 이야기에 귀를 기울여볼 필요가 있다. 그런 사람이 들려주는 이야기라면 단순히 경험을 나열한 것이 아니라 개별적인 경험을 일반화해서 누구에게나 필요한 '그 어떤 것'이 담겨 있기 때문이다. 여기서 내(필자)가 바로 '그런 사람'에 속한다고 해도 무리는 없을 것이다.

세월이 흐르면서 예전에는 놓쳤거나 별반 신경을 쓰지 않았던 것들이 자꾸 눈에 들어오고, 부분보다는 전체를 아우를 수 있는 힘을 종종 체험하곤 했다. 아주 잘된 사람, 그저 그렇게 된 사람, 기대한 만큼 성과를 거두지 못한 지인들이나 타인들을 고루 만나게 되었고, 그들을 유심히 살펴보았다. 그러면서 나는 이 땅에서 평범한 사람으로 태어나 자신을 일으켜 세우는 일이 얼마나 힘든지를 새삼 깨달을 수 있었다.

나는 '성공하는 사람의 몇 가지 습관'과 같은 주장을 펼 수는 없다. 하지만 어떻게 하면 세월과 함께 당당한 인생을 만들 수 있는지, 반대로 어떻게 하면 후회로 가득 찬 인생을 만들게 되는지에 대해서는 의견을 펼칠 수 있다. 다음은 자신의 삶을 자신이 원하는 대로 만들어가는 데 대한 나의 생각들을 정리해본 것이다.

삶에서 확실한 것은 없다

세상에 '이것을 하면 반드시 흥할 겁니다'라고 이야기할 수 있는 것은 없다. 그런 이야기를 내놓기에는 삶이 너무 불확실하고 결과에 영향을 미치는 변수들이 너무 많기 때문이다. 삶은 마치 실험실의 세계처럼 일정한 조건 하에서 일정한 투입이 이루어지면 일정한 성과가 반드시 나오는, 그런 것이 아니다. 행운이나 불운, 우연 등은 수시로 우리들의 삶에 영향을 미친다.

우연이란 요인이 우리의 삶에 미치는 영향은 생각보다 크다. 걸어온 날을 되돌아보면 '그때 그런 기회가 주어지지 않았더라면', '그때 그 기회를 알아차리지 못했더라면', '그때 그 사람을 만나지 않았더라면' 등 우연히 이루어진 부분이 너무 많다. '그때 이렇게 했더라면 어땠을까?' 라는 가정만으로도 지금의 삶과는 완전히 다른 인생이 전개되었을지 모른다는 생각이 든다. 그리고 삶의 불확실성을 새삼 깨우치게 된다. 이렇게 깨우쳤을 때, 열심히 노력하는 것은 물론 삶이 이따금 여러분의 예상과 기대를 저버리더라도 그것 또한 삶의 한 부분임을 받아들여야 한다.

삶에는 인정하고 싶지 않은 불운이나 요행이 분명히 존재한다. 그것은 대다수 사람들이 어찌해볼 수 없는 일이다. 기도하는 것 이외에는 말이다. 그런 요소들을 받아들이는 것만으로 잘나갈 때 지나치게 우쭐거리지 않고, 잘못될 때 지나치게 주눅 들지 않을 수 있다. 겸허함과 겸손함이 필요한 것은 운명의 거친 파고가 여러분과 나의 삶에 언제든지 영향을 미칠 수 있기 때문이다.

삶은 크고 작은 게임으로 이뤄진다

우리 모두는 가능성의 게임에 임하고 있는 플레이어들이다. 삶은 크고 작은 수많은 게임들로 이뤄진다. 하루가 그렇고 일주일이 그렇고 1년이 그렇다. 한 게임이 끝나고 나면 또 다른 게임이 시작되며, 이따금 여러 개의 게임이 동시에 진행되기도 한다. 게임의 숫자가 제한되어 있다면 운이란 요소가 미치는 영향이 너무 커서 우리가 어떻게 해볼 도리가 없을 것이다. 다행스러운 점은 게임이 계속 이어지고 그 수가 무척 많기 때문에 확률의 법칙이 적용된다는 사실이다. 즉, 이길 가능성이 높은 방식으로 게임을 해온 사람은 그 결과도 비교적 좋을 거라는 이야기다.

물론 요행이나 대박에 인생을 거는 사람도 있다. 실제로 그렇게 해서 성공한 사람들도 물론 있겠지만 나는 주변에서 그런 사람을 거의 만날 수 없었다. 주사위 놀이를 반복했을 때 각 눈이 나오는 결과가 점점 비슷한 확률에 도달하듯, 살다 보면 대부분이 평균에 가까워지는 것을 볼 수 있었다. 따라서 한 방의 행운을 기대하기보다는 반복되는 게임에서 승자가 되는 규칙을 익히고 그 규칙에 따라 게임에 임해야 할 것이다.

그런 규칙을 계속 지켜나가는 일이 때로는 지나치게 소심하고 쩨쩨하게 보일 수도 있다. 하지만 사소하게 보일 수도 있는 승자의 규칙을 따랐던 사람들이 대부분 자신이 원하는 것을 갖게 된다. 이런 면에서 보면, 삶은 불확실성으로 가득 차 있지만 결과를 어느 정도 가늠해볼 수 있는 게임이다. 여기서 핵심은 승자의 규칙을 자신의 것으로 만들 수 있느냐는 점이다. 어떤 사람은 승자의 규칙을 따르지만, 어떤 사람은 패자의 규칙을 자신도 모르게 익히는 경우가 있다. 이 책에서 하나하나 설명하겠지만 나는 앞으로 결과가 어떨지는 알 수 없어도 일찍부터 승자의 규칙에 주목했고, 이를 내 것으로 만들기 위해 심혈을 기울여왔다.

삶은 인풋 대비 아웃풋으로 구성된다

삶을 아주 단순하게 정리해보면 아웃풋(output, 산출)과 인풋(input, 투입)의 관계로 정리해볼 수 있다. 우리가 추구하는 꿈, 비전, 목표, 성과들은 모두 아웃풋에 해당한다. 이 아웃풋을 체계적으로 경영(관리)하는 일은 매우 중요하다. 추구하는 좌표가 명확하지 않은 채로 살아가는 것은 끊임없이 주변의 분위기나 유혹에 흔들리면서 살아간다는 뜻이기 때문이다.

최근 나는 8년간 운영해온 '자기경영 아카데미'에 참가한 일반인들을 대상으로 이와 관련된 조사를 실시했다. 그런데 참가자들은 다양한 연령층과 직업에도 불구하고, 자신의 삶을 되돌아보았을 때 무엇을 추구해야 할지 체계적으로 분명하게 정리하지 못한 채 살아온 점을 아쉬워하고 있었다. 삶에서 원하는 결과를 명쾌하게 정리하지 못한 채 살아왔다면 결과도 별로 좋지 못할 뿐만 아니라 그 결과에 대한 만족도도 떨어지게 된다. 목표가 명확하지 않았기 때문에 에너지를 집중시킬 수 없었고 결국 바람직한 결과를 얻는 데 실패하고 말았다는 아쉬움을 털어놓는 분들이 많았다. 명확한 아웃풋과 이에 따른 인풋 경영은 너무나 중요한데 의외로 이를 疏忽이 안 사람들이 많다는 것은 놀라운 일이었다.

우리는 골프를 배우기 위해 많은 시간과 상당한 비용을 지불하지만, 인생의 승패를 결정하는 인풋과 아웃풋 경영에는 별로 열의를 쏟지 않는다. 어떤 면에서 보면 모순되는 일이다. 정작 중요한 것에는 신경을 쓰지 않고 사소한 취미 활동에 더 많은 열성을 보이는 것이기 때문이다.

아웃풋 경영은 상대적으로 쉽다

사실 인풋보다는 아웃풋을 경영하는 것이 상대적으로 쉽다. 아웃풋 경영은 실행의 영역보다 앎의 영역이 차지하는 비중이 높기 때문이다. 목표를 경영하는 방법, 즉 목표경영법(혹은 목표관리법)은 배움을 통해서 얼마든지 익힐 수 있고 약간의 부지런함과 적극성이 있다면 어렵지 않게 실천할 수 있다. 물론 아웃풋이 계획을 넘어 누구든지 눈으로 확인할 수 있는 구체적인 성과로 이어지기까지는 만만치 않다.

예를 들어 여러분은 이번 달까지 어떤 것을 달성하겠다고 계획을 세우긴 하지만, 번번이 목표에 미달하는 결과를 손에 쥔 경험이 있을 것이다. 나 또한 마찬가지다. 그래서 나는 스스로 이렇게 달래곤 한다. '최선을 다했다면 이 정도를 얻는 것도 괜찮아.' 하루, 일주일, 한 달, 그리고 1년의 목표에 대해서는 어느 정도의 관대함도 도움이 된다.

하지만 목표 달성이 이후의 삶에 크게 영향을 미치는 경우도 있다. 진학, 취업 등 인생에서 중요한 목표들은 그 달성 여부에 따라 진로가 크게 달라진다. 물론 자신이 원하는 결과를 손에 넣는 것이 길게 보았을 때 100퍼센트 좋은 것만은 아니다. 이따금 미흡한 결과가 장기적으로 긍정적인 결과를 낳는 경우도 있기 때문이다. 그럼에도 불구하고 삶에서 굵직굵직한 목표들은 마치 매듭을 지어나가듯이 반드시 성취해내야 한다. 그래야 그 다음의 목표들로 이어질 수 있다.

이런 점에서 아웃풋을 체계적으로 관리하는 일은 매우 중요하다. 하지만 아웃풋 경영에는 우리가 통제할 수 없는 여러 가지 요인들, 예를 들어 경제 상황의 예기치 않은 변화, 불운, 천재지변 등 우리의 통제 영역을 벗어나는 것들이 의외로 많다.

인풋 경영에 최선을 다해야 한다

인풋 경영은 아웃풋 경영에 비해서 어렵다. 하지만 한 개인이 확실한 통제력을 행사할 수 있으며 재미있게 할 수 있다. 인풋 경영은 우연적인 요소나 외생변수들이 거의 영향을 미치지 못하지만 실행의 영역이 앎의 영역보다 압도적인 우위를 차지한다. 원하는 결과를 얻기 위해 구체적으로 어떻게 해야 하는지를 아는 일은 지식을 얻는 일이기 때문에 실천보다는 쉽다. 하지만 꾸준히 실행할 수 있는 것 또한 중요한 능력이다. 그래서 인풋 경영에는 지력과 마찬가지로 실행 또는 실행 능력이 필요하다.

나는 일찍부터 인풋 경영에 큰 매력을 느껴왔다. 어느 누구의 간섭도 필요하지 않기 때문이다. 무엇을 해야 할지 스스로 결정한 다음에 자기 자신이 철두철미하게 통제해나갈 수 있는 것이 인풋 경영의 장점이자 매력이다.

여러분이 새벽 이른 시간에 기상하는 것을 두고 누가 간섭할 수 있겠는가? 비가 오나 눈이 오나 여러분 자신이 결정하고 실행에 옮기면 되는 일이다. 이처럼 인풋 경영의 대상은 전적으로 자신의 통제 아래에 놓인다. 언제 어디서나 최선을 다하기로 결심한 여러분을 막을 수 있는 사람이나 환경은 없다. 인풋 경영을 구성하는 요소들은 대부분 새벽에 일찍 일어나는 일이나 순간순간에 최선을 다하는 일과 같다. 본인이 선택하고 실천하면 되는 것들이다. 남들이 방해할 수도 없고 제대로 하지 못한 것을 두고 주변이나 타인에게 그 책임을 물을 수도 없다.

초기의 불교 경전 《숫타니파타》에는 유독 '코뿔소의 외뿔처럼'이라는 표현이 자주 등장한다. 인풋 경영에 이만큼 적합한 표현도 없을 것이다. 누가 뭐라고 하더라도 광야를 나아가는 코뿔소처럼 우직하게 나아갈 수 있는 것이 바로 인풋 경영의 매력이다. 그렇게 나아가기로 굳게 결심하고 매일매일 정진하는 사람을 막을 수 있는 사람은 없다.

최고의 목적을 달성하기 위해 노력하라
조금도 겁내지 말고 부지런히 나아가라

체력과 지혜를 두루 갖추며

저 광야를 가고 있는 코뿔소의 외뿔처럼 혼자 가거라.

_불교간행회 편, 《숫타니파타》, 민족사, p. 27.

한편 인풋 경영의 핵심은 두 가지다. 하나는 소망하는 결과를 얻기 위해 '무엇을 투입해야 하는가'를 정확히 아는 일이고 다른 하나는 '반복, 반복, 또 반복'을 실천하는 일이다. '무엇을 투입해야 하는가'는 어떻게 해야 하는가를 말한다. 여기서 자연스럽게 자신만의 고유한 습관 목록이 등장한다. 이 책에서는 삶, 일, 그리고 가정과 사회생활이라는 세 가지 측면에서 개인이 채택할 만한 바람직한 습관 목록을 정리했다. 물론 이 목록은 앞에서도 이미 소개한 바와 같이 지극히 주관적이며 내가 이미 갖고 있거나 내 것으로 만들기 위해 노력하는 습관을 정리한 것이다.

그 다음 과제는 효과적인 실행이다. 실행에 관한 한 여러분이 꼭 알아두어야 할 용어가 있다. 바로 세계적인 안무가 트와일라 타프(Twyla Tharp)가 언급한 '준(準) 종교적 의식'이다. 타프는 1941년생이지만 여전히 현역에서 왕성하게 활동하고 있다. 또한 그녀는 젊은 시절이나 지금이나 변함없는 습관을 갖고 있다. 아침 5시 30분이면 일어나 1시간 30분 동안 마치 경건한 의식을 치르듯 운동으로 몸을 가다듬고, 이를 기준점으로 삶의 중심을 잡아 하루를 활기차게 시작한다. 그녀는 한 인터뷰에서 "천재는 타고나는 것이 아니라 의식을 수행함으로써 만들어진다"라고 말했다.

나는 그녀의 이야기에 깊은 공감을 표한다. 평범한 사람이 비범함을 향해 다가설 수 있는 방법은 자신에게 적합한 준 종교적 의식을 선택해서 이를 실천하는 것이다. 나는 그녀의 인터뷰를 읽은 후에 이런 이야기를 글로 정리해보았다.

대가가 되기를 소망한다면, 일가를 이루길 소망한다면, 훌륭한 인물이 되기를 소망한다면, 당당한 인생을 소망한다면, 도대체 무엇을 해야 하는가? 우선 재능이 있어야 할 것이고, 운도 따라주어야 할 것이고, 노력도 해야 할 것이다. 하지만 그보다 훨씬 더 중요한 것은 자신에게 꼭 맞는 '준 종교적 의식'을 만들고 이를 반복하는 것이다. 이따금 하기 싫더라도 정해진 의식을 충실히 수행해보라. 그럼으로써 우리는 우리 자신을 천재에 버금갈 정도의 존재로 만들어낼 수 있다.

여러분은 준 종교적 의식을 몇 가지나 가지고 있는가? 이것은 한 인간이 평범함을 넘어 위대함에 다가서는 비결이다. 물론 이 책에 소개한 습관 목록 전부가 준 종교적 의식이 될 수는 없을 것이다. 하지만 그중 일부라도 그런 의식으로 삼아 실천해보면 어떨까? 인풋 경영의 매력을 알면 자신의 하루, 일과 삶 전체를 하나의 작품처럼 여기게 된다. 그리고 이때 여러분은 완벽한 작품을 완성하려는 예술가가 된다. 시간이 가면 갈수록 결과에 연연하지 않고 작품의 완성도를 높이려고 노력할 것이다.

또한 인풋 경영을 완벽하리만치 잘 수행하는 것만으로도 충분하다고 여길 것이다. 인과관계에 대한 믿음이 있음은 물론이다. 완벽할 정도로 인풋 경영에 성공하면, 완벽한 수준의 목표 달성도 가능하다고 믿게 되는 것이다. 그런 믿음은 단순한 믿음으로 끝나지 않고 실제로 대부분 이루어지기도 한다.

나는 여러분에게 더 이상 완벽할 수 없을 정도로 인풋 경영에 전념해보라고 말하고 싶다. 그것은 한 인간이 삶의 모든 부분을 작품으로 받아들이는 일이기도 하고 작품의 완성도를 최고로 높이기 위해 마치 예술가처럼 살아가는 것을 의미한다. 그러면 여러분은 자신의 분야뿐만 아니라 한 인간으로서의 탁월함에도 다가설 수 있을 것이다.

습관은 인풋 경영에서 중요한 자리를 차지한다. 그러나 습관이 곧바로 인풋의 전부는 아니다. 따라서 습관경영은 인풋 경영의 한 부분이다. 이 책은 인풋 경영 중에서도 특히 습관경영에 초점을 맞추었다. 위대함으로 나아가길 소망하는 사람은 과연 어떤 습관을 가져야 하는가? 앞으로 2~4장에 걸쳐 개인편, 업무편, 가정 및 사회편이라는 세 가지 측면에서 이 습관경영의 원리와 방법을 살펴볼 것이다.

2

매일 새로운 나로
갈아입다

개인을 위한 습관경영

여러분의 생각에 주의를 기울여라. 왜냐하면 그것이 말이 되기 때문이다.

여러분의 말에 주의를 기울여라. 왜냐하면 그것이 행동이 되기 때문이다.

여러분의 행동에 주의를 기울여라. 왜냐하면 그것이 습관이 되기 때문이다.

여러분의 습관에 주의를 기울여라. 왜냐하면 그것이 성품이 되기 때문이다.

여러분의 성품에 주의를 기울여라. 그것이 운명이 되기 때문이다.

_서양 격언

01
자투리 시간까지 아껴라

'시간은 인생이다.' 그러므로 당신의 시간을 낭비하는 것은 당신의 인생을
낭비하는 일이며, 당신의 시간을 통제하는 것은 당신의 인생을 통제하는
것이다.

_앨런 라킨(Alan Lakein)

자본가는 돈을 가진 사람이다. 여러분은 무엇을 가지고 있는가?
건강, 시간, 지식, 기술, 품성 등 사람에 따라 각기 다를 것이다. 직
장을 다니고 있건 학교를 다니고 있건 간에, 우리에게는 매일매일
24시간이 주어진다. 흔히 인생이란 처음부터 불공평한 것이라고들
하지만 시간만큼은 남녀노소, 지위의 높고 낮음에 관계없이 공평
하게 주어진다. 이처럼 유한(有限)한 시간을 매일 어떻게 사용할 것
인가는 전적으로 여러분 자신에게 달려 있다.

젊은 날에는 시간의 유한성이 가슴에 심각하게 와 닿지 않는다,
늘 지금처럼 젊은 날이 계속될 것 같고 시간은 한없이 느리게 흘러

갈 것 같다. 그 시절에는 느릿느릿 흘러가는 것이 시간이다. 아마 여러분도 '빨리 어른이 되고 싶다'라는 소박한 꿈을 꾸며 어설프게 어른 흉내를 내본 적이 있을 것이다. 하지만 세월이 흐르면서 '언제 이렇게 되어버렸지?'라는 탄식이 나올 정도로 빠른 시간의 흐름을 느껴봤을 것이다. 인생이 중반을 넘어갈 즈음이 되면 다수의 사람들은 삶이 유한하다는 사실을 과거와는 비교할 수 없을 정도로 가슴 절절히 깨우치게 된다.

따라서 좀 더 이른 시기에 시간의 유한성을 이해하고 그 시간을 제대로 사용할 수 있다면 그만큼 삶은 풍성해질 것이다. 이는 자신을 돕는 일이기도 하고, 주변 사람들에게도 도움을 줄 수 있는 일이다. 언젠가 나는 시간과 관련해 이런 이야기를 한 적이 있다.

> 이렇게 보내도 하루가 가고 저렇게 보내도 하루가 가는데, 도대체 어떻게 보내는 게 좋을까요? 간단하고 사소하게 보이는 일상의 선택들이 모여서 인생의 강줄기가 만들어집니다. 인생의 강줄기는 일단 한번 만들어지고 나면 바꾸기가 힘듭니다. 바꾸는 것이 불가능하지는 않지만, 그리고 다른 곳에 결과의 책임을 돌리고 싶지만, 결국 그 강줄기에서 비롯된 모든 책임은 자신이 짊어지게 됩니다. 이 모든 게 여러분이 지금 어떻게 시간을 대하고 사용하는가에 달려 있습니다.

'자본가는 돈을 가지고 있지만 나는 젊음, 즉 시간을 가지고 있다', 그리고 '시간이란 생명과 같다'고 생각해야 한다. 그래야만 그토록 귀한 시간을 결코 허튼 일에 낭비하지 않을 것이다. 그리고 이 시간을 잘 사용해 보다 가치 있는 일을 만들어내겠다는 계획을 세우고 실행에 옮겨야 한다. 가치를 만들어가는 과정이 우리의 하루가 되고 인생이 되어야 한다.

우리 주변에는 알뜰살뜰하게 시간을 사용하는 사람들보다 그저 언제 어디서나 구할 수 있는 물건처럼 시간을 허술히 사용하는 사람들이 꽤 많다. 더 신중하게 시간을 아껴 사용하라고 권할라치면, 대부분이 "살면 얼마나 산다고, 그렇게 빡빡하게 살아야 합니까?"라고 말한다. 하지만 시간을 아껴 쓰는 것이 반드시 시간을 빡빡하게 사용하는 것은 아니다.

시간을 아껴 사용하면서도 노력하기에 따라 느슨함을 체험할 수 있다. 잘만 한다면 긴장(집중)과 이완(느슨함)처럼 모순되어 보이는 것을 동시에 가질 수 있다. 시간을 제대로 사용하기를 원하는 사람이라면, 시간을 아껴 쓴다고 해서 항상 긴장할 필요가 없다는 점을 받아들여야 한다. 다시 말해 시간 활용에 대한 선입견을 버린다면 자신이 하기에 따라 귀중한 시간과 여유로움 두 가지를 모두 가질 수 있다.

학창 시절부터 노년기에 이르기까지, 자신과 시간의 관계를 생각해보자. 여기에는 한 가지 또렷한 원칙이 있다. 즉, 시간을 사용해서 무엇인가 가치 있는 것을 만들어내야 한다는 점이다. 현재의 성과, 기쁨과 유쾌함, 행복과 즐거움을 만들어낼 수 있어야 한다. 또한 변화하는 세상에서 굳건히 자신을 보호해줄 수 있는 실력을 키우는 것도 결국 원재료인 시간 없이는 불가능하다. 현재가 필요로 하는 가치와 미래가 필요로 하는 가치 사이에 적절한 균형을 유지하는 일은 각자의 몫이긴 하지만, 어떤 경우에서든 시간을 스스로 주도하여 체계적으로 사용할 수 있어야 한다는 점을 잊지 말아야 한다.

뭐니 뭐니 해도 시간 아껴 쓰기의 첫걸음은 강렬한 자각 또는 각성에서부터 나온다. '이렇게 시간을 어영부영 보내다가는 정말 죽도 밥도 안 되겠구나'라는 반성이나 각오가 필요하다. 이런 각성은 빠르면 빠를수록 좋다. 사실 평범한 집안에서 평범한 머리를 가지고 태어나 평범한 대학을 나온 이상, 한국 사회에서 제대로 자리를 잡고 살아가는 일은 쉽지 않다. 아니, 아주 어렵다. 살아온 세월과 살아가야 할 세월을 좀 더 깊이 생각해보면 금방 답이 나온다. 하지만 이처럼 단순한 깨달음조차 사람에 따라서는 정말 어려울 때가 있다.

학창 시절의 학생들에게 공부를 열심히 하라고 권하는 일이나, 일반인에게 시간을 아껴 사용하라고 말하는 일이나 모두 어렵다. 모두 각성과 자각을 요구하는 일이기 때문이다. 그래서 귀한 시절을 다 보내버리고 난 다음에야 '아, 그때 이걸 했어야 했는데, 혹은 저걸 했어야 했는데'라는 후회와 연민에 빠지곤 한다. 가버린 세월을 되돌릴 수 있는 사람은 없다. 모든 후회는 늦게 온다. 때문에 후회 없이 보람된 인생을 살 수 있는 첫걸음은, 여러분의 가장 귀한 자산인 시간을 낭비하지 않도록 노력하는 것이다. 언젠가 〈경향신문〉에 실린 엄기호 씨의 칼럼을 읽을 기회가 있었다. 그는 사회의 불평등에 대해 이렇게 말했다.

> 대학은 사회의 불평등을 조정하는 것이 아니라 더욱더 심화하고 정당화하는 과정으로 오래전에 전락했다. 고등학교까지는 체감하지 못했던 빈곤을 대학에 들어와서 온몸으로 느끼는 학생들이 많다. (…) 만약 국가의 역할이 불평등의 재조정이라면 한국이라는 국가는 국가로서 실패했다. 만약 국가라는 것이 불평등을 조장하고 정당화하는 '부르주아의 집행위원회'라는 마르크스의 말이 사실이라고 스스로 고백하는 것이 아니라면 말이다.
>
> _엄기호, 〈등록금은 국가의 실패다〉, 경향신문, 2011년 7월 3일.

역사를 보더라도 정말로 평등했던 시절이 있었던가? 과거에 비해 신분 상승의 기회가 열려 있는 이 시대가 그나마 더 나아진 것이라고 할 수 있다. 오늘날 많은 학생들이 대학에 가서 불평등을 체험한다고들 하지만, 지금으로부터 30여 년 전 시골에서 상경하여 대학에 들어갔던 내가 경험한 것은 문화적 충격이었다.

지금도 그렇지만 그때도 사회는 불평등한 곳이었다. 이럴 때 세상이 불평등해서는 안 된다는 생각을 품을 수도 있다. 하지만 한편으로는 세상이 본래 불평등한 곳이라고 받아들일 수도 있다. 인정할 것을 인정해버리고 나면 마음도 편안하고 살길을 찾는 데도 도움이 된다. 나는 이럴 때 윈스턴 처칠의 명언, "비관론자는 모든 기회에서 어려움을 찾아내고, 낙관론자는 모든 어려움에서 기회를 찾아낸다"는 말을 떠올린다. 쉽지는 않지만 인생 전반을 통해 시간을 제대로 관리하는 데 성공한다면 출발선의 불평등에서 상당 부분을 좁힐 수 있다. 때로는 출발선부터 뒤처진 사람도 앞서 출발한 사람을 추월할 수 있다.

그렇다면 구체적으로 어떻게 하는 것이 좋을까? 시간 활용은 대단히 사적인 문제다. 누구도 여러분이 어떻게 시간을 사용하는지 알 수 없다. 여러분 자신이 가장 잘 아는 문제이기 때문이다. 그러면 이제 백지를 한 장 앞에 두고 '나의 하루 가운데서 시간이 가장 크게 낭비되는 일은 어떤 것인가?'라고 질문을 던져보라.

어렵지도, 그렇다고 해서 복잡하지도 않은 질문이다. 대부분의 시간 낭비는 반복적이고 구조적이다. 그리고 오늘 시간을 낭비하는 일은 내일도 모레도 반복될 가능성이 높다. 시간 낭비는 일정한 패턴을 갖고 있기 때문에 그만큼 찾아내기가 쉽다. 직장을 오고가는 길에는 얼마나 시간이 소요되는지, 그 시간 동안 어떻게 보내는지, 더 잘 보낼 수 있는 방법은 없는지 점검해봐야 한다. 퇴근 이후부터 잠자리에 드는 시간까지 습관적으로 전혀 의미가 없는 활동들, 이를테면 텔레비전 앞에서 그냥 시간을 때우는 일은 없는지도 살피고 머리를 손질하러 가거나 고객을 만나기 전 잠시 시간이 남을 때 어떻게 시간을 보내는지도 점검해봐야 한다.

자투리 시간이라고 우습게 생각하지 말고 제대로 활용하면, 이것이 한 번 두 번 반복되면서 꽤 긴 시간을 만들어낼 수 있다는 사실을 발견할 것이다. 업무 때문에 혹은 인맥을 유지하는 차원에서 저녁 모임이 반드시 필요할 경우도 있을 것이다. 이런 경우라면 음주도 불가피할 때가 있다. 하지만 꼭 필요하지 않은데도 단지 습관적으로 저녁 모임에 참석하고, 1차에서 마무리할 모임인데도 2차, 3차까지 모임을 연장하는 주역이 자신이 아닌지 점검해봐야 한다. 하루에 2시간 정도를 절약할 수 있다면 일주일에 10시간 남짓한 시간을 만들어낼 수 있다. 그리고 이 시간을 밀도 있게 사용한다면 하루 반나절 정도를 만들 수 있다. 작은 노력만으로 한 달에 40시간을 만들 수 있고, 1년에 60일 정도라는 어마어마한 시간을 손에 움켜쥘 수 있다. 1년에 약 60일이 보너스로 주어진다고 생각해보자. 정말 많은 일들을 할 수 있는 시간이다.

하루 생활의 구석구석을 살펴보면 의외로 많은 시간들이 물이 새듯이 낭비되고 있음을 깨우칠 것이다. 우리는 지나치게 세세한 부분을 따지는 사람들을 두고 '쩨쩨하다'라고 표현한다. 하지만 시간 활용과 관련해서는 얼마든지 쩨쩨한 사람이 되어야 한다. 생명을 낭비하지 않는 일이라면 무엇을 못하겠는가? 세상의 변화는 통제할 수 없지만 이런 것들은 하기에 따라서 얼마든지 바꿀 수 있다.

시간 낭비의 보고(寶庫)는 단연코 주말이다. 주말은 48시간이나 되고 모두 합하면 인생의 3분의 1에 해당한다. 주말 시간의 활용은 전적으로 개인의 습관에 의존하며 어느 누구도 강제하지 않는다. 정말로 우리는 주말 시간을 생산적으로 보내기 위해 노력해야 한다. 텔레비전 앞에서 무료하게 시간을 보내는 일은 반드시 피해야 한다.

주말 시간에는 휴식, 취미, 육아(가정), 그리고 미래 준비라는 네 가지 영역이 포함되어야 한다. 특히 30, 40대의 직장인이라면 생리 활동을 뺀 시간에서 몇 시간 정도를 어디에 투자해야 할지 분명한 원칙을 세워야 한다. 그리고 그렇게 세운 원칙에 따라 시간을 꾸준히 사용해야 한다. 사실 크게 내세울 것은 없지만 내가 강연과 더불어 글을 쓰는, 즉 콘텐츠를 창조하는 직업을 가지고도 상당히 자유롭게 생활할 수 있었던 데는 주말 시간의 활용이 결정적 역할을 했다. 나는 30대와 40대, 특히 30대일 때 나의 미래를 위해 주말 시간을 집중적으로 활용했다. 주중의 시간들이 자투리 시간, 즉 돈으로 따졌을 때 푼돈을 아끼는 일이라면 주말의 시간은 그야말로 목돈을 버는 일이다.

주중의 푼돈 아끼기에 주말의 목돈 아끼기를 곱해보자. 아마도 엄청난 자산이 될 것이다. 그런데 사람이란 오늘이 다르고 내일이 다르다. 화장실 들어갈 때가 다르고 나올 때가 다르다. 그만큼 사람의 마음이란 종잡기 힘들고 다잡기가 쉽지 않다. 그래서 내가 생각해낸 방법은 이것이다. 우선 작은 카드에 시간 활용에 대한 몇 가지 원칙을 또박또박 적는다. 20개, 30개를 줄줄이 적는 일은 우둔한 짓이다. 7개에서 10개 정도만 적어보자. 처음에는 20개 남짓 나열할 수 있지만 이 가운데 몇 개는 제외하고 나머지는 합하여 우선순위를 매긴다. 가장 중요한 것부터 첫째, 둘째, 셋째 순서로 적으면 된다. 이처럼 문장으로 또박또박 정리해보고 이따금 읽어보면 변덕스러운 마음을 다잡을 수 있다. 자주 읽으라는 이야기가 아니다. 물론 그렇게 하면 바람직하겠지만 이따금 읽어도 좋다. 그것만으로도 효과를 볼 수 있다.

물론 단기적인 승부에서는 요행이 중요하게 작용할 수 있다. 그러나 나는 인생이란 생각보다 긴 게임이라고 생각한다. 평균적으로 자신이 사용하는 시간의 용도에 따라 성과가 결정된다. 시간 활용은 한 인간이 가질 수 있는 습관 가운데서도 가장 중요한 습관들에 속한다. 처음부터 지나치게 욕심부리지 말고 '더 이상 잘 사용하는 일은 불가능하다' 라고 스스로 평가할 정도로 시간을 사용해보자. 그리고 이를 방해하는 요인이 있다면 구체적으로 적어보고 이를 조금이라도 고쳐보도록 노력하자. 어떤 상황에 처해 있든지 간에 자신의 인생과 운명을 바꾸는 일은 바로 여기서 시작된다고 할 수 있다.

기업처럼 설비투자가 필요한 것도 아니고 시장 상황이 어떻게 돌아갈지 고민해야 하는 것도 아니다. 그저 시간을 아껴 쓰기 위해 지금 무엇을 해야 하는지 정리하면 된다. 내일로 미룰 필요도 없다. 그냥 오늘, 지금 이 순간부터 시작하면 된다. 진정한 자기혁명은 대단한 것이 아니라 사소한 것에서부터 시작된다. 여러분의 젊음과 세월을 아껴라.

시간을 생명처럼 아껴라. 반드시 의미 있고 가치 있는 곳에 사용하라.

02
하찮은 규칙부터
꾸준히 실천하라

야망은 성공으로 가는 길이다. 그리고 꾸준한 실천은 당신을 그곳에 데려다주는 도구다.

_윌리엄 이어들리 4세(William Eardley IV)

어느 누구도 귀한 것을 쉽게 손에 넣을 수 없다. 아무리 조바심이 나더라도 일정한 시간 동안 지속적으로 꾸준하게 행해야만 한다. 승진, 시험, 건강, 습관 등 그 어느 것 하나도 반복적인 실천 없이는 불가능하다.

많은 사람들이 시작은 쉽게 하지만 꾸준히 추진해나가는 데는 실패한다. 그런데 이런 실패는 그냥 실패 자체로 끝나지 않는다. 작은 일이라도 몇 번 하다가 그만둬버리면 심리적인 상처가 남는다. '난 뭘 시도하더라도 제대로 마무리를 하는 법이 없어. 난 안되나봐' 하며 자책하고 자괴감에 빠지는 것이다. 그리고 그런 일들이 반복되다 보면 자신감을 잃어버리고 아예 시도하려는 용기조차 잃어버리는 경우가 많다.

무엇이든 꾸준하게 해나가는 사람을 보면 타고난 성품도 어느 정도 영향을 끼친다는 사실을 알 수 있다. 하지만 타고난 성향을 어찌해볼 수 있는 방법은 없다. 그렇다면 우리의 힘으로 할 수 있는 일은 무엇일까?

대개 무엇이든 꾸준히 해나가는 능력은 세월의 흐름과 맥을 같이한다. 젊을 때일수록 감정의 기복이 심하고 변덕스럽기 때문에 일희일비(一喜一悲)하는 일이 잦다. 기쁠 때는 무엇이든 해낼 수 있다는 기분 상태가 지속되지만 우울할 때는 무한정 가라앉은 기분 상태가 지속되는 것이다. 기분이 좋을 때는 크게 문제가 없다고 해도 우울한 상태, 즉 슬럼프가 지속될 때는 이를 어떻게 헤쳐 나가야 할지 모르고 우왕좌왕한다.

사춘기와 20대에는 이와 같은 감정적 격동의 시기를 경험하지만, 세월이 흐르고 중년기를 넘어 장년기에 접어들 즈음이면 차츰 안정된 상태를 찾아가게 된다. 따라서 나이가 든다는 것은 감정의 동요가 줄어든다는 의미이기도 하다. 그럼에도 불구하고 나이를 먹은 사람들 중에는 더러 조울증에 걸린 것처럼 기분이 오르락내리락하는 사람들이 있다. 한때 나는 그런 상사를 모신 적이 있었는데, 정말 부하직원으로서 감당하기가 힘들었다. 롤러코스터처럼 변덕스러웠던 상사의 기분에 안절부절못했던 직장 초년생의 내 모습이 지금도 눈에 선하다. 물론 이따금 나이와 함께 그런 성향이 강해지는 사람들도 있어, 모든 사람이 나이가 들수록 감정적으로 안정된다고 할 수는 없다.

누군가 내게 "다시 젊은 날로 되돌아가고 싶습니까?"라고 묻는다면 나는 "글쎄요"라고 답할 것이다. 물론 젊음은 많은 장점이 있지만 감정의 기복이 심했던 그 시절은 지금까지 경험한 가장 큰 어려움 가운데 하나였다. 지금 나를 만나는 사람들은 이 감정의 동요라는 면에서 참으로 안정되어 있다는 인상을 받을 것이다. 하지만 나 역시 젊은 시절에 상당히 격렬한 감정에 휩쓸리곤 했다. 물론 그것을 열정이라 부를 수도 있겠지만, 그만큼 감정의 기복이 심했다고도 할 수 있다. 그런 상태에서 자신이 원하는 삶의 목표를 위해 노력해야 했으니 당연히 힘들 수밖에 없었다. 그래서 나는 감정의 기복이 생활에 미치는 영향을 줄이고자 매일의 일상에 규칙성을 부여하려고 노력했다. 아직도 완벽하지는 않지만 열심히 노력해온 덕분에 어느 정도 성과를 거두었고, 이제는 습관이 되었다.

규칙적으로 생활하는 것 혹은 불규칙적으로 생활하는 것은 일종의 그릇에 해당한다. 그리고 마음이나 감정은 그릇에 담기는 물과 같다. 규칙성의 그릇에는 그것에 걸맞은 마음이 담기고 불규칙성의 그릇에도 그것에 맞는 마음이 담기게 된다. 따라서 가능한 한 생활을 규칙적으로 하면 기분의 기복을 줄일 수 있다. 또한 자신도 모르게 몸과 마음이 규칙에 적응하게 된다. 그래서 나중에는 크게 신경을 쓰지 않더라도 그 시간이 되면 해당 활동을 자동적으로 하게 된다.

그런데 모든 것을 규칙적으로 해야겠다고 생각하는 순간 모든 것이 복잡해지기도 한다. 마치 로봇처럼 움직이기 때문에 여러 가지 문제가 발생하는 것이다. 매일 똑같은 생활이 펼쳐진다고 생각해보자. 재미가 있을까? 흥미가 생길까? 그렇지 않을 것이다. 규칙이 가져올 수 있는 최악의 결과는 재미없음, 지루함, 혹은 따분함이다. 기계처럼 움직이는 생활이 얼마나 참담할지 예상하는 일은 어렵지 않다. 그래서 거듭 강조하고 싶은 점은 규칙 때문에 따분함이 들어설 여지를 절대로 허락하지 말아야 한다는 점이다.

생활의 모든 부분을 세세하게 규정해버리면 삶은 곧바로 따분해진다. 예를 들어 아침에 일어나 몇 시부터 몇 시까지는 이것을 하고, 몇 시부터는 몇 시까지는 저것을 하는 등의 일과가 저녁 또는 밤까지 계속된다고 생각해보자. 이 '생활계획표' 같은 세세한 규정들은 필연적으로 지루함을 낳는다. 학창 시절, 여러분도 거창하게 생활계획표를 세워놓고 며칠 못 가서 포기했던 경험이 있을 것이다. 하지만 왜 포기했는지 그 원인을 제대로 생각해본 적은 별로 없을 것이다. 의지가 부족해서였을까? 그것은 의지의 문제라기보다는 누구도 지루함으로부터 자유로울 수 없기 때문이다.

규칙은 지루함으로 연결될 수 있다. 성인이 되고 나서도 마찬가지다. 학창 시절의 생활계획표처럼 처음부터 끝까지 모든 과정을 세세하게 규정하고, 여기에 자신을 맞추려고 스스로 엄격해지거나 질책해서는 안 된다. 생활에 규칙을 부여해도 지루함이 발생하지 않도록 사전에 조치를 취해야 한다. 불가능해 보이지만 충분히 가능한 일이다. 규칙과 흥미, 우리는 이 두 가지를 얼마든지 동시에 추구할 수 있다.

우선 지나치게 세세한 규칙을 세워서는 안 된다. 집을 짓는 일에 비유해보자. 먼저 집을 지탱하는 기둥을 세워야 하고, 그런 다음 그 기둥 사이사이의 세부 인테리어를 생각해야 할 것이다. 이때 기둥을 세우는 일부터 세부 인테리어까지 모든 것을 사전에 다 결정해버리는 경우가 바로 지나치게 세세한 규칙 때문에 지루해지는 경우에 해당한다.

여러분의 생활을 집이라고 생각하고 그 집을 떠받치는 기둥이 규칙에 해당한다고 생각해보자. 여러분의 하루를 떠받치는 가장 중요한 규칙은 무엇인가? 사람에 따라 다양한 의견을 내놓을 수 있지만, 내 경험으로 미뤄보면 가장 중요한 규칙은 기상 시간이다. 규칙적으로 기상할 수 있는 사람은 엄청난 힘을 가질 수 있다. 물론 정확하게 몇 시 몇 분에 일어나는 식은 될 수 없겠지만 가능한 한 제시간에 일어나보려고 하는 자세는 도움이 된다. 몇 시 몇 분에 일어나겠다고 스스로에게 약속하고, 마치 종교적 계명을 지키기 위해 노력하듯 최선을 다해보자. 겨우 기상 시간을 지키는 것이 얼마나 대단하겠느냐고 생각할 수도 있지만 실제로 해보면 이것이 얼마나 긍정적인 효과를 내는지 알게 될 것이다.

일단 첫 규칙으로 기상 시간을 꼽았다면, 다른 사람들의 기상 시간보다 다소 특별하게 실천해보자. 예를 들어 현재 기상 시간보다 1시간이나 2시간 정도 일찍 일어나는 것을 규칙으로 정했다면 그렇잖아도 모자라는 잠을 줄이는 것이기 때문에 실천하기가 힘들 것이다. 이때 취침 시간으로 시선을 돌려보자. 언제 잠들어야 지금보다 좀 더 일찍 일어날 수 있을까?

수면 패턴은 대부분의 사람들에게 상당히 고유한 것이기 때문에 쉽게 바꿀 수 없다. 게다가 수면 시간은 두뇌의 효과적인 활동과도 밀접하게 연결되어 있어 웬만해서는 단축하지 않는 게 좋다. 나 역시 아주 싫어하는 일 가운데 하나가 수면 시간을 줄이는 일이다. 이따금 방송 출연이나 중요한 강연 때문에 어쩔 수 없이 잠을 줄여야 할 때가 있었는데, 깨져버린 생활 리듬을 회복하기까지 꽤 오랜 시간이 걸렸다.

시험이나 특별한 준비 때문에 단기간 동안 수면 시간을 줄일 수는 있다. 하지만 장기간에 걸쳐 수면 시간을 줄이는 일은 무모하다고 생각한다. 그래서 나는 수면 패턴이나 수면 시간 자체를 아예 주어진 제약 조건으로 간주한다. 물론 학생들 같으면 아직 젊기 때문에 "사당오락(四當五落)" 운운하며 수면 시간을 줄일 수 있다. 하지만 일반인이라면 결코 쉽지 않다. 물론 일반인의 경우에도 시험 준비나 특정 프로젝트의 완수 등 코앞에 닥친 일 때문에 단기적으로 수면 시간을 줄일 수는 있다. 그럴 때는 자신의 두뇌 활동에 크게 지장을 주지 않는 범위 내에서 수면 시간을 잠시 동안, 그리고 약간만 줄여야 한다.

기상 시간과 취침 시간을 가장 중요한 규칙으로 삼았다면, 이후 사무실에 도착하기까지 어떻게 시간을 보내야 할지, 퇴근 후에는 어떻게 해야 할지에 대해 규칙을 정할 수 있다. 한두 가지 혹은 몇 개의 규칙이라도 제대로 지켜나가기 위해 최선을 다해보자. 물론 그렇게 하더라도 항상 규칙은 깨지기 마련이다. 하지만 그렇다고 해도 실망하지 말아야 한다. 그저 노력하는 것만으로도 스스로를 대견하게 생각해야 한다.

이처럼 단 몇 가지의 규칙이 하루를 알차게, 생산적으로 살아가는 데 도움을 주며 감정의 낭비를 줄이는 데도 매우 효과적이라는 사실을 스스로 체득하면, 그 다음부터는 자연스럽게 자기에게 필요한 규칙들을 정하게 된다. 이때 절대 잊지 말아야 할 원칙은 그림을 그릴 때처럼 삶의 공간에 여백을 충분히 남겨두어야 한다는 점이다. 지루함은 자율적으로 행동할 수 있는 여지를 빼앗길 때 발생한다는 사실을 기억하라. 학창 시절의 생활계획표와 비슷한 방식으로 하다간 백전백패다. 지나치게 세세하게 계획을 세워 삶을 지루하게 만드는 일은 피하고, 자신을 조이거나 느슨하게 하는 것 사이에서 적절한 자세를 취해야 한다.

여러분의 하루를 탄탄하게 꾸려갈 수 있도록 몇 개의 기둥을 확실하게 세워라. 훗날 되돌아보면 그런 사소한 몇 가지 규칙들이 자신의 삶에 대단한 영향을 미쳤음을 깨우칠 것이다. 잘사는 일은 그렇게 복잡하지 않다. 누구든지 할 수 있는 단순한 몇 가지 규칙을 만들고, 그것을 꾸준히 반복해서 실행에 옮기면 된다. 단순해 보여도 이는 여러분의 삶을 정말 대단한 인생으로 만들어줄 것이다. 모두 다 잘해야겠다고 생각하지 말고 이것만은 반드시 해낸다는 다짐으로 임하는 것도 도움이 된다. 전쟁에 비유하면, 전선을 너무 넓히지 말고 확실한 거점을 집중적으로 공략하라는 뜻이다.

⟨◦────◦⟩

규칙적으로 생활하라.

결심과 같은 마음에 의존하기보다는 습관과 같은 규칙에 의존하라.

03
삶의 목적을 분명히 하라

인생의 상승과 하강은 당신의 가치와 목표들을 결정할 수 있는 기회의 창을 제공한다. 모든 역경을 당신이 원하는 인생을 만들기 위한 주춧돌로 사용하라.

_마사 시니타(Marsha Sinetar)

왜 사는가? 왜 열심히 살아야 하는가? 인간은 끊임없이 살아야 할 이유를 찾는다. 그리고 열심히 살아야 할 이유를 확인하고 싶어 한다. 이런 목표가 어느 정도 서 있지 않으면 삶은 이리저리 흔들린다. 게다가 고난이나 역경을 만났을 때 이 두 가지 문제에 대한 해답을 찾지 못한 상태라면 자칫 세상과의 이별도 단행할 수 있다. 하지만 살아야 할 이유를 찾을 수 있는 사람이라면 어떤 위급하고 힘든 상황에 처하더라도 툭툭 털고 일어설 수 있다.

그런데 이 두 질문에 대한 정답은 없다. 각각 자기 스스로 찾아야 하며, 그 답이란 것도 영원하지 않다. 20대가 사는 이유와 40대가 사는 이유가 꼭 같지도 않다. 오히려 20대와 30대, 그리고 40대를 거치면서 사는 이유가 달라져가는 것이 자연스럽고 바람직하다. 예를 들어 결혼을 하기 전과 후, 그리고 자식을 낳아서 키우기 전과 후의 답은 달라질 가능성이 높다. 이때의 답도 처음부터 존재하는 것은 아니다. 각자가 알아서 찾아야 하고 정리할 수 있어야 한다.

우리는 일상의 분주함 속에서도 이따금 시간을 내서 스스로의 삶에 대한 성찰을 게을리하지 말아야 한다. 그것은 살아야 할 이유와 열심히 살아야 할 이유가 제대로 살아가는 데 매우 중요하기 때문이다. 이 두 가지 질문에 대해 반듯한 해답을 찾아내는 일의 중요성은 아무리 강조해도 지나치지 않다.

살아야 할 이유와 열심히 살아야 할 이유를 찾았다면 자연히 자신이 추구해야 할 삶의 목적을 정리할 수 있다. '왜'라는 질문과 '무엇을'이라는 질문은 동전의 양면과도 같기 때문이다. 삶의 목적이 제대로 서 있다면 그 사람의 삶은 틀림없이 뿌리 깊은 인생이 될 것이다. 웬만한 바람에도 흔들림 없는 나무처럼, 언제 어디서나 추구할 목적이 또렷하게 정리되어 있다면 삶 역시 여간한 장애물에도 흔들림이 없을 것이다.

삶의 목적을 찾아 나설 때는 우리 모두가 갖고 있는 공통적인 제약 조건, 즉 삶의 유한성이란 결정적 제약 조건을 염두에 두어야 한다. 우리가 이 땅에 머무는 시간은 고작 80년이나 90년 정도에 지나지 않는다. 여기서 자신의 주관과 상관없이 부모의 뜻을 따르는 어린 시절이나 주어진 스케줄에 따라 움직이는 학창 시절을 제외하면 60여 년 정도다. 그 가운데서도 노년기처럼 건강에 좌지우지되는 시기를 제외하면 우리가 이 땅에서 주체적으로 활발하게 살아갈 수 있는 시간은 고작 50여 년에 불과하다. 이 짧은 시간 동안 스스로 어떤 삶을 만들어가고, 이를 통해 무엇을 추구할지는 우리 스스로 결정할 수 있어야 한다.

짧기에 충분히 즐기면서 살겠다고 결심할 수도 있고, 자신이 몸담고 있는 분야에 어떤 모습으로든 흔적과 자취를 남기겠다고 결심할 수도 있다. 이런 삶의 목적은 각자가 자유의지를 갖고 선택하는 것이기 때문에 사람에 따라 다르고 서로 충돌할 수 있다. 그리고 어느 것이 더 나은지 우열을 가릴 수 없다.

예를 들어 한 집안에서 아버지가 추구하는 삶의 목적은 아들의 목적과 일치하지 않을 수 있다. 아버지는 자신의 일에서 실력을 갈고닦아 무엇이라도 남기는 인생을 만들겠다고 생각하지만, 아들은 아버지의 삶을 보면서 천년만년 사는 것도 아닌데 그렇게 고되게 살 필요가 있는지 의문을 품을 수도 있다. 대개 젊은 사람들은 순간순간 즐겁고 유쾌하게 사는 일에 큰 비중을 둔다. 오늘날 기성세대와 젊은 세대의 갈등은 이와 같은 목적의 차이에서 일부 비롯되었다고 생각한다. 서로 다른 가치관의 충돌이나 갈등 역시 각자가 추구하는 삶의 목적이 다르기 때문에 발생하는 경우가 많다.

이처럼 삶의 목적은 주관적이기 때문에, 내가 말하는 삶의 목적도 독자 여러분에게는 부담을 줄 수 있다. 그러나 그 어떤 삶의 목적이라도 우열을 가릴 수 없다는 전제가 있다면 그 역시 하나의 사례로서 주목할 만한 가치가 있다고 생각한다. 어차피 책이란 한 인간의 내면세계를 있는 그대로 드러낼 수밖에 없기 때문이다.

나는 삶의 목적이라고 하면 가장 먼저 '삶의 유한성'이라는 단어가 떠오른다. 이는 인간이 이 세계에 머무는 시간이 그다지 길지 않다는 전제에서 시작된다. 이처럼 내가 누릴 수 있는 시간이 명백하게 제한되어 있다면 꼭 해야 하는 일은 무엇인지, 하면 좋은 일은 무엇인지, 하지 말아야 할 일은 무엇인지 자연스럽게 구분하게 된다. 그리고 이는 일생, 10년, 1년, 한 달, 일주일, 하루로 연결된다.

삶의 유한성에 대한 자각은 젊을 때보다 중년의 문턱을 넘어서면서부터 점점 더 강하게 가슴에 와 닿는다. 때문에 나이가 들수록 더욱더 삶의 목적을 중요하게 생각한다. 젊었을 때처럼 이곳저곳에 눈길을 주지 않고 자신의 길을 묵묵히 갈 수 있는 것도 삶의 유한성이 점점 더 크게 다가오기 때문이다.

다음으로 삶의 목적 하면 떠오르는 단어는 '평범함의 탈피'다. 딱 한 번 태어나서 살고 가는데 남들과 아무런 차이가 없어서야 되겠느냐고 나는 종종 자문하곤 한다. 있어도 그만, 없어도 그만이어도 좋겠느냐고 질문하는 것이다. 조직 생활을 할 때나 자기 일을 할 때, 앞으로 전개될 삶에 있어서도 내 인생에서 중요한 부분을 차지하는 말은 '그저 그렇게 살지 말아야 한다'는 것이다.

나는 평범함에서 탈피하는 일이 선택의 문제가 아니라고 생각한다. 평범하게 살아갈 수도 있다는 사실을 선택 가능한 영역에 놓는다면, 내가 선택했으니 그 결과 역시 내가 책임진다고 말하면 그만이다. 하지만 평범함의 탈피는 선택이 아니라 필수다. 즉, 반드시 해야 할 의무인 것이다. 이를 이해하지 못하는 독자들도 있을 것이다. 만일 그렇다면 이런 생각이 옳거나 그르다기보다 한 인간이 가진 믿음이라고 받아들였으면 좋겠다. 우리는 특정 종교에 대한 믿음을 두고 그것이 올바르다거나 그릇되었다고 말하지 않는다.

그 다음으로 삶의 목적 하면 떠오르는 단어는 '책임'이다. 삶은 오롯이 혼자서 살아내는 것이 아니다. 수많은 사람들의 노력과 희생이 있었기에 오늘의 내가 있는 것이다. 따라서 반드시 되갚아야 할 몫이 있다는 사실을 자각해야 한다. 여기서 삶을 어떻게 살아가야 할지에 대한 방향이 정해진다. 나의 경우 학창 시절에는 부모의 사랑에 대한 책임감, 30대에는 사회에 대한 책임감, 그리고 아이들을 키우는 40대에는 교육에 대한 책임감이 내 삶의 목적을 형성하는 데 큰 역할을 했다.

'달인'으로 통하는 개그맨 김병만 씨는 한 강연에서 이렇게 말했다. "아버지는 제게 '남자는 어느 정도 빚을 가지고 있어야 한다, 빚을 갚으면서 살아가는 게 인생이다'라고 말씀하시곤 했습니다." 나 역시 삶에 대한 부채의식을 가지고 살아야 한다는 생각에 동의한다. 그것은 곧 묵직한 책임감이다. 언젠가 아주 늦은 시간에 KTX를 타고 서울에 올라가고 있을 때였다. 기차 안에서 나는 트위터에 이런 글을 올렸다.

구포역에서 늦은 열차를 타고 서울로 올라갑니다. 역사에 앉아 기차를 기다리는데 문득 '이 땅에 남자로 나서 살아간다는 것은 무엇일까?'라는 생각이 들었습니다. 이따금 참으로 벅차다는 생각이 들 때도 있습니다. 그래도 시공간을 확장해보면 운 좋은 인생이죠.

곧바로 심리학자 김선희 님이 "남자로 살아간다는 것은 무엇일까. 나도 정말 궁금하다"라는 리트윗을 올렸다. 서울에 도착할 즈음 나는 다시 이런 트윗을 올렸다.

'이 땅에 남자로 나서 살아간다는 것은 무엇일까요?' 여러분은 무엇이라고 생각하세요? 저는 묵직한 책임감이라고 생각합니다. 자신에 대해, 가족에 대해, 사회에 대해 한 걸음 나아가 자신의 생에 대해 갖는 엄숙한 책임감 말입니다.

마지막으로 떠오르는 단어는 '정진(精進)'이다. 사람은 누구나 부족하게 태어난다. 하지만 그 부족함을 채우기 위해 열심히 노력하면, 원래 뛰어난 자질을 타고난 사람보다는 여전히 불리하지만 그래도 어느 정도는 따라갈 수 있다. 그래서 나는 정상을 향해 나아가는 산악인의 그림이나 사진을 좋아한다. 그곳에 내가 이상적으로 생각하는 삶이 담겨 있다고 생각하기 때문이다. 아주 오래전부터 나는 험준한 설산 위를 누군가가 힘겹게 오르는, 정상을 향해 나아가는 사진을 몹시 좋아했다. 아마도 이런 기억들이 이후 내 삶의 목적을 세우는 데 크게 기여했을 것이다.

더불어 타인에 대한 배려와 선행을 들 수 있다. 인간은 누구나 자신의 이익을 떠나 생각하고 행동하기 어렵지만, 이런 삶의 목적은 우리의 인생에 날개를 달아준다. 자신의 능력과 노력으로 타인의 삶에 긍정적인 영향을 미칠 수 있다면 그것만으로도 의미가 있지만 인간이 이타적 존재라는 사실을 증명하는 일이기도 하다.

자신의 이익만을 추구하는 삶의 목적은 추진력 측면에서 한참 뒤떨어질 수밖에 없다. 때문에 자신의 이익을 넘어 타인의 이익을 증진시키는 일은 장기적으로 자신의 이익에도 도움이 된다고 생각한다. 인간은 기여의 대상이나 헌신의 대상을 찾고 싶어 하는 존재이기 때문이다. 아이들, 가족, 소그룹, 기업, 비영리단체, 사회, 공동체, 민족, 국가 등 기여의 범위는 얼마든지 선택할 수 있다.

나는 삶의 유한성, 평범함의 탈피, 묵직한 책임감, 정진, 타인에 대한 배려 등을 묶어 삶의 목적을 세웠다. 삶의 목적이 지나치게 길 필요는 없다. 짧고 단호한 것이 좋고, 자신이 충분히 외울 수 있을 정도의 길이면 된다고 본다. 트위터를 해보면서 느끼는 점이지만 140자조차도 특정 메시지를 담기에는 긴 편이다.

삶의 목적은 일정한 시간을 두고 수정하고 보완하는 과정이 필요하지만, 중요한 점은 여러분이 궁극적으로 어떤 삶을 살아가야 할지를 분명히 말할 수 있어야 한다는 것이다. 한 문장 혹은 두 문장 정도면 충분하다. 당장 이 자리에서 "당신의 삶의 목적은 무엇입니까?"라는 질문에 답할 수 있는가? 어떤 삶을 살아가고 싶다고 자신 있게 이야기할 수 있는가? 이 책의 밑 여백에 적어볼 수 있는가? 적을 수 있을 정도로 머릿속에 또렷하게 정리되어 있는가? 만일 그렇다면 여러분은 삶의 목적이 분명하다고 할 수 있다.

하지만 한참 생각해야 하거나 생각조차 떠오르지 않는다면 궁극적인 목적과 이를 이루기 위한 방법, 자세 등을 문장으로 정리해보자. 우선 초안을 만들고 조금씩 가다듬다 보면 삶의 목적을 몇 문장으로 정리하는 작업이 얼마나 아름답고 흥미로운지 깨달을 것이다.

앞서도 말했지만, 삶의 목적은 서서히 변화해나간다. 1~2년 사이에는 큰 변화가 없지만 연령대에 따라 변화해가는 것을 받아들여야 한다. 매년 연말, 여러분의 삶의 목적을 더 정교하게 다듬어보도록 하자. 처음보다 훨씬 더 탄탄하고 아름다운 문장이 만들어질 것이다. 처음부터 마음에 꼭 드는 삶의 목적이 나오기는 쉽지 않다. 그러나 시작이 절반이라는 생각으로, 정리한 문장을 틈틈이 생각하기도 하고, 나직이 소리 내어 읽어보기도 하고, 눈으로 찬찬히 읽어보자. 기독교도들이 주기도문을 읽고 스스로의 삶을 되돌아보는 것처럼, 불교도들이 경전을 반복해서 암송하는 것처럼 말이다.

추구할 만한 목표를 세워서 목적이 있는 삶, 주제가 있는 삶을 살아라.

04
기대 이상으로 하라

정확성, 질서, 부지런함이라는 습관을 갖고 있지 않았다면, 한 번에 한 가지 주제에 집중하는 결단이 없었다면 나는 내가 성취한 것들을 결코 이루어낼 수 없었을 것이다.

_찰스 디킨스

일을 하고 있다고 해서 모두가 제대로 일을 하는 것은 아니다. 시간을 흘려보내는 것보다는 나은 수준이지만 일을 하는 수준에서 보면 미흡한 경우가 많다. 마음을 딴 곳에 두고 일을 하다 보면, 아무리 오래 해도 성과가 오르지 않을뿐더러 머리에 남는 것도 별로 없다. 학생이 학교나 도서관에서 오랜 시간 동안 자리를 지키고 있다고 해도 마음이 그곳에 없다면 소용없는 것처럼, 직장에서도 자기 책상을 떠나지 않는다고 해서 제대로 일하는 것은 아니다. 마음은 일터를 떠나 이곳저곳을 방황할 수 있기 때문이다.

분명한 경험적 사실 가운데 하나는 일 또는 공부를 어떻게 대하는가에 따라 성과뿐만 아니라 개인적 성장이 크게 달라진다는 점이다. 특히 직장인으로서 가장 중요한 30대와 40대에 아무리 노력해도 애정이 생기지 않는, 즉 그 일에 마음이 없는 경우가 있다. 나역시 그런 경험이 있었기에 어떤 일이든 열심히 할 수 있다고 생각하지는 않는다. 그리고 꼭 그렇게 해야 한다고도 생각하지 않는다.

스스로 마음을 다잡기 위해 수차례 노력했음에도 불구하고 흥미나 재미를 느낄 수 없고 '왜 내가 이 일을 해야 하는가?'라는 회의만이 반복된다면 그때는 그 일을 떠나야 한다. 아무리 오랜 시간동안 그 일을 해봐야 성과는 바닥을 겨우 벗어난 수준에 머물 것이고, 그 일터에 머묾으로써 다른 곳에서 잡을 수 있는 기회를 놓치기 때문이다. 한마디로 그저 생계를 위해 흥미 없는 일을 하는 것은 시간 낭비다. 30대와 40대의 그 귀한 시기를 미지근하게 보내버리는 것은 정말 딱한 일이다.

기발한 아이디어로 세계적 명성을 얻은 경영 평론가 세스 고딘(Seth Godin)도 비슷한 생각을 했다. 그가 펴낸 여러 권의 책 가운데 직장 생활의 핵심을 담은 《더딥(The Dip)》이 있다. 그런데 부제가 의미심장하다. 바로 '포기할 것인가, 끝까지 버틸 것인가'이다. 총명한 독자라면 그 앞에 당연히 '지금 다니고 있는 직장을'이란 말을 덧붙여보고 싶을 것이다.

누군가 직장을 떠나야겠다고 말하면 대부분이 이렇게 말한다. "직장 생활이란 게 다 거기서 거기니까 웬만하면 참고 견뎌라." 하지만 고딘의 조언은 상식과는 다르다. 그는 아무리 열심히 해도 장래성이 좀처럼 보이지 않거나 도저히 마음을 잡고 노력할 수 없는 일이라면 그 일자리를 과감히 떠나라고 말한다. 이처럼 성장도 퇴보도 없는 그저 그런 상태를 고딘은 프랑스어로 '퀴드삭(cul-de-sac)', 즉 '막다른 길'이라고 표현했다. 다시 말해 일을 아무리 열심히 해도 별로 달라질 게 없는 상황, 크게 좋아질 것도 나빠질 것도 없이 그저 그런 상태를 말한다. 나는 고딘과 약간 관점을 달리해서 처음부터 열심히 하기가 힘든 일도 포함시켜야 한다고 본다. 고딘은 그런 상태라면 '곧'이 아니라 '지금 당장' 떠나야 한다고 주장하면서, 미적거리며 머무는 것이야말로 인생의 성공을 가로막는 최대의 장애물이라고 말한다.

여러분이 하고 있는 일이나 해야 하는 일이 그 정도는 아니라고 답할 수 있다면 다행이다. 그러면 그러한 판단에 따라 지금의 직장에 계속 머물러서 일해야 한다고 결론을 내렸다면 이제는 어떻게 해야 하는가? 떠날 수도 없고 떠나서도 안 된다고 판단한 경우라면 어떻게 행동해야 하는가? 이럴 때는 그저 남들이 하는 수준으로 일할 생각을 아예 접어야 한다. 누가 그 일을 잘했다고 해서 평가를 후하게 내리거나 승진 대상으로 포함하는 등 외부의 평가에 크게 연연하지 말아야 한다. 여러분 자신을 위해서라도 상상 이상으로 몰입하여 마치 자기 사업을 하듯 열심히 해야 한다.

하지만 결과에 대해 더 많은 보상이 따를수록 더 열심히 하는 것이 대다수 사람들이 선택하는 길이다. '돈을 더 주는 것도 아닌데 이렇게 열심히 할 필요가 있나'라는 식이다. 이처럼 남을 위해 일을 한다고 생각하는 것은 대단히 위험하다. 여러분은 다수가 생각하기 쉬운 생각의 함정을 넘어서야 한다. 남을 위해 일하는 것이 아니라 자기 자신을 위해 일한다고 생각해야 한다. 이것은 고용주의 입장에서 하는 이야기가 결코 아니다. 자신을 위해 일하는 사람과 남을 위해 일하는 사람의 차이는 날이 갈수록 커진다는 사실을 잘 알기 때문이다. 전자는 언제 어디서나 자기 인생을 사는 사람들이다. 반면 후자는 언제 어디서나 남의 인생을 사는 사람들이다. 시간이 흐를수록 이들 사이에는 좁힐 수 없을 정도의 격차가 벌어진다.

여러분 자신을 위해 '길게 보면 이 일은 결국 내 일이나 마찬가지다'라고 생각해야 한다. 남의 인생을 산다고 생각하면 남의 평가에 따라 노동의 강도를 조절할 것이고, 자신의 인생을 산다고 생각하면 어떤 평가에도 연연하지 않고 모든 에너지를 쏟아부을 것이다.

이것은 전적으로 개인의 선택에 달렸다. 성과에 대한 보상과 업무에 투입하는 에너지는 일대일대응 관계가 아니다. 일을 열심히 해도 지금 당장 보상을 기대할 수 없는 경우가 많다. 직업의 세계에서는 개인의 역량이 꾸준히 축적되고 일정한 임계치를 넘어섰을 때라야 과거의 노고를 모두 보상 받고도 남는 결과를 얻을 수 있다. 그래서 지나치게 계산적이고 요령을 피우는 사람들은 직업 세계에서 꽃을 피울 가능성이 아주 낮다. 내 경우에는 거의 없었다고 생각한다.

열심히 하는 척이 아니라 진짜 열심히 하는 것은 대단히 중요한 습관이다. 그런 자세가 몸에 밴 사람들은 큰 일, 작은 일을 가리지 않는다. 그들에게는 중요한 일과 사소한 일이 따로 없다. 그들은 경험을 통해 사소하게 보이는 일들이 얼마나 중요한지 알고 있기 때문에 설렁설렁 대충대충 때우는 법이 없다. 작은 일에 헌신할 수 있는 사람이 큰 일에도 헌신할 수 있음을 안다. 또한 어느 순간부터 갑자기 마음을 먹고 열심히 하는 일이 가능하지 않다는 사실도 안다. 열심히 하는 것은 마치 옷을 입고 벗는 것처럼 몸에 배어 있어야 가능하다.

어떻게 하면 열심히 하는 습관을 몸에 완전히 붙일 수 있을까? 우선 이 정도면 됐다고 가정하는 습관을 버리자. 이런 제안에 생각을 달리하는 사람들도 있겠지만 나는 자기 자신을 세차게 몰아치는 것이 꼭 필요하다고 본다. 물론 나이를 먹어가면서 그 강도는 좀 완화되어야 하겠지만, 같은 연배의 사람들이 도저히 해낼 수 없을 정도로 완성도를 높이고 더 많은 성과를 내도록 해야 한다. 이를 위해 자신을 계속해서 독려하고 때로는 그런 방향으로 내모는 일이 필요하다. 스스로 더 높은 수준을 향해 나아가도록 밀어붙이는 것이다. 그것도 아주 세게 말이다. 그런 일들이 반복되다 보면 나중에는 당연히 그렇게 해야 한다고 생각하고 행동하게 된다.

나는 조직에서 장으로 일할 때 부하직원들을 아주 세게 몰아붙이는 스타일이었다. 스스로에게 적용하는 원칙을 부하직원들에게도 그대로 적용했던 것이다. 다소 가혹한 면이 있는 상사를 만나 일정 기간 동안 트레이닝을 받은 사람들은 대개 업무를 그렇게 추

58

진하는 것에 익숙해지고, 독립해서 스스로 삶을 꾸릴 때도 그렇게 행동하는 경우가 많다. 그리고 그렇게 훈련 받은 사람들은 머지않아 어느 분야에서든 빛을 발한다. 모든 습관이 그렇듯이 처음에는 어색하게 시작되지만 반복되면서 자연스럽게 몸에 익숙해진다. 처음부터 아주 강하게 드라이브를 걸어야 한다.

스스로 열심히 일하게 되는 데는 개인적인 야심도 일정한 몫을 담당한다. 그저 남들이 하는 정도로, 평균 수준에 만족한다면 굳이 전력투구할 이유가 없다. 그러나 스스로 신화를 만들겠다는 야심이 있다면 자연스럽게 더 노력할 것이다. 야심을 가져라! 남의 것을 빼앗는 야심이 아니라 없는 것을 만들어내겠다는 야심은 불가능한 일도 가능하게 하는 긍정적 결과를 낳는다.

또한 열심히 일하는 자세를 습관화하기 위해 스스로 만들어낸 가치를 점검하는 것도 좋은 방법이다. 이는 전통적인 의미의 성과관리에 속할 수도 있지만 즐거움과 유쾌함이 될 수도 있고, 미지의 지식을 알아감으로써 자신이 성장하고 있다는 확신이 될 수도 있다. 이따금 열심히 일하는 사람들을 딱하게 생각하는 사람들도 있다. 일을 노동으로 생각하기 때문이다. 하지만 오랫동안 지치지 않고 열심히 일하는 사람들은 그 과정에서 자신만의 즐거움 속에 빠져든다. 남의 눈에는 힘들기 그지없는 일들에서, 세상 기준으로는 이해하기 힘든 희열을 맛본다.

나 역시 지금까지 계속 다양한 주제에 관한 책을 써냈다 사람들은 내게 그렇게 힘든 일을 왜 계속해서 하느냐고 묻는다. 그러나 책 쓰기의 고통과 더불어 말로 표현할 수 없는 깊은 즐거움을 체험한 사람들은 계속해서 글을 써낸다. 이런 즐거움을 스스로 만들어내고 확인할 수 있다면 지속적으로 열심히 일할 수 있다.

마지막으로, 열심히 살고 열심히 일하는 것은 일종의 가치관에 해당한다. 열심히 일하는 것을 직업관이나 인생관의 하나로 생각해보는 것도 좋은 방법이다. 나중에 열심히 일할 수 있고 내일부터 열심히 일할 수 있다면, 지금 그리고 오늘 열심히 일하지 못할 이유도 없다. 당장, 오늘부터 열심히 일하라!

어디서 무엇을 하든지 최선을 다하라.
더 이상 열심히 할 수 없다고 할 정도로 하라.

05
배움의 양식을 거르지 말라

내일 죽는 것처럼 살고, 영원히 사는 것처럼 배워라.

_마하트마 간디

"제가 점점 '드라이(dry)' 해지는 것 같습니다. 전에는 그렇지 않았거든요."

읽고 성찰하고 기도하는 일을 오랫동안 해왔던 한 성직자 분이 내게 한 말이다. 그는 큰 조직을 이끌게 되면서부터 변화된 환경에서 공부할 만한 여유 시간이 줄어들었다고 했다. 그래서 가능한 한 수요일 오후 시간은 다른 일정을 잡지 않고 혼자 공부하는 시간을 갖겠다고 각오를 다졌다. 사람마다 정도의 차이는 있겠지만, 누구라도 재충전의 시간이 주어지지 않을 때 경험할 수 있는 일이다.

사실 공부라는 것은 일정한 시차를 두고 결실을 맺는 일이다. 때로는 눈에 띄는 결과가 없을 때도 있다. 오늘날처럼 경쟁의 강도가 세고 변화의 속도가 빠른 시대에서는 사람들이 점점 성과에 매달릴 수밖에 없다. 특히 사기업의 세계에 몸담은 사람들일수록 마치 거대한 파도에 휩쓸리듯 경쟁에 몰리게 된다. 직급이 높을수록 이런 경향은 더 심하다. '재충전하는 시간을 좀 가져야 할 텐데'라고 마음을 먹지만 좀처럼 시간이 없다.

마음은 먹었지만 재충전이 전혀 이루어지지 않으면 어떤 일들이 일어날까? 앞서 성직자 분이 이야기한 '드라이해진다'는 표현이 적합하다. 마치 우물이 마르듯 점점 메말라가는 것이다. 개인 사업을 하든 직장 생활을 하든, 우리가 하는 활동의 본질은 끊임없이 가치를 만들어내는 것이다. 그런데 가치라는 것은 대개 두 가지로 구성된다. 바로 새로운 아이디어 창출과 실행이다. 아이디어는 새로운 기회일 수도 있고 새로운 문제 해결책일 수도 있다. 그런데 이는 마치 샘물과 같아서 무한정 뽑아낼 수 없다. 아이디어를 만들어내는 활동이 꾸준히 이루어져야만 메마르지 않을 수 있다.

투자하는 것도 없이 계속해서 뽑아내기만 하면 오래가지 않아 문제가 생긴다. 학습이 전혀 이뤄지지 않으면 일이나 생활에서 재미나 흥미가 크게 줄어든다. 대개는 성과 창출의 수준이 떨어지는 점에만 주목하는데, 사실 더 큰 문제는 재미를 잃어버린다는 점이다. 자신의 시간을 대부분 투입하는 활동에서 별다른 재미를 만들어낼 수 없다면 이는 위기에 해당한다. 당연히 다른 곳에서 재미를 찾게 되고, 그러면서 일에 대한 집중력을 잃어버리게 된다.

직장인에게 공부란 현장 경험을 통해 축적된 경험과 지식을 체계화하는 일이기도 하다. 하지만 경험에만 의존하는 사람은 더디게 성장할 수밖에 없다. 경험의 범위를 벗어나지 못하기 때문이다. 하지만 다양한 경험에 체계적인 학습을 더하면 보다 확실하고 조직화된 지식을 쌓을 수 있다. 성장곡선에서 눈부신 발전을 이룰 수 있음은 물론이다.

우리가 일을 하고 공부를 하는 일체의 활동은 업무 영역과 관련된 두뇌의 구조를 변화시켜나가는 프로젝트를 수행하는 일에 견줄 수 있다. 날이 갈수록 고도의 정밀함을 유지하는 뇌 구조를 만들어내는 사람도 있고, 처음 시작할 때보다 크게 발전이 없는 엉성한 상태를 벗어나지 못하는 사람들도 있다. 이런 차이는 성과에서도 큰 격차를 보인다.

공부는 반드시 일과 관련된 공부에만 그치지 않는다. 마음공부일 수도 있고 인격적인 면을 갈고닦는 공부일 수도 있으며, 앎의 범위를 확장하는 공부일 수도 있다. 일과 당장 관련되지는 않지만 문학, 역사, 철학과 같은 인문학에 깊은 조예를 쌓는 일이나, 그림과 음악 같은 예술 분야에 꾸준히 투자하는 일 모두가 자신의 내면세계를 닦는 공부다. 또한 전혀 관련이 없는 것처럼 보이는 분야에 대한 공부가 사업 세계에서 필요로 하는 상상력과 통찰력, 영감을 제공할 때도 있다.

그러면 분주하게 일상생활을 할 수밖에 없는 사람들이 학습을 자신의 것으로 만들 수 있는 방법에는 어떤 것들이 있을까? 우선 공부나 학습에 대해 자신만의 관점 혹은 정의를 명확히 해야 한다. 사실 학교를 졸업하고 나면 그 다음부터는 공부를 해야 하는지 말아야 하는지, 그리고 공부를 해야 한다면 무엇을 해야 하고 어떻게 해야 하는지는 전적으로 개인의 선택에 달려 있다.

직장 생활에서는 단기적인 성과를 제외하고는 외부적으로 이것을 하라 혹은 저것을 하라는 압력이 거의 존재하지 않는다. 하지 않아도 당분간은 표가 나지 않는다. 따라서 스스로 공부를 어떻게 할 것인가에 대해 나름의 확신이 서 있어야 한다.

우리는 생명을 유지하기 위해 음식물을 섭취한다. 그렇다면 영혼과 육체의 고른 성장을 위해서라도 이에 걸맞은 활동이 반드시 필요하다. 학습하는 일은 밥을 먹는 것과 같다. 힘들다고 해서 끼니를 거르지는 않는 것처럼, 바쁘다고 해서 공부를 다음으로 미룰 수는 없다. 이처럼 학습하는 행위를 스스로 어떻게 정의하느냐에 따라 분주함 속에서도 시간을 확보할 수도 있고 항상 시간이 없을 수도 있다. 당장 표가 나지는 않더라도 공부하는 행위 자체를 필수적인 활동으로 받아들여야 한다.

공부하는 방법은 사람마다 다르다. 하지만 활자를 통해, 즉 독서를 통해 지식을 습득하는 것은 모두에게 중요하다. 영상과 달리 독서는 스스로 읽겠다고 마음을 먹어야 하고 일정한 공간에서 일정한 시간 동안 집중력을 유지해야 한다. 책 읽기는 대단히 적극적인 활동이다. 스스로 지식을 습득하는 방법이자, 배우고 익히는 일을 몸에 배이도록 해주는 방법이다. 따라서 모든 공부 습관을 독서를 생활화하는 데서부터 시작하도록 하자. 일단 독서 습관을 갖는 데 성공하면 다른 공부 방법이 몸에 배게 하는 일은 훨씬 더 쉽다.

언제 어디서나 약간의 여유 시간이 주어지면 항상 책을 가까이 하는 습관을 들이자. 그렇게 어려운 일이 아니다. 약속 장소에 미리 도착했다면 5분이든 10분이든 그 시간 동안 책을 읽으면 된다. 그리고 지하철, 비행기, KTX 안에서, 혹은 버스를 기다리는 시간이나 주말의 한가한 시간 등 언제 어디서나 적은 시간이라도 확보되면 단 몇 줄이라도 읽는다고 생각하고 실천에 옮겨야 한다. 물론 접하는 정보에 대해서는 다소 주의할 필요가 있다. 우리가 가진 시간의 유한성을 늘 기억하고 모든 정보를 다 볼 수 없다는 점도 염두에 두어야 한다. 따라서 가능한 한 양질의 정보와 지식을 접하도록 노력해야 한다. 내가 세운 한 가지 원칙은 시간을 들일 가치가 있는 정보만 독서의 대상으로 삼는다는 것이다.

지나치게 박학다식한 사람이 될 필요는 없지만 자신의 분야와 직간접으로 연결된 분야의 책을 폭넓게 읽는 것은 큰 도움이 된다. 주변 분야에 대한 독서는 지적 자극을 제공하는 동시에 자기 분야에 대한 문제 해결책이나 새로운 아이디어를 만들어내는 데 크게 기여한다. 독서에 관한 한 그물을 넓게 펴야 한다는 것이 나의 원칙이다.

독서 때문에 고심이 많은 사람이라면 전문적으로 독서 방법을 다룬 책들, 이를테면 내가 쓴 《핵심만 골라 읽는 실용독서의 기술》(21세기북스) 등의 책을 참고하는 것도 도움이 된다. 쏟아져 나오는 책들에 싫증을 느낄 정도라면 시간이 소요되기는 하지만 고선 읽기를 시작해보는 것도 검토할 만하다. 전공과 비전공, 현대와 고전, 실용과 인문학, 단기와 장기 등 독서를 할 때는 대비되는 두 가지 목표 사이에 적절한 균형을 유지하도록 한다.

독서에서 체득된 학습 습관을 한 단계 더 끌어올리는 방법은 자기 자신을 바라볼 때 인풋의 측면과 아웃풋의 측면을 동시에 고려하는 것이다. 아웃풋은 성과 창출에 초점을 두는 것이고 인풋은 지식이나 정보를 습득하는 데 관심을 갖는 것이다. 학습법을 더 효과적으로 다룰 수 있다면 그만큼 효과를 극대화할 수 있다. 사람마다 배우는 방법이 다르기 때문에 여러분에게는 어떤 방법이 효과적인지 살펴보고 그것을 더욱 고도화하는 것도 타인과 차별화될 수 있는 좋은 방법이라 할 수 있다.

내가 계속해서 신간을 내는 것을 신기하게 바라보거나 궁금해하는 분들이 있다. 사실 나는 알기 때문에 책을 쓰는 것이 아니라 배우기 위해 책을 쓴다. 다시 말해 책을 쓰는 과정에서 가장 많은 학습을 할 수 있기 때문에 계속해서 새로운 토픽을 선택해 글을 쓰게 되고, 그러다 보니 계속 신간을 내는 것이다. 책을 쓰는 과정에서 여기저기 흩어져 있던 정보와 지식들이 체계화되고 나만의 특별한 지식으로 정리될 때, 나는 이루 말할 수 없이 뿌듯함을 느낀다. 그리고 '창작'의 기쁨은 책 쓰기라는 작업에서 얻을 수 있는 아주 특별한 선물이다.

백지 상태에서 도면을 만들고, 기둥을 세워 그 사이를 채우고,

세부 인테리어를 완성해 반듯한 건축물을 만드는 작업은 책을 쓰는 일과 비슷한 면이 많다. 아이들이 레고 블록으로 멋진 배나 비행기 등을 만드는 일도 내가 컴퓨터와 두뇌, 그리고 손을 사용해서 흰 종이 위에 글을 채워나가는 일과 비슷하다. 인간은 본래 놀이를 좋아하는 존재이지만 뭔가 새로운 것을 생각해내고 만들어내는 일 역시 좋아하는 존재라고 생각한다. 따라서 우리가 계속해서 뭔가를 창조해낼 수 있는 기회를 제공하는 것은, 우리 자신을 행복하게 만드는 일이다.

무엇보다 독서하는 습관을 여러분의 굳건한 습관으로 만들어라. 다음에 마음먹고 읽겠다는 생각을 버리고 틈만 나면 무엇이든지 읽는 습관을 들여야 한다. 자신이 어떤 방법으로 공부할 때 잘되는지 항상 관심 있게 지켜본 다음 여러분의 것으로 만들 만한 방법들을 선별하라. 그리고 여러분이 특별히 재능이 있거나 있을 것으로 추측되는 방법은 꾸준히 실천하라. 이때도 여러분만의 방법을 고집할 것이 아니라 비슷한 방법을 사용하는 다른 사람을 연구해서 그가 가진 장점을 적극적으로 흡수하라. 이런 학습 방법들이 책꽂이에 가지런히 꽂힌 책처럼 체계적으로 정리되어야 한다. 그리고 상황에 따라 반복적으로 활용해야 한다. '배우고, 실천하고, 거두어라(Learn, Perform, Results).'

틈만 나면 배워라. 모든 것을 차곡차곡 쌓아간다고 생각하라.

06
호기심 어린 시선으로
세상을 보라

호기심은 우리를 새로운 길로 안내한다. 그래서 우리는 앞을 향해 나아가고, 새로운 문을 열고, 새로운 것을 행하게 된다.

_월트 디즈니

어떤 일을 할 때 그것이 당장 이익이 되기 때문에 할 수도 있다. 그런데 그렇지 않더라도 무엇이든 즐거운 마음으로 할 수 있다면 이는 대단한 일이다. 이런 대단한 습관 가운데 하나가 세상을 호기심과 경외감에 찬 눈으로 바라보는 일이다. 사실 따뜻한 마음과 섬세한 관찰력으로 일상의 구석구석을 살펴보면, 감사하지 않을 수 없는 일들이 여기저기에 흩어져 있음을 알 수 있다.

우리는 늘 행복해야 한다고 생각한다. 그런데 행복은 오랫동안 갖고 싶었던 물건을 갖게 되었거나 늘 염원했던 곳을 여행하는 등 특별한 일이 생길 때만 나타나는 것이 아니다. 우리는 삶 속에서 벌어지는 소소한 만남과 관찰들로부터 얼마든지 행복을 만들어낼 수 있다.

어느 토요일, 나는 초청 강연 때문에 목동에 있는 교회를 방문할 기회가 있었다. 나는 평소에 작은 일에도 감탄하는 습관이 있는데, 이때도 그 교회 이름이 '지구촌교회'라는 것에 그만 감탄해버렸다. 지금은 '세계화'라는 단어가 보통명사가 되어버렸기 때문에 '지구촌'이란 단어도 익숙한 말이 되었지만, 세워진 지 꽤 오래되어 보이는 교회가 어떻게 이런 이름을 가지게 되었을까? 강연 전, 나는 담임목사님에게 질문했다.

"어떻게 '지구촌'이란 이름을 교회 이름으로 사용할 수 있었습니까? 대개 성서 속에 나오는 이름을 사용하지 않습니까?"

"1988년 교회를 세울 때만 해도 교회에서는 지구촌이란 용어를 사용하지 않았습니다. 하지만 저는 고정관념에서 벗어나 한국을 넘어 세계를 선교한다는 비전을 갖고 그런 이름을 붙였습니다."

목사님이 대답했다. 이 정도의 질문에서 그치면 좋은데 나의 호기심은 그치지 않았다.

"상호 등록이 되어 있습니까?"

"여의도순복음교회가 교회에서는 처음으로 상호 등록을 시도했지만 인정을 받지 못했습니다. 교회는 상호 등록이 안 된다고 합니다. 그래서 전국에 많은 지구촌교회가 있지요."

호기심 행진은 여기서 멈추지 않았다. 나는 주보에 나온 교회의 영문 이름까지 물어보았다.

"대개 소속 교파 이름을 앞세우는데 그냥 'Global Mission Church'라고 정하셨네요."

강연장으로 가는 길에서도 나의 호기심은 계속되었다. 본당에 들어가기 직전 벽면에는 다음과 같은 멋진 문장이 걸려 있었다.

'꿈이 있으면 행복해지고 꿈 너머 꿈이 있으면 위대해진다.'

그 문장 아래에는 여러 개의 별이 반짝이는 멋진 그림이 있었다. 이런 멋진 문장을 보면 으레 그렇듯, 나는 스마트폰으로 사진을 찍어 동행하던 전도사님에게 보여주며 이렇게 말했다.

"대체 어느 분이 저 문장을 만들었는지 궁금합니다만 정말 대단하네요!"

멋진 문장을 혼자만 볼 수 없었다. 다음 날 새벽, 나는 트위터에 이런 글을 올렸다.

꿈이 있으면 행복해지고 '꿈 너머 꿈'이 있으면 위대해집니다. 삶의 굽이굽이마다 따뜻한 마음으로 사람과 주변을 대하면 잔잔한 감동을 만날 수 있습니다. 어제 목동 지구촌교회에서 만난 글입니다. '꿈 너머 꿈'을 갖고 사는 하루!

언제 어디서든 주변을 찬찬히 둘러보면 이렇게 멋진 문장과 미처 몰랐던 사실들을 만날 수 있다. 우리 모두에게 일상은 '반복'이다. 언뜻 보기에는 늘 비슷비슷한 일들이 기계적으로 반복되는 것 같다. 물론 어느 누구의 일상을 보더라도 생활이란 것이 언제나 놀라움으로 가득할 수는 없는 일이다. 그런데 이렇게 반복되는 일상에서 무기력함을 버리고 새로운 에너지로 가득 채우는 방법은 작은 습관, 즉 주변을 호기심과 경외감의 대상으로 받아들이는 것이다. 그런 작은 습관은 알게 모르게 일상에 즐거움과 유쾌함을 가져다준다.

누구를 만나서 물어보더라도, 사람들은 이구동성으로 '행복한 삶'을 원한다고 답한다. 행복한 삶은 큰돈을 벌 때 이루어지는 것도 아니고 높은 직책에 올랐을 때 이루어지는 것도 아니다. 지금 당장 행복한 삶을 살아갈 수 있는 비결이 여러분 손안에 들어 있다. 강력한 호기심으로 여러분 자신을 무장하고 살면 된다.

그런데 이렇게 가볍게 시작된 습관은 의도하지 않은 이익을 가져다준다. 신기함을 신기함으로 받아들이면 문제 해결이나 기회 선점, 그리고 창조적인 아이디어의 바탕을 얻을 수 있다. 타인의 말이나 글, 그림이나 음악 등을 접했을 때 갑자기 섬광처럼 아이디어가 떠오를 수도 있다. 창조는 무에서 시작되기도 하지만 이미 존재하는 것들을 연결하는 과정에서 만들어지기도 한다. 반드시 실질적인 이익을 구하지 않더라도 강력한 호기심은 놀라울 정도의 이익을 가져다준다. 그리고 이런 호기심은 밑천이 거의 들지 않는다는 점이 더욱 매력적이다.

호기심이 가져오는, 의도하지 않은 또 다른 성과는 다른 사람들이 여러분에 대해 갖는 이미지와도 관련되어 있다. 여기서 '의도하지 않은'이란 표현에 주목하자. 입장을 바꿔 생각해보라. 여러분이 만나거나 알고 있는 사람이 항상 새로운 것을 찾고 작은 것이라도 감탄하며 진지하게 메모하고 즐거워한다고 해보자. 여러분은 그런 사람을 어떻게 생각하는가? 대다수 사람들은 호기심이 강하고 늘 나아지려는 사람에 대해 우호적인 시각을 가질 것이다. 호기심이 강한 사람은 호의적인 반응을 끌어낸다.

또한 호기심이 강한 사람일수록 부하직원들을 이끄는 입장에 섰을 때 긍정적인 영향력을 행사할 수 있다. 부하직원들 중에도 상사처럼 매사를 신기하게 대하는 사람들이 나오게 되고, 그 조직 전체의 지적 능력이 극대화하는 데 이바지하는 사람들의 비중이 점차 증가할 것이다. 호기심이 강한 사람은 주변에 호기심이란 에너지를 퍼뜨린다. 그래서 그들은 서로를 자극하면서 더 나은 곳을 향해 나아가도록 독려한다. 강한 호기심을 가진 사람들은 직책이나 직위에 관계없이 세상을 바꾸는 데 큰 몫을 담당한다.

이제 여러분은 '음, 호기심을 가져야겠어'라고 결심할 것이다. 그러면 이 호기심을 어떻게 습관으로 굳힐 수 있을까? 호기심을 습관으로 만드는 대표적인 방법으로 메모를 들 수 있다. 종이 메모지를 사용하는 방법도 있지만 최근에는 스마트폰에 중요한 내용을 메모하고 이메일 등으로 전송해서 일주일 단위로 정리하는 방법도 있다. 각자가 편리한 방법을 사용하면 되겠지만, 아날로그식 메모보다는 디지털식 메모가 더 정보를 체계화할 수 있고 날짜 순서로 한곳에 취합할 수 있어 활용 측면에서 권하고 싶은 방법이다. 다만 이를 익혀서 자신의 것으로 만드는 데는 어느 정도의 숙련 기간이 필요하다. 사실 늘 무엇인가를 간단하게 메모하는 행위만으로도 충분히 호기심에 에너지를 공급할 수 있다.

그런데 호기심이란 것도 결국 정보나 지식을 사용해 가치를 만들어내는 활동으로 연결할 때 더 적극적으로 발생한다. 내가 주로 사용하는 방법을 소개하자면, 나는 호기심을 가졌던 정보를 묵혀두지 않고 계속해서 블로그나 홈페이지, 트위터에 올려 새로운 가치로 연결시킨다. 즉, 호기심으로 얻은 정보나 지식을 기초로 새로운 콘텐츠를 끊임없이 만들어나가는 것이다. 그런데 그저 호기심으로 정보를 구한다는 수준에 머무르면 얼마간은 호기심이 작동할 수 있지만 시간이 흐를수록 시들어버릴 가능성이 높다.

호기심을 강하게 만드는 다른 방법은 호기심의 대상을 있는 그대로 촬영하는 것이다. 이 방법은 대단히 효과가 있어 앞으로 더더욱 활성화될 것으로 보인다. 과거에는 카메라를 주로 사용했는데, 이미지를 다시 컴퓨터로 연결해서 불러와야 하는 번거로움이 있다. 이는 사소해 보이지만 시간에 쫓기는 사람들에게는 불필요한 활동이다. 따라서 이미지의 질이 중요할 경우, 예를 들어 여행 사진처럼 카메라가 반드시 필요한 경우를 제외하고는 스마트폰으로 이미지를 담는 것이 편리하다. 즉시 이메일로 전송할 수 있기 때문이다. 앞으로 스마트폰의 카메라 기능이 더욱 강화되면 정보 수집 측면에서는 일반 카메라를 거의 능가할 것으로 보인다.

끝으로 호기심을 통해 자신이 접촉하는 정보의 접점을 늘려가는 방법도 있다. 늘 익숙한 사람, 신문, 잡지, 블로그보다는 낯설고 새로운 영역에 접촉하는 방법이다. 사람을 만나려면 시간과 비용이 소요되지만 익숙하지 않았던 신문이나 잡지, 그리고 블로그 등에 자신을 노출시키는 일은 언제든지 가능하다. 게다가 자신의 업무와는 전혀 관련이 없는 것처럼 보이는 분야들, 예를 들어 비즈니스에 종사하는 사람이라면 인문학이나 예술 분야, 또는 평소에 '이것은 왜 그럴까' 라고 의문이 드는 분야에 대해 재미 삼아 책을 읽고 정보를 수집할 수 있다. 새로운 영역을 공부하는 것을 일종의 취미 활동으로 검토해보라.

세상을 호기심과 경외감을 갖고 바라보라.

살아가는 재미와 기회를 쉼 없이 만들어내라.

07
일과 생활의 균형을
조절하라

행복은 밀도의 문제가 아니라 균형, 질서, 리듬, 그리고 조화의 문제다.

_토머스 머튼(Thomas Merton)

'지치지 않도록 주의하라!' 열심히 살아가는 사람들을 위한 조언이다. 완전히 지쳐서 탈진한 번아웃(burn-out) 상태에 빠지면 몸과 마음이 모두 상한다. 그러면 다시 몸과 마음을 추스르고 일어나기가 여간 어렵지 않을 뿐만 아니라 시간과 비용이 꽤 든다. 그래서 열심히 일하더라도 중간 중간 일의 강약을 조절함으로써 탈진하는 상태에 빠지는 것만은 피해야 한다.

탈진하는 상태에 빠질 가능성은 여성들보다 남성들이 훨씬 높다. 남성들은 자신의 몸에서 일어나는 변화를 감지하는 능력이 여성들보다 둔감하기 때문이다. 그래서 남성들 가운데서도 워커홀릭 상태에 빠진 사람들은 주변에서 미련한 사람이라는 평가를 받을 정도로 몸을 혹사하는 경우가 있다.

효율적으로 일의 강약을 조절하는 것은 일과 생활의 균형(work-life balance)을 이루는 데 매우 중요한 요소다. 그런데 의외로 그렇게 생각하지 않는 사람들이 많다. 이들은 특정 목표를 달성하기 위해 열심히 일하면서도 효율적인 방법을 통해 낭비의 요인을 하나하나 없애가는 것에 대해 의문을 제기한다.

얼마 전 중소기업에서 근무하는 중간관리자들을 대상으로 강연을 마쳤을 때, 40대에 막 들어선 것으로 보이는 한 참석자가 이런 질문을 던졌다.

"공 박사님, 자꾸 열심히 치열하게 일하라고 하셨는데요. 그건 최근에 세간의 관심을 끌고 있는 '일과 생활의 균형'이나 '슬로 라이프(slow life)'와는 배치되는 게 아닙니까?"

논리적으로 보면 빠른 것과 느린 것, 강한 것과 약한 것은 서로 배치되는 것이 맞다. 대부분의 사람들은 이 두 가지를 한 바구니 안에 넣는 일이 불가능하다고 생각한다. 하지만 이처럼 모순되어 보이는 것을 뒤집어 생각해보면 어떨까? 완급과 강약을 한 바구니 안에 넣는 것이 가능할까? 그리고 그렇게 하는 방법이 있을까? 물론 충분히 가능하며, 또 가능하도록 만들어야 한다.

우선은 부지런히 하면서도 얼마든지 생활의 리듬을 조절할 수 있고, 지치지 않으면서도 '균형' 상태를 만들어내는 일이 가능하다고 믿어야 한다. 일반적으로 사람들은 일과 생활의 균형을 소망하며 그렇게 살아야 한다고 생각한다. 하지만 목표 달성을 위해 온 에너지를 쏟다 보면 휴식과는 점점 멀어지는 것이 당연하다고 생각한다. 그래서 '일과 생활의 균형'이란 개념은 자칫 유유자적(悠悠自適)이나 안빈낙도(安貧樂道)의 상태를 뜻하는 말로 여겨지기도 하고, 현실에서는 아예 불가능한 것으로 해석되기도 한다.

현실적으로 열심히 일을 하거나 해야 하는 사람들에게 유유자적은 불가능하다. 그런 상태를 지속하면서 직업 세계에서 원하는 성과를 거두기가 쉽지 않기 때문이다. 이럴 때면 자신의 삶에서 우선순위가 무엇인지 찬찬히 점검해봐야 한다. 내 삶에서 중요한 것은 무엇일까? 그런데 그야말로 꿀맛 같은 휴식, 즉 효과적인 휴식은 일을 해야 할 때 힘차게 밀어붙인 이후에 가능하고 또 필요하다. 따라서 열심히 일하는 것과 충분히 휴식을 취하는 것은 양립할 수 있다(물론 그중에서 우선순위를 따지자면 당연히 밀도 있게 일하는 것이 우선이 되어야 한다). 완급과 강약을 조절하는 일은 자신이 하기에 따라서 얼마든지 가능하다. 집중적으로 일을 해나가면서 중간 중간 어떻게 쉼표를 찍어야 할지에 관심을 가지면 일과 생활의 균형에 대한 해법을 구할 수 있다.

그러면 어떻게 일을 해야 할까? 먼저 무엇인가를 추진하거나 마무리하는 동안에는 가능한 한 집중력을 높여야 한다. 그러면서도 일을 힘차게 밀어붙여야 한다. 집중력을 방해하는 요인들을 멀리하고 사전에 정해둔 예상 시간 동안에는 더 이상은 열심히 할 수 없을 정도로 밀도 있게 일해야 한다. 그리고 자신의 체력과 흥미,

눈의 피로도 등을 충분히 고려해서 중간 중간 쉼표를 찍는 방법을 활용한다. 그렇게 하면 마치 곡선을 타듯 강약을 반복할 수도 있고 완급을 조절할 수 있다.

휴식을 취할 때는 최대한 느슨해지는 것이 좋다. 그 방법은 의도적으로 익혀야 한다. 문제는 열심히 일할 때가 아니라 쉼표 찍는 방법을 실천하지 않을 때 발생하기 때문이다. 사람은 나이가 들수록 지구력이 조금씩 떨어진다. 스스로 체력을 잘 유지하는 사람이라면 크게 느끼지 못하지만, 젊은 날의 체력에 비해 서서히 힘이 약해지는 일은 피할 수 없다.

신체의 노화 현상으로 가장 크게 느껴지는 것 하나가 바로 눈의 피로도 증가다. 물론 그렇지 않은 사람들도 있지만, 대다수 사람들은 이를 피할 수 없다. 시력 문제 때문에 고심하는 사람들에게 안과 전문의들은 40~50분마다 초록색을 보라고 말한다. 실제로 숲이나 나무를 10여 분 동안 바라보면 눈의 피로가 풀리는 것을 느낄 수 있다. 초록색은 눈의 시선을 골고루 분산시키는 기능을 갖고 있기 때문이다. 대부분 사람들은 컴퓨터 작업을 많이 하기 때문에 시력을 보호하는 일이 중요한 과제다. 잘 알려졌다시피 시력을 조절하는 근육은 장시간 컴퓨터 작업에 익숙해지면 근육 자체의 힘이 줄어든다. 따라서 일의 강약과 완급을 조절할 때는 눈의 피로를 고려해야 한다.

이처럼 장시간 노동이 가져오는 폐해를 방지할 수 있는 다른 방법은 없을까? 모든 사람에게 통하는 비법은 없다. 하지만 내가 자주 사용하는 몇 가지 방법들은 보통의 직장인에게도 도움이 되리라 생각한다. 나는 주로 개인 공간을 이용하기 때문에 타인의 시선을 크게 의식하지 않고 업무를 볼 수 있다. 그런데 업무에 몰입하다 보면 내가 생각해도 지나치게 장시간 일에 매진할 때가 있다. 점점 더 업무에 매몰되어 신체의 피로도가 악화됨을 느끼지만 좀처럼 업무를 그만두지 못하는 상태가 발생한다. 이때 나는 스스로에게 강제적인 조치를 취하는데, 주로 육체적인 운동으로 생활에 마침표를 찍곤 한다. 업무 공간을 벗어나 5~10분 정도 가볍게 스트레칭을 하거나 실내에서 이리저리 걷는 것이다. 좀 더 오랜 시간 동안 마침표가 필요하면 간단한 기구 운동이나 근력 운동 등으로 한동안 두뇌를 쉬게 해준다.

아무튼 컴퓨터로부터 한동안 눈을 떼는 것만으로도 효과가 있다고 생각한다. 그런데 가끔은 이런 방법으로 이완이 되지 않을 때가 있다. 그러면 나는 어김없이 가벼운 복장으로 트레드밀에서 걷다가 뛰는 방법을 선택한다. 가장 확실한 방법은 걷거나 뛰는 것이라고 생각한다. 30~40분 정도가 소요되기 때문에 자주 할 수는 없지만 지나치게 업무에 매달릴 때 강제적으로 일을 중지시킬 수 있다.

아예 컴퓨터를 꺼버리는 방법도 있다. 이는 상징적인 효과뿐만 아니라 실질적인 효과를 낸다. 다시 컴퓨터를 켤 때까지는 업무를 중지할 수 있다. 또한 특정 프로젝트가 마무리되었을 때, 혹은 다른 프로젝트를 시작하기 전에 일종의 의식을 행할 수 있다 현재 업무에서 완전히 벗어나 세상에서 가장 편안한 자세로 휴식을 취하는 것이다. 소파나 쿠션, 독서용 안락의자 등에 앉아 자신이 가장 좋아하는 일을 하면서 반나절이나 하루 정도 휴식을 취한다. 이처럼 잠시 업무 공간을 벗어날 수 있는 방법은 얼마든지 있다. 익숙한 공간에 약간의 변화를 주어도 늘 똑같은 작업대에서 해방된다는 느낌을 얻을 수 있고 심리적으로 크게 이완된다.

위의 방법들보다 훨씬 많은 시간을 투자하는 것으로는 등산이나 골프, 전시회 관람을 통해 기분 전환을 꾀하는 방법이 있다. 등산을 좋아하는 사람이라면 주말마다 산에 오를 수도 있다. 언젠가 나는 트위터에 '주말을 보내기 위해 자주 사용하는 방법이 무엇입니까?'라는 질문을 던진 적이 있다. 그때 꽤 많은 분들이 주말 산행을 꼽았다. 아마도 큰 부담 없이 운동과 기분 전환을 함께 누릴 수 있고 답답한 도시에서 벗어난다는 해방감과 편안함을 느끼게 해주기 때문일 것이다. 골프를 꼽은 분들도 있었다. 어떤 방법이든 하루나 반나절 정도 자신의 일과 아주 다른 일, 그리고 자신에게 큰 행복감을 줄 수 있는 일이라면 권할 만하다. 전시회장을 찾는 것도 좋은 대안이다. 나도 이따금 사용하는 방법으로, 예술 작품을 보는 일은 다른 세계를 접할 수 있게 해주어 색다른 기분을 만끽할 수 있다.

마지막으로, 시간이나 비용 면에서 큰 제약이 있지만 매우 커다란 이완과 휴식을 제공하는 여행이 있다. 새로운 세계를 접하는 일은 생활에 대한 부담감을 덜어주고 새로운 시작을 위한 에너지를 공급해준다는 점에서 멋진 방법이라 할 수 있다. 그러나 직장에 매여 있는 사람들은 시간 때문에 쉽게 선택하기가 어렵다. 그래도 휴가나 공휴일 등을 이용해 적극적으로 여행을 활용해보자. 젊은 직장인 중에는 샌드위치 휴가 등을 활용해 무박 여행을 즐기는 이들도 있는데, 그만큼 여행이 주는 즐거움이 크기 때문일 것이다. 나는 비교적 스케줄을 자유롭게 선택할 수 있어 여행을 자주 다녔지만 앞으로는 더 많이 다닐 계획이다. 여행은 업무와 생활에 마침표를 찍는 가장 강력한 방법이기 때문이다.

이상 소개한 방법들 가운데 몇 가지를 형편이나 기호에 맞춰 적절히 활용한다면 어느 누구도 지나치게 업무에 매몰되어 몸과 마음이 상하지 않을 것이다. 일과 삶의 균형은 어려운 것이 아니다. 때에 따라 누구나 얼마든지 강약과 완급을 조절할 수 있다. 일과 생활의 조화를 이루기 위해 적극적으로 생각하고 선택하라. 훈련하기에 따라 일과 삶, 이 두 가지를 자신의 것으로 만들 수 있다.

지치지 않도록 주의하라. 완급과 강약을 적절히 조절하면서 나아가라.

08
잡기와 거리를 두어라

'너 자신을 알라.'

이 짧은 한 문장에서 제대로 사는 삶이 무엇인지 생각해볼 수 있
다. 세상에는 대단한 재능을 가지고 태어난 사람들이 있다. 공부,
운동, 예술 등 여러 방면에서 하늘이 내린 재능을 지녔다고 이야기
할 정도로 대단한 능력을 가진 사람들을 보면 '재능은 선물이다' 라
는 말이 절로 나온다. 하지만 세상에 그런 재능을 타고난 사람들이
얼마나 있겠는가? 대다수 사람들은 '평범' 이란 단어가 어울리는
능력을 가지고 태어난다. 그런 사람들이 선택할 수 있는 방법에는
어떤 것이 있을까?

웬만큼 나이가 들면 자신을 과대평가하지 않고 있는 그대로 받아들일 수 있게 된다. 스스로에게 정직하고자 노력하는 사람이라면, 능력을 과장하거나 원하는 모습으로 자신을 미화하려 하지 않는다. 자신의 본래 모습과 편안하게 대면하는 일은 제법 나이가 들어야 가능한 일이다.

이따금 삶에는 극적인 역전 드라마도 펼쳐지긴 하지만 재능과 관련해서는 거의 역전이 없다. 자신이 물려받은 유산 중에서 생물학적 유산은 거의 변함이 없다고 보면 된다. 우선 16~18년 정도나 되는 긴 학창 시절을 되돌아보자. 우리는 이 시기 동안 지적 재능의 측면에서 충분한 평가를 받아왔다. 어떤 이는 "운이 없어서 좋은 학교를 못 갔다" 혹은 "부모의 지원이 충분치 않아서 원하는 학교를 가지 못했다"고도 말할 수 있다. 하지만 10여 년이 넘는 긴 시간 동안 한두 번이 아니라 계속 원하는 학교에 갈 수 없었다면 지적 재능이란 면에서 자신이 어느 정도의 재능을 타고났는지 객관적으로 평가할 수 있어야 한다.

여기서 한 가지 더 고려할 부분이 있다. 좋은 학교에 들어간 사람 중에는 공부를 설렁설렁 했음에도 성적이 꽤 괜찮은 수준을 유지했던 사람도 있고, 열심히 노력했기 때문에 상위권이었던 사람도 있다. 재능이란 면에서 보면 두 사람 역시 다른 해석이 필요하다. 열심히 노력했음에도 불구하고 어느 정도 수준밖에 유지하지 못했다면 자신의 재능에 더더욱 한계가 있다는 사실을 기꺼이 받아들여야 한다.

그 다음 직장 생활에서의 자신을 돌아보자. 자신을 제대로 이해하는 시기는 직장 생활을 하면서부터 시작된다. 직장 생활을 대충대충 해온 사람의 불행 중 하나는 자신의 재능을 이해할 수 있는 길을 찾을 수 없다는 점이다. 반면 성실한 태도로 다양한 업무와 프로젝트를 수행한 사람은 그 과정에서 자신을 이해할 수 있는 뜻하지 않은 기회를 접할 수 있다. 적극적으로 일을 하다 보면 끊임없이 '나는 누구인가? 나는 어떤 사람인가?'를 자문하게 되기 때문이다. 익숙지 않은 일에 자신을 자주 노출시키는 것도 자신을 발견할 수 있는 좋은 방법이다. 새로운 것을 시도할수록 자신을 더욱더 잘 이해하게 된다.

내 경험으로 미뤄보면, 내가 가진 재능을 찾아내는 데 크게 기여했던 일들은 결코 익숙한 것들이 아니었다. 한 번도 해보지 않았거나, 해봤더라도 익숙하지 않아서 힘들었을 때 의외의 모습을 보이는 나 자신을 발견할 수 있었다. 자신이 무엇을 잘할 수 있으며, 어느 부분에서 강하고 약한지 알게 되는 것이다. 따라서 작은 신규 프로젝트라도 늘 타인에게 맡기거나 요령을 피우며 일을 게을리하는 사람들은 자신의 재능을 찾아내기 어렵다.

또한 갑이라는 프로젝트를 수행하면서 찾아낸 재능은 을이라는 프로젝트를 수행하면서 찾아낸 재능과 연결될 수 있다. 때문에 재능을 찾아내는 일은 마치 퍼즐을 맞추듯 여기저기서 발견한 사실을 차근차근 정리해가면서 완성된다. 자신의 숨겨진 재능을 발견하고 싶다면 자꾸 새로운 일들을 시도해봐야 한다.

재능을 찾아내는 일과 그것을 갈고닦아서 일정 수준 이상으로 발전시키는 일은 또 다른 과제다. 앞의 일이 빛을 발휘하려면 당연히 뒤의 일도 성공해야 한다. 그런데 세상에는 다재다능한 사람들이 그렇게 많지 않다. 만일 여러분이 스스로 생각해도 '나는 정말 다재다능한 사람이야'라고 평가할 수 있다면 축복 받을 만한 일이다. 이런 경우는 아주 드물기 때문이다. 대다수의 사람들은 다재다능함과 거리가 멀다. 이런 사실을 받아들이는 것은 직업인으로서의 성장에서 대단히 중요한 의미를 가진다.

나는 지난 20여 년 동안 직업 세계에서 뛰면서, 예외적으로 다재다능한 사람이 아니라면 여러 분야를 동시에 잘하기는 어렵다는 믿음을 갖게 되었다. 한마디로, 한 분야조차도 제대로 하기가 만만치 않다는 것이다. 여기서 제대로 한다는 이야기는 한 분야에서 괄목할 만한 성과를 만들어내는 것을 뜻한다. 그런데 두 분야, 세 분야에 걸쳐 일정한 경지에 도달한 사람으로 성장하기란 불가능한 일은 아니지만 여간 힘들지 않을 것이다. 물론 이 분야, 저 분야 등 몇 분야에서 상당한 경지에 도달한 사람들도 있을 것이다. 하지만 나는 나 자신이 전혀 그렇지 않은 경우라고 결론을 내리고 행동해 왔다.

한 분야를 넘어 여러 분야에 정통한 인물이 되고자 하는 사람이라면 정말로 특별한 재능을 타고나야 한다. 그렇지 않으면 자신이 시도하는 모든 분야에서 그저 남보다 좀 더 잘하는 수준을 벗어나지 못할 것이다. 즉, 취미나 오락 같은 잡기(雜技)에 능한 정도가 되는 것이다. 잡기란 자신의 일 이외에 시간을 보내기 좋은 소소한 재밋거리를 말한다.

세상에 태어나 한평생을 살아가면서 이것도 잘하고 저것도 잘한다면 물론 좋을 것이다. 또한 취미 수준에서 이 일 저 일을 맛보는 것 역시 자신의 선택에 따라 얼마든지 할 수 있는 일이다. 하지만 빛나는 직업인으로 성장하고 싶은 사람이라면 분명한 원칙을 세우고 생활해야 한다. 잡기를 지나치게 가까이하는 사람은 내 경험으로 미뤄보건대 직업인으로 대성할 가능성이 낮다.

성공하기 위해 삶의 어느 부분을 얼마나 희생할지는 개인이 알아서 결정할 사항이다. 그러나 직업인으로 대성하기 위한 초기 단계, 특히 10년 정도 동안은 잡기에 지나치게 많은 시간을 투자해서는 안 된다. 이는 위험하기 짝이 없는 일이다. 나는 10여 년 정도면 한 분야를 파고들기에도 충분치 않은 시간이라고 생각한다. 물론 어느 정도 기반을 닦고 난 이후에는 잡기를 가까이할 수 있는 시간적인 여유가 생길지도 모르지만, 이 역시 자신의 처지와 상황을 면밀히 따져본 다음에 결정해야 한다.

직업인으로서 어느 정도 기반을 닦는 데 성공하면 이를 유지하고 성장시키기 위해 더 많은 노력이 필요한 경우가 대부분이다. 그래서 권하고 싶은 방법은 자신의 직업과 직간접적으로 연결된 분야를 취미 겸 특기로 삼는 것이다. 물론 전혀 관련이 없는 분야에서도 자신의 일에 도움이 될 만한 수단을 찾을 수 있다. 하지만 그저 세상 사람들이 하니까 나도 해야 한다는 생각으로 이런 취미,

저런 취미에 손을 대고 결국에는 본업에 지장을 줄 지경에 이르면 문제가 된다.

나는 잡기에 대한 입장이 명확하다. 평범한 머리와 재능을 타고난 사람은 잡기를 가까이하면 결코 자신의 분야에서 입신하지 못한다. 특히 일을 시작한 지 얼마 안 되는 사람은 지나치다 싶을 정도로 자신이 몸담은 분야에 시간과 에너지를 쏟아부어야 한다고 생각한다.

나는 그런 생각을 내 삶에서 실천해왔다. 직업인으로서 어느 정도 기초를 닦은 후에 주변 분야로 관심을 확장했고, 그 역시 지나치지 않도록 주의했다. 타 분야로 관심을 확장시킬 때도 가능한 한 나의 삶과 조화를 이루거나 도움을 줄 수 있는 분야를 선택해왔다. 그래서 이따금 "도대체 무슨 재미로 삽니까?"라는 질문을 받기도 한다. 그런데 사실 재미란 대단히 주관적인 것이다. 무슨 일에서든지 재미를 찾기로 결심하고 노력하면 틀림없이 찾을 수 있는 것이 재미다.

오늘날 세상은 지나치게 재미있는 일들로 가득하다. 오락이나 재미를 판매하는 산업과 그 판매 방식들이 크게 발전했다. 자본주의 사회는 끊임없이 무엇인가를 팔아야 하고 누군가 이를 소비해주어야 한다. 그래서 자기 주관이 뚜렷하지 않으면 잡기에 관해서도 대세를 추종하게 된다. 또한 오늘날은 과거에 비해 많은 변화가 있었음에도 불구하고 여전히 시간이 제약이 존재한다. 사용할 수 있는 시간은 명백하게 제한되어 있는데 이것저것에 주의를 분산시키면 삶은 풍부해질지 몰라도 직업인으로서 상당한 수준에 도달하기는 어렵다.

이제는 잡기를 대할 때 트렌드가 아닌 자신의 관점을 먼저 생각해야 한다. 자신은 어느 수준까지 받아들일 수 있는지 나름대로 확고한 원칙을 세워야 한다. 게다가 자신의 재능과 목표 사이에서 적절한 균형을 찾을 수 있어야 한다. 남들이 다 하니까 마치 친구 따라 강남 가는 식으로 하다 보면 이것도 저것도 변변치 못한 상태가 될 수 있다.

나는 아버지에게 잡기를 가까이 하지 않도록 교육 받았다. 이는 지금 생각해도 고마운 일이다. 경남 통영의 바닷가에서 성장한 나는 아버지의 엄한 원칙에 따라 낚싯줄을 잡아본 기억이 별로 없다. 아버지는 낚시와 같은, 시간을 흘려보내는 취미가 어린 내게는 백해무익하다고 생각하셨다. 그리고 장기와 바둑도 아버지가 보시기에는 절대 손을 대지 말아야 할 취미였다.

지금도 생생히 기억하는 사건이 하나 있다. 어린 시절 나의 사촌 형들은 대부분 20대 청년이었다. 어느 날 아버지가 외출하신 동안 형들이 장기를 두고 있었는데, 집으로 돌아오신 아버지가 이를 발견하고 호통을 치셨다. 물론 잠시 장기를 둔 것 가지고 그렇게까지 할 필요가 있느냐고 생각할 수 있다. 그렇다. 남들이 하는 만큼 하다가 가는 인생이라고 생각하면 이것저것에 눈길을 줄 수도 있다. 하지만 뚜렷한 족적을 남기고 싶다면, 세월이 갈수록 더 자유로운 인생을 살기 원한다면 잡기와 거리를 두어야 한다. 인생의 명확한

원칙을 세우고 그 길에서 벗어나지 않도록 집중하고 또 집중해야
한다.

잡기와 거리를 두어라.

스스로 다재다능한 사람이라고 생각하지 않는다면 자제하라.

09
반듯한 생각의 틀을 세워라

모든 행동의 조상은 하나의 생각이다.

_랠프 월도 에머슨(Ralph Waldo Emerson)

자기 생각이 없으면 늘 우왕좌왕하게 된다. 어떤 선택을 할 때는 상황을 정확하게 인식하는 것도 중요하지만 세상을 바라보는 자신의 관점이 중요한 역할을 한다. 예를 들어 어떤 분야가 앞으로 뜰 것이라는 풍문이 돌 즈음이면 대부분 정점일 경우가 많다. 하지만 이때 세상을 바라보는 기준과 관점이 뚜렷하지 않으면 군중심리로부터 자유롭기 힘들다. 그래서 대세를 따라 투자도 하고 진로도 선택하고 직장도 잡는다. 운 좋게도 대세를 추종해서 이익을 거둘 수도 있지만 실패하는 경우도 많다. 왜냐하면 본질이 아닌 유행을 따르는 것이기 때문이다. 유행은 대부분 반짝하다 사라져버린다. 게

다가 다수가 원하는 것이 반드시 올바르지는 않다. 그저 다수가 선택하는 것일 뿐이다.

우리의 오늘이란 것이 결국 크고 작은 선택의 연속 과정에서 이뤄졌음을 고려하면 그 선택들을 좌우한 자신의 관점을 이따금 점검해야 할 것이다. 그리고 어떻게 하면 '반듯한 생각의 틀'을 가질 수 있을지 고민해봐야 한다.

그런데 이 반듯한 생각의 틀은 학위를 받거나 공부를 많이 한다고 해서 자동적으로 주어지지는 않는다. 오히려 교육을 많이 받은 사람들이 배우지 않은 사람들보다 불리할 경우가 많다. 공부를 많이 할수록 추상적인 세계에 머무를 가능성이 높고, 그래서 현실과 동떨어진 세계관을 선택할 가능성도 높다. 반면 환경 때문에 많이 배우지 못했지만 강한 책임감을 가지고 치열하게 살아온 사람들은 보다 현실적이고 반듯한 생각의 틀을 가질 가능성이 높다. 나는 "생각이 부유하면 삶도 부유해지고, 생각이 가난하면 삶도 가난해진다"라는 문장을 좋아한다. 실제로, 우리의 삶에서는 이 문장이 현실화되는 경우가 많다.

그러면 생각의 틀은 어떻게 만들어지는 것일까? 우리들은 현대 사회가 제공하는 문명의 이기를 누리고 훌륭한 교육 과정을 밟으면서 자신의 마음과 육체가 수천 년, 수만 년에 걸친 진화의 결과물이란 사실을 잊어버리곤 한다. (이 장에서 이야기하는 '생각의 틀'은 마음과 관련된 분야이기 때문에 마음이란 주제에 국한될 수 있다. 하지만 마음이란 구조물 자체가 오랜 세월에 걸친 진화의 결과를 반영한다는 사실을 깨달으면 반듯한 생각의 틀을 고민할 때 큰 도움이 될 것이다.) 먼 옛날, 인간은 수렵과 채집으로 생계를 유지했고 20~30명 규모의 단체 생활을 했다. 덩치가 큰 동물이나 외부 침입자들의 공격을 피해 살아남으려면 절대적인 결속이 필요했다. 그리스 신화를 읽어보면 그와 같은 생존을 위한 인간의 노력이 투영되어 있음을 알 수 있다. 적과의 싸움에 패배한 부족의 남자들은 전원 몰살되었고 여자들은 승리한 부족의 아내나 노예가 되었으며 아이들은 성벽 너머로 던져져 죽음을 당했다.

생사를 건 투쟁에서 살아남을 수 있는 최적의 방법은 부족 구성원들의 굳건한 단결력뿐이었을 것이다. 부족의 단결력을 깨뜨리는 일체의 튀는 행동은 부족의 존립을 위협하는 것으로 여겨졌을 것이다. 또한 공동 생산과 공동 분배 역시 거친 환경에서 생존과 결속을 위한 수단이었을 것이다. 바로 이처럼 생사가 달린 척박한 환경에 대한 기억이 오늘날 우리의 유전자 속에도 남아 있음을 기억해야 한다.

인구가 증가하고 도시가 발달하면서, 인류의 역사는 익명성의 시대를 맞이하게 되었다. 새로운 환경이 도래했지만 우리의 마음속에 남겨진 원시 본능까지 진화할 수는 없었는지, 우리는 여전히 공동체적 삶과 개별적 삶 사이에서 갈등한다. 사실 현재와 같은 문명의 혜택을 누리기 시작한 인간의 역사라고 해야 길고 긴 진화의 도정에서 보면 불과 얼마 되지 않는 시간일 것이다. 아무튼 오늘날 무상을 강조하는 각종 정책과 구호들이 늘 사람들의 귀를 솔깃하게 만드는 이유는 바로 그와 같은 원시 본능이 건재하기 때문이다. 예를 들어 공공정책처럼 우리가 잘 알지 못하는 분야에서 흔히 상식이라고 불리는 것, 다수가 선호하는 것은 대부분 원시 본능에 순응하는 정책이나 제도일 가능성이 높다. 이 원시 본능은 종종 진보적 가치라는 용어로 포장되어 우리들의 마음을 훈훈하게 해준다.

하지만 반듯한 생각의 틀을 고민한다면 이런 원시 본능에서 벗어나려는 노력이 필요하다. 이는 의식적인 노력이 선행되어야 한다. 아무 서적이나 읽는 것이 아니라 올바른 생각의 틀을 제공하는 양서를 읽고 우리의 내부에서 꿈틀거리는 원시 본능을 이성의 힘으로 관리할 수 있어야 한다.

나는 내가 받은 일반적인 정규 교육과정에서는 그런 훈련이 이뤄지지 않았다고 생각한다. 오히려 경제학 분야의 정규 교육을 모두 마친 후 개인적인 필요에 따라 본격적으로 이루어졌다. 사람은 대개 직업에서의 성공과 별도로 끊임없이 성장하고 싶어 하고, 통합된 세계관을 갖고 싶어 한다. 세상을 이해하고 설명하고 싶은 마음에 많은 것을 시도하고 지속적으로 노력한다. 이런 노력을 통해 통합된 세계관을 갖추면 타인의 불순한 의도에 놀아날 가능성을 크게 낮출 수 있다. 즉, 비교적 현명하게 선택하고 행동할 가능성이 커진다. "당신 생각이 그렇다면 저는 이런저런 이유로 이렇게 생각합니다"라는 식으로 매사에 자신의 의견을 내놓을 수 있게 된다.

우리는 처음부터 실리적인 목적으로 반듯한 생각의 틀을 세우려 하지는 않는다. 단지 불확실하기 짝이 없는 세상을 나름대로 설명

할 수 있다면 그만큼 흔들림 없이 자신의 길을 묵묵히 걸어갈 수 있다고 생각하기 때문에 필요하다고 생각한다. 그런데 놀랍게도, 통합된 세계관을 갖게 되면 대단한 실리적인 성과를 거둘 수 있다. 그중 하나는 세상의 불확실함에 맞서 개척자 정신을 가지고 살아갈 수 있다는 점이다. 즉, 어떤 역경도 극복할 수 있는 기업가정신을 갖춘 사람이 될 수 있다.

기업가정신이란 혁신과 창조를 꾀하며 외부에 의존하지 않고도 스스로 가치를 만들어내는 의식을 뜻한다. 사람이나 환경을 탓하지 않고 스스로가 선택하고 책임을 지겠다는 신념을 가진 사람들은 어느 분야에서 무엇을 하든지 치열하게 파고듦으로써 새로운 길을 개척해낸다. 남미의 척박한 땅에 선교 사역을 위해 파견된 17~18세기 선교사들을 떠올려보자. 그들이 그 험한 땅에 나아갈 수 있었던 원동력은 사실이나 의견이 아니라 믿음의 힘이었다. 이 믿음의 바탕에는 바로 기업가정신과 같은 긍정적인 생각의 틀이 자리하고 있었다.

만에 하나라도 이 생각의 틀 앞에 '올바르지 못한'이란 수식어가 붙는다면 재앙과도 같은 일들이 발생한다. 반면 '반듯한' 혹은 '올바른'이란 수식어가 붙는다면 측정할 수 없을 정도의 복이 뒤따른다. 물론 사람에 따라 올바른 생각의 틀이 무엇인지에 대한 해답이 달라질 수 있다. 개인적으로 나는 '자유주의자'라고 불리는 것을 좋아한다. 그리고 현실에서도 자유주의적 원칙을 구현하기 위해 노력하는 편이다.

자유주의자는 개인의 삶과 사회적인 제도 및 정책, 그리고 이슈에 있어서 개인의 선택을 존중하고 사회적(혹은 집단적) 선택을 줄여 나가는 것이 올바르다고 생각하는 사람이다. 자유주의자들은 결코 가진 사람들을 위한 정책이나 제도를 옹호하지 않는다. 그들은 한 개인이 측량할 수 없는 능력을 갖고 있음에 중점을 두고, 그 능력을 각자의 방식대로 최대한 계발하도록 지원하는 사회가 이상적인 사회라고 여긴다. 물론 이런 자유주의적 시각은 특정한 사회적 상황이나 환경, 특정한 제도나 정책에 따라 달라질 수 있다. 하지만 인간이 스스로 선택하고 책임을 지는 것이야말로 더 나은 사회로 나아가는 데 필수 요소라는 점에서는 모두가 공감을 표한다.

자유주의는 수렵 채집 생활에 적합했던 원시 본능에서 벗어나 익명의 다수로 구성되는 대규모 사회에 적합한 현대의 이성이라고 생각한다. 이는 오랜 시간에 걸친 성찰과 사유의 결과물이다. 하지만 이런 생각 체계를 누구나 가질 수 있는 것은 아니다. 원시 본능을 넘어서는 지적인 노력이 있어야만 가능하다. 따라서 젊을 때부터 이를 위해 지적인 투자를 게을리하지 말아야 한다. 그렇지 않으면 남들이 '대세'라고 말하는 주장이나 의견에 휘둘리게 된다. 이는 사회가 엉뚱한 방향으로 나아가는 데 일조하고 개인적인 차원에서는 전직, 이직, 경력, 투자 등에서 실수를 하게 만든다.

자기 생각을 만드는 데 있어 오늘날의 환경은 과거보다 훨씬 척박하다. 고속 인터넷망을 통해 아주 짧은 시간 안에 타인의 시각을 자신의 것으로 만들 수 있으며, 트위터나 블로그 등에서 가져온 타인의 생각을 마치 자기 생각인 양 전개할 수 있다. 게다가 깊은 독서를 할 수 있는 가능성은 점점 낮아지고 있다. 자신의 생각이나 주장을 스스로 생산하는 것이 아닌, 타인의 생각을 소비하는 데 급급한 사회가 된 것이다. 이런 인스턴트식 생각이 만연한 사회 분위기 속에서 자신의 생각을 가다듬고 만들어가라는 말은 어쩌면 우둔한 조언일 수 있다.

그러나 세상에는 건너뛰는 법이 없다. 자기 생각이 없으면 평생 남들이 만든 유행이나 의견에 놀아날 가능성이 높다. 남의 장단에 춤추는, 생각의 노예가 되는 것이다. 더욱이 새로움을 지나치게 강조하는 시대 분위기는 삶과 사회의 근본을 지탱하는 변함없는 가치들을 '수구', '보수'라는 단어로 매장하기도 한다. 여기에 동조 압력까지 작동하면 줏대 없이 여기저기로 쏠리는 현상을 피할 수 없다. 노예제도가 폐지된 오늘날 다시 그와 같은 시대가 재연되고 있다면 좀 지나친 말일까?

시간을 내서 양서를 읽도록 하자. 특히 올바른 주장을 펼치는 사회철학자들의 생각을 가까이하라. 이런 책들을 꾸준히 읽는 것만큼 도움이 되는 것도 드물다. 그리고 올바른 생각의 틀을 가진 사람들과 교류할 기회를 자주 갖도록 하라. 우리는 누군가로부터 영향을 받기도 하고 주기도 하는 존재이기 때문에 스스로 영향력을 미치는 대상을 제대로 선정할 필요가 있다. 막연한 느낌과 감각을 주의하고 사실과 진실 위에 있는 주장이나 의견을 판단하라. 내가 농담처럼 하는 말이지만 바로 그런 진리가 담긴 문장이 하나 있다.

'철학이 밥을 먹여준다.' 철학은 반듯한 생각의 틀을 뜻하는 또 다른 표현이다.

⚬⚬⚭⚬⚬

반듯한 생각을 갖기 위해 노력하라.

남의 생각에 장단을 치지 않도록 하라.

10
요행을 바라지 말라

"다 잘될 거야. 그럼 잘되고말고." 이 같은 낙관주의는 살아가는 데 도움이 된다. 여러분도 그렇겠지만 나란 사람도 굳이 성향을 분류하자면 비관주의자보다는 확연한 낙관주의자에 속한다. 낙관주의자는 매사를 긍정적으로 바라보기 때문에 어떤 난관에서도 웬만해서는 기가 죽지 않는다. 낙관주의를 한 문장으로 표현하자면 '해는 다시 떠오른다' 정도가 아닐까? 그러나 낙관주의는 그 앞에 '무작정', '무대책', '지나친' 등과 같은 수식어가 붙으면 오히려 해악을 끼칠 수 있다. 그런 낙관주의자는 구체적인 준비 없이 막연히 "그냥 잘될 거야"라는 말로 위안을 삼는다.

2010년 언론에서는 우리나라의 베이비부머 세대가 본격적으로 은퇴를 시작하는 첫해라며 다양한 특집기사를 쏟아냈다. 그런데 그런 기사의 말미에 빠지지 않고 등장하는 내용이 '노후 준비가 전혀 되어 있지 않다'였다. 준비 부족의 원인에는 다양한 이유들이 있었는데, 이를테면 사교육비의 과중한 부담, 정부 대책의 부재, 외환위기라는 불운, 개인의 노력 부족 등이었다. 그런데 이 요소들 가운데 개인이 전혀 예상할 수 없는 것은 외환위기 정도로, 나머지 요인들은 대부분 예상 가능하고 노력하기에 따라 준비가 가능하다.

더욱 확실한 것은 바로 은퇴 시기다. 언젠가는 누구나 은퇴 시기를 맞이한다는 것은 모두가 다 아는 사실이다. 특히 공직의 경우에는 100퍼센트 확실하다. 그런데 실상 주변을 살펴보면 제대로 준비해서 정년에 이르는 사람은 흔치 않고, 대부분이 "어떻게 하다 보니까 이렇게 되었네요"라고 이야기한다.

내가 안타까워하는 점은 바로 이 부분이다. 정년의 시기는 마치 초읽기처럼 찰칵찰칵 가까워지고 있는데 '어떻게 잘되겠지'라는 막연한 기대감으로 귀한 시간을 흘려보낸 사람들이 꽤 많았다. 물론 노력했음에도 불구하고 빠듯한 살림살이 때문에 미래를 미처 준비할 수 없었던 사람들도 있겠지만 말이다.

사람에 따라서 미래에 대비할 만한 시간과 돈이 없었다고 말할 수도 있고, 생각은 있었지만 여유가 없었다고 할 수도 있다. 그러나 준비 부족의 이면에는 '어떻게 잘되겠지'라는 막연하고도 지나친 낙관주의가 자리하고 있다. 한마디로 행운 혹은 요행을 바란 것이다.

잘살기 위해서는 약간의 겁이 필요하다. 세상살이란 생각처럼 만만하지 않으며 자칫 엎어지거나 위험에 처할 수 있다고 생각해야 한다. 과도한 긴장감과 불안감은 정신 건강에 좋지 않기 때문에 피해야 하지만 어느 정도는 미래에 대한 걱정이나 불안감이 필요하다. 이런 사람을 향해 나는 '합리적 낙관주의자'라고 부르고 싶다. 그들은 그냥 무턱대고 잘될 것이라고 생각하지 않고, 잘되지 않을 수도 있다는 가능성에 항상 문을 열어둔다. 그리고 잘되지 않게 만드는 요인들을 찾아내서 미리 대비한다.

그런데 합리적 낙관주의자들 가운데는 좀 심각하게 미래를 걱정하는 이들도 있다. 이들은 심리적 부담감이란 비용을 지불하지만 성취라는 면에서는 괄목한 만한 성과를 거둔다. 내가 만나본 사람들 중에서 상당한 성취를 이룬 사람들을 보면 절대로 세상을 만만하게 여기지 않는다는 공통점을 가지고 있었다. 게다가 다소 부정적으로 보일 수 있는, 일정한 수준의 강박관념을 갖고 사는 사람들도 꽤 많았다. 그들은 보통 사람들보다 필요 이상으로 실패할 가능성에 문을 열어두기 때문에 웬만큼 일이 잘 돌아갈 때도 좀처럼 안심을 하지 못한다. 남들보다 더 잘해야 하고 더 철저하게 준비해야한다는 강박관념을 갖고 있는 것이다. 이들은 잘될 때 더 잘하도록 자신을 더 세게 밀어붙이고, 결코 지나친 낙관주의의 덫에 갇히는 법이 없다.

그러면 적당히 겁을 갖고 살아갈 수 있는 방법은 무엇일까? 바로 직접 실패를 경험해보는 것이다. 이는 간접 경험보다 훨씬 괴롭고 힘들기는 하지만 확실한 방법이다. 한 번의 실패를 경험하고 나면 백 권, 천 권의 책을 읽었을 때보다 더 귀한 깨달음을 얻을 수 있다. 그렇다고 단말마와 같은 끔찍한 순간을 일부러 경험해볼 필요는 없지만 그렇게 엎어지는 때가 인생의 어느 순간에 있었다면 그 일로 비관할 필요는 없다. 자신이 하기에 따라 그때 지불한 비용의 몇 배, 몇십 배 이상 보상을 받기 때문이다. 물론 일부러 권하는 것은 아니다. 단지 '인생에서 버릴 만한 경험은 없다'고 말하고 싶을 뿐이다.

나는 지금도 긴장감을 늦추지 않은 채로 살아간다. 10년 전이나 20년 전이나 노동의 강도나 집중력 등은 별로 변함이 없다. 좀 느슨하게 살아갈 수도 있고 때로는 지칠 법도 한데 그런 기세가 보이지 않는다. 그렇다면 앞으로는 어떨까? 앞날의 일을 100퍼센트 확실히 말할 수는 없지만 앞으로 10년, 그리고 20년 동안 건강이 허락하는 한 게으름을 피우거나 한가하게 살아갈 가능성은 낮다고 생각한다.

그 이유는 무엇일까? 그건 나름의 정신적인 상흔(傷痕)이 남아 있기 때문이다. 그 상흔은 타의에 의해 조직에서 밀려나온 경험일 수도 있고 굵고도 짧았던 사업 경험일 수도 있다. 때로는 청년기에 경험한 아버지의 부도도 상흔이 된다. 이런 경험은 그 기간의 길고 짧음에 관계없이 한 인간의 삶에 다양한 경로로 영향을 미친다. 사회와 인간을 보는 시각, 시장과 정치를 보는 시각, 나아가 자신을 바라보는 시각에도 영향을 미친다. 그런 사건을 경험하면서 믿을 수 있는 것은 평소에 형, 아우라고 부르는 사람이 아니라 바로 자기 자신이다. 누가 누구를 보호해줄 수도 없고 이를 기대해서도 안 된다. 그런 상황을 경험하고 극복해가는 과정에서 우리는 한 가지 귀한 교훈을 배운다. 결국 남이 가진 것이 아니라 자신이 가진 것, 즉 지금까지 준비한 것이 무엇이냐에 따라 위기를 극복할 수도 절망할 수도 있다는 사실이다.

다중지능 이론의 창시자인 하워드 가드너(Howard Gardner)는 한 인간이 가진 생각의 틀이 변하는 데 크게 영향을 미치는 7가지 요인들, 즉 근거, 정보 확보, 반응, 재해석, 재원과 보상, 주변의 변화, 저항에 대해 이야기했다. 그중 '주변의 변화'가 생각의 틀에 미치는 영향에 주목해보자. 주변에서 벌어지는 특정 사건이 개인의 사고 틀에 큰 영향을 미치는 경우다. 어떤 사건을 경험하고 나면 그 경험이 사고의 틀에 깊은 흔적을 남기는데, 여기서 생각뿐 아니라 모든 것이 달라지는 경우도 있다. 그러면 사건 이후 세상을 전혀 새로운 시각으로 바라보게 되는데, 내 경우는 40세를 전후해서 그런 사건이 발생했다.

한편 간접 경험은 그 강도가 직접 경험과는 비교할 수 없을 정도로 약하다. 하지만 바로 그렇기 때문에 간접 경험은 적극적으로 권할 만하다. 특정 인물을 다룬 기사나 인터뷰, 자서전이나 평전 등을 읽고 세상살이를 대비할 수 있다. 특히 이런 독서에서 만난 인상적인 사례들은 훗날 많은 도움이 된다. 또한 자신의 분야나 그외 영역에서 앞으로 어떤 일들이 벌어질지, 그리고 지금 어떤 일들이 벌어지는지를 다룬 책들도 도움이 된다.

언젠가 한 지방자치단체에 가서 강연을 할 기회가 있었다. 나는 그 자리에서 투자에 대한 개인적인 의견을 거침없이 이야기했다.

"만일 시장평균수익률의 두 배 이상 되는 투자 기회가 여러분에게 주어진다면, 그 대부분이 '요주의' 기회라고 생각합니다."

내가 이렇게 이야기한 이유는 누군가 굉장한 자신감을 가지고 두 배 이상의 수익을 역설했다면 거기에 불순한 저의가 숨어 있다고 생각하기 때문이다. 강연을 마친 후 나는 기관장과 함께 차를 마시면서 담소를 나누었다. 기관장은 내게 이렇게 말했다.

"공 박사님, 사실은 제가 그런 허황된 투자 건에 휘말려 퇴직금의 상당 부분을 잃어버렸습니다. 청산유수와 같은 말재주에 그만 넘어가고 말았죠. 시장이익률의 두 배라는 원칙을 좀 더 새길 수 있었다면 그런 허황된 짓을 하지 않았을 텐데요."

요행을 바라는 심리는 우리들 대부분의 마음속에 있다. 로또처럼 얼마 되지 않는 돈을 거는 경우에는 손실이 발생하더라도 큰 타격을 입지 않는다. 하지만 판돈이 커지고 여기에 절대로 잃어버려서는 안 되는 돈이 들어간다면 큰 타격을 입게 된다.

사기나 기만을 당하는 경우는 연령대와는 상관이 없다. 나이를 먹으면 오히려 판단력이 흐려질 때가 많다. 게다가 조급함이 더해지면 큰 손해를 보게 된다. 그런데 투자 실패는 한 번으로 끝나는 것이 아니다. 한 번의 투자 실패로 손실을 본 사람은 그 참담함이 사라지고 나면 또다시 비슷한 유형의 사기나 무리한 투자에 말려들 가능성이 있다. 실패에서 뼈아픈 교훈을 얻지 못하는 사람은 실패를 반복한다. 이럴 때 스스로를 보호하는 방법은 예외 없는 원칙을 준수하는 것뿐이다.

요행에 대한 기대감은 대개 사람에 대한 순수한 믿음에서 발생한다. 처음부터 "내가 당신에게 사기를 치고 있소"라고 동네방네 외치면서 접근하는 사람은 없다. 여러분을 속일 의도로 접근하는 사람이 있다면, 아마도 보통 사람들보다 훨씬 전문가일 것이다. 이런 사람에게는 학식이 높거나 업계 경험이 많거나 현재 요직에 있거나 상관없이 모두가 아마추어다.

불순한 의도를 갖고 접근하는 사람들은 타인을 설득하는 다양한 방법을 갖추고 있으며, 상대방의 심리를 조종하는 능력이 뛰어나다. 그야말로 속임수의 세계에서는 고수(高手)들이다. 이들에 맞서 아마추어가 이길 가능성은 없다. 여기에 학연, 지연, 동향 등 다양한 연결 고리를 가지고 있다면 웬만한 사람들은 넘어갈 수밖에 없다. 다시 말하지만 그나마 자신을 보호할 수 있는 방법은 예외 없는 원칙을 적용하는 것이다. 그리고 더 중요한 것은 요행을 바라는 마음을 여러분의 삶에서 완전히 제거하는 것이다.

만일 보통의 관계에서는 상상하기 어려울 정도로 큰 선의와 호의를 받았는데, 이것이 금전적 이익과 연결된다면 무조건 철두철미한 점검에 들어가야 한다. 그런데 우리는 선의를 의심하는 일에 익숙하지 않다. 그리고 '내가 괜한 사람을 의심하는 게 아닐까?' 하며 양심의 가책을 느낀다. 타인을 속이는 데 익숙한 고수들은 이런 심리마저도 읽어내고 이를 이용하기도 한다. 따라서 양심의 가책이란 한계를 넘어서지 못하는 사람들은 결국 상대방에게 당하고 만다. '악으로 가는 길은 선의로 포장되어 있다'는 옛말처럼, 뜻하지 않은 선의는 충분히 따져봐야 한다.

투자뿐만 아니라 스카우트 제의, 정치나 공직 진출에 대한 권유 등 대부분의 중요한 의사결정은 상대방에게는 수많은 일거리 가운데 하나일 수 있다. 결정을 내리는 당사자에게는 일생일대의 결정일 수도 있는데 말이다. 상대방이 꽤 괜찮은 인물이기 때문에 나를 대신해서 내 이익을 지켜줄 것이라는 믿음은 애초부터 근거가 없다. 만일 여러분이 그런 생각을 갖고 있다면 대인관계에서 초보 수준을 벗어나지 못하고 있음을 자각해야 한다.

자신의 이익보다 내 이익을 우선하겠다고 말하는 사람이 있다면 이때만큼은 반드시 철두철미한 회의론자가 되어보라. '글쎄 그럴 수 있을까? 어떤 의도가 있을까? 그가 노리는 것은 무엇일까?' 꼼꼼하게 따져봐야 한다. 자신의 이익을 지키는 사람은 상대방이 아니라 바로 자신이라는 사실을 잊지 말아야 한다.

'그는 달라', '이번엔 달라'와 같은 헛된 망상을 갖지 않도록 하라. 여러분이 수년간 노력해서 쌓은 결과를 한순간에 날려버릴 수도 있다. 반면 상대방은 아주 높은 수익과 성과를 얻는다. 그렇기 때문에 그런 사람들은 더욱 줄어들 수가 없다. 고수익이 보장되는 분야에는 끊임없이 불나방들이 뛰어든다. 물론 여러분의 이익을 누군가 보호해주고 챙겨준다면 대단한 행운을 만난 것이지만, 그런 행운은 일어날 가능성이 아주 적다.

처음부터 어떤 요행도 바라지 말라.

뿌린 대로 거둔다는 믿음을 확고하게 유지하라.

11

성숙한 인격으로 다듬어라

삶은 성장이다. 만일 우리가 기술적으로나 인간적으로 성장하기를 멈춘다
면 우리는 죽은 것이나 마찬가지다.

_모리헤이 우헤시바(植芝盛平)

모든 조직은 주요성과지표(KPI, Key Performance Index)를 갖고 있
다. 주요성과지표란 조직의 구성원들이 만들어낸 성과를 일정 기
간으로 나눠 측정하고, 더 잘할 수 있는 방법을 찾고, 구성원들로
하여금 노력에 맞는 보상을 주는 기준이 되는 지표를 말한다. 사기
업이라면 매출액, 경상이익, 시장점유율, 신규 고객 규모 등 다양
한 요인들이 포함된다. 성과지표를 확인하는 것만으로 특정 조직
이 무엇을 위해 노력해야 하는지, 조직의 구성원들은 그들이 가진
에너지를 어떻게 배분해야 하는지 알 수 있다.

비슷한 개념을 개인에게도 적용할 수 있다. 우리 모두 각자의 시

간과 에너지를 사용하면서 무엇인가를 추구한다는 점에서는 하나의 조직과 다를 바가 없다. 그렇다면 개인 역시 자신의 활동을 일정 기간마다 점검하고 평가하며, 더 잘할 수 있는 방법을 찾기 위해 주요성과지표가 필요하다. 이를 '개인의 주요성과지표(PKPI, Personal KPI)'라고 이름을 붙일 수도 있을 것이다.

만일 여러분이 "당신의 PKPI는 무엇입니까?"라는 질문을 받는다면 어떻게 답하겠는가? 간단한 질문이지만 여기에 자신이 추구해야 할 이상적인 삶의 모습과 소중한 시간과 에너지를 배분하는 방법에 대한 명확한 좌표가 들어 있다.

우선 모두가 포함하고 싶어 하는 것으로 성과를 꼽을 수 있다. 성과는 얼마든지 구체적인 지표로 나타낼 수 있다. 예를 들어 세일즈맨은 조직으로부터 부여 받은 매출 목표와 신규 고객 확보 목표치를 가진다. 야심이 있는 사람이라면 조직이 부과한 것에 자신이 좀 더 잘하고 싶은 것을 더하여 앞으로 반드시 이루고 싶은 목표치를 갖고 있을 것이다.

또한 성과뿐만 아니라 5년 후, 10년 후, 은퇴 이후를 위해 자신의 역량을 더 강화하기 위한 성과지표도 포함될 것이다. 어떤 강좌를 선택해서 듣는다든지, 책을 얼마나 읽을 것이라든지, 어떤 자격증을 취득한다든지 등 현재의 성과에는 크게 영향을 주지 않지만 앞날을 위해 준비해야 하는 것들에 대해서도 일정 자원을 배분할 계획이 있을 것이다. 그 밖에 미혼자들 같으면 결혼에 대한 부분들이 들어갈 것이고, 스포츠를 좋아하는 사람이라면 자신의 기량을 일정 정도 끌어올리기 위한 계획이 들어갈 것이다. 이처럼 주로 측정할 수 있는 항목들이 성과지표의 대부분을 차지할 것이다.

하지만 과연 그것이 전부인가? 돈을 벌거나 승진 등과는 별로 관련이 없지만 우리가 포함시킬 수 있고 포함시켜야 하는 부분 가운데 하나가 바로 인간적인 성장이다. 물론 이것을 측정 가능한 지표로 만들기는 불가능하다. 하지만 제대로 성공하기를 소망하는 사람이라면 직업적인 성공뿐만 아니라 한 인간으로서 인격적인 성장을 반드시 포함시켜야 한다.

성공에 대한 정의는 사람들의 수만큼이나 많고도 다양하다. 나는 그중에서도 짐 콜린스(Jim Collins)가 이야기한 정의를 가장 좋아한다. 그는 성공이란 "세월이 갈수록 주변 사람들이 자신을 점점 좋아하게 되는 것"이라고 말했다. 더 멋진 인생을 꿈꾸고, 더 멋진 사람이 되고 싶다면 욕심을 갖고 추구해볼 만큼 귀한 정의라 하겠다.

그런데 세월이 갈수록 주변 사람들이 자신을 좋아하도록 만드는 일은 쉽지 않다. 나이가 들수록 특별히 노력하지 않으면 고집이나 아집이 점점 강해지기 때문이다. 시간이 누적되면서 기존의 경험들이 굳게 뿌리를 내려 새로운 경험이 들어갈 틈을 내주지 않는다. 이따금 젊은 나이에 요직에 올라 잘나갔던 사람들과 꽤 오랫동안 일하게 되면, 대개 젊은 시절의 생각이나 믿음으로부터 한 발자국도 나아가기 싫어하는 경우를 심심찮게 접하곤 한다. 그런 사람이 주변의 부하나 동료들의 신뢰, 그리고 가족의 애정을 시간이 갈수록 점점 더 많이 받을 수 있을까? 쉽지 않을 것이다. 그런데 누구든지 나이가 들면서는 이런 상황에 처할 수 있다.

가능한 한 모든 과정과 결과를 측정하고 그에 해당하는 보상이 주어지는 시대에서, 측정이 불가능하고 보상도 주어지지 않는 성과지표를 추가하라는 것은 누구에게나 부담스런 일이다. 그러나 대개의 사람은 완벽한 사람이 되고 싶다는 욕구를 갖고 있다. 즉, 우리 모두는 더 나은 인간이 되고자 하는 뿌리 깊은 욕구를 갖고 있다.

나는 좋은 그림을 보거나 멋진 음악을 들으면서 느끼는 쾌감 역시 아름다움을 추구하는 인간의 본질적 욕구와 연결되어 있다고 생각한다. 따라서 당장 보상이 주어지지 않더라도 인간은 자신의 인격적 성장에 행복감과 자긍심을 느낀다. 여러분도 보상이 주어지지 않더라도 자신이 참으로 괜찮은 사람이고 점점 더 나아지고 있다는 사실을 인지하는 것만으로도 기분이 좋아졌던 경험이 있을 것이다. 그리고 실제로 인간적인 면모가 뛰어난 사람들이 행운의 주인공이 될 가능성이 높다.

그렇다면 인간적인 성장이란 무엇인가? 이것 역시 사람마다 다소 차이가 있다. 여러분이 열정적이고 도전적이지만 성격이 조급해서 자주 화를 내고 감정 기복이 심하다고 가정해보자. 별로 중요하지 않은 일을 두고 아랫사람이나 가족들에게 화를 벌컥벌컥 내는 것이다. 하지만 화를 내고 난 다음에는 늘 후회가 뒤따른다. '그렇게 화낼 일도 아닌데 왜 내가 그렇게 했을까'라는 후회 말이다. 이런 사람을 주변 사람들이 좋아할 리가 없다. 이런 사람에게 인격적인 성장이란 사소한 일에 화를 내지 않는 일, 다시 말해 늘 평상심을 갖는 인물이 되는 것이다. 혹자는 다혈질이나 내성적인 성격과 같은 심리적 특성은 좀처럼 고칠 수 없다고 말하지만 나는 그렇게 생각하지 않는다. 사람은 각자 고유한 본성을 타고나지만 꾸준히 자신의 약점을 보완하기 위해 노력한다면 얼마든지 결실을 볼 수 있다고 생각한다.

지금보다 더 나은 인간이 되기 위한 노력은 노소를 불문하고 누구든지 추구할 만한 가치가 있는 일이다. 다른 한 가지 사례를 들어보자. 지나치게 타인의 언행에 민감하게 반응하는 사람들이 있다. 이런 사람들도 자주 평정심을 잃는다. 그리고 평정심을 잃는데서 그치지 않고 불쾌감과 스트레스까지 경험한다. 육체적으로나 정신적으로 좋지 않은 상태를 스스로 만들어내는 것이다. 그런데 주변 사람들이 이렇듯 감정 기복이 심한 상사를 좋아할까? 가족들은 감정 기복이 심한 가장을 언제까지 이해할 수 있을까? 반드시 고쳐야 할 단점임에 틀림없다.

어떻게 하면 이런 단점들을 극복할 수 있을까? 우선 간단한 질문을 자신에게 던져보자. 다른 사람들의 언행으로부터 감정적인 동요를 자주 경험한다면, 자신도 제대로 통제하기 힘들 것이다. 그런데 어떻게 상대방의 기분이나 언행을 통제할 수 있겠는가? 그런 간단한 질문만으로도 상대방의 기분을 이해하는 데 도움이 된다.

다른 한 가지 방법은 세상을 사는 방식에는 여러 가지가 있다고 생각하는 것이다. 자신이 한 가지 방식이나 틀만 고집하는 것은 아닌지 점검해보자. 늘 이것은 이래야 한다든지, 저것은 저래야 한다든지 같은 원칙에 위반되는 경우 심한 불쾌감과 스트레스 상태에 빠지는 것은 아닌지 생각해본다. 스스로 정한 틀을 깰 수 있다면 웬만한 일에도 평정심을 잃어버리지 않을 것이다. 상대방을 어떤 틀에 맞춰 평가하지 않고, 있는 그대로를 인정해주자는 것이다.

우리 모두가 어디서 무엇을 하고 있든, 누가 상을 주거나 주지 않든 '나는 세월과 함께 점점 더 인간적으로 멋진 사람, 존경 받는 사람이 되겠다' 라는 바람은 추구할 만한 가치가 있다. 이를 달성하는 것도 의미가 있지만 달성하기 위해 나아가는 것 자체만으로도 커다란 희열과 보람, 자긍심을 가질 수 있다.

그 다음에는 자신이 꿈꾸는 인격적 완성을 이루는 데 추구하고 픈 덕목을 생각해보는 것이다. 이는 자신의 가장 큰 약점을 떠올려 보면 자연히 나온다. 게으름을 피우는 사람, 화를 자주 내는 사람, 정직하지 못한 사람, 약속을 지키지 못하는 사람, 말만 앞세우는 사람 등 다른 것은 몰라도 이것만은 반드시 고치고 싶다고 생각하는 약점을 골라 그 반대를 덕목으로 삼는 것이다.

작은 카드나 포스트잇 위에 고치고 싶은 약점을 그대로 적지 말고 긍정문으로 바꿔 적어보자. 이것만은 꼭 자신의 것으로 만들고 싶다는 덕목을 중심으로 3~5개 정도를 적는다. 이때 너무 많이 적지 않는 게 좋다. 단지 적어보는 것만으로도 여러분은 두뇌의 한 부분에 인격적으로 성숙한 사람의 원형을 정리한 셈이다. 정리하고 난 다음에는 자주 생각하고 자주 눈으로 확인해보자. 그리고 나서 위기 시 과거의 습관에서 벗어나 덕목을 실천했다면 스스로 축하하고 격려하자. 이때 명심해야 할 것은 여러 가지를 모두 다 잘할 수 없다는 점이다. '80/20 법칙'에 따라 20퍼센트의 중요한 것에 집중해보는 일도 도움이 된다. 이것만은 꼭 고치고 말겠다는 몇 가지를 집중적으로 공략하면 더 나은 인간으로 발전하는 일이 어렵거나 복잡하지만은 않을 것이다.

존경 받는 사람, 사랑 받는 사람은 어느 순간 갑자기 등장하지 않는다. 계속해서 나아가야 한다. 10번 정도의 위기 상황에서 한두 번 정도 성공하고 이를 계기로 계속 나아가다 보면, 어느 사이엔가 닮고 싶은 사람의 모습에 가까워진 자신을 발견할 것이다. 그렇게 서서히 바뀌어가는 것이다.

주변에 나이를 제대로 먹어가는 사람이 있다면 그의 모습을 떠올려보라. 사람은 누구든지 40세를 넘기면 스스로의 얼굴에 책임을 져야 한다. 얼굴은 결코 직업적 성과나 역량에 비례하지 않는다. 그것은 완전히 다른 프로젝트에 속한다. 이를테면 인간다운 인간 만들기 프로젝트라고나 할까.

인격이 완성을 향해 나아갈 때 멋진 얼굴이 나오고 얼굴에 걸맞은 행동이 나온다. 그냥 나이를 먹는다고 해서, 위치가 올라간다고 해서, 돈이 많다고 해서 존경심이 저절로 생기는 것은 아니다. 그런 존경심은 내면적인 성숙을 대할 때만 나온다. 물론 사회적 지위나 돈으로 상대방의 복종을 요구할 수는 있다. 하지만 어느 순간 그런 복종이 별것 아니라는 사실을 깨우치게 된다. 주변 사람들과 가족들에게 진정으로 소중하고 귀한 사람이 되어 존경과 애정을 받을 수 있을 때, 그럴 때야말로 제대로 살았다고 할 수 있다. 그런 사람이 되고 싶지 않은가? "나도 저분처럼 될 테야", "저분을 능가하는 인물이 될 테야" 하는 간절한 소망을 갖고 노력해보자.

자신의 됨됨이를 갈고닦아라.

직업적인 향상 못지않게 인간적인 향상에 목표를 두어라.

12
자신에게 정직하라

"남을 속이지 말아라." "거짓말 하지 말아라." 우리가 아주 어릴 때부터 귀에 못이 박이도록 들었던, 결코 타협할 수 없는 삶의 원칙들이다. 그러나 자신을 속이는 일은 어떤가? 성장하면서 이따금 듣긴 해도 그다지 심각하게 받아들이지 않았던 삶의 원칙일 것이다.

'내가 지금 뭘 해야 하지?' 이런 질문은 대개 그 해답을 쉽게 내놓을 수 있다. 물론 이따금 해답을 찾기 어려운 삶의 난제들이 있지만 일상생활에서 접하는 대부분의 문제들에 대해서는 어떤 것이 정답이고 어떤 것이 정답이 아닌지 쉽게 알 수 있다. 즉, 우리는 해야 할 일과 하시 말아야 할 일들을 대부분 쉽게 알 수 있다.

고혈압처럼 심혈관 질환 증세가 있다면 미리미리 체중이 지나치게 불어나지 않도록 체중관리를 하면 된다. 건전한 상식을 가진 사람이라면 이런 사실을 모르는 이는 거의 없다. 하지만 체중 조절에 실패하는 사람이 의외로 많다. 당뇨병과 같은 대사증후군 질환을 앓는 사람이라면 당을 조절하는 데 식이요법과 적절한 운동이 필수라는 사실은 누구든지 안다. 하지만 '별일 있겠어'라고 생각하며 식이요법과 운동을 하지 않다가 급기야는 병을 악화시키고 시력 상실과 같은 합병증으로 고생한다. 돌이킬 수 없을 정도로 자기 자신을 어려운 상황에 빠뜨리는 것이다. 뿐만 아니라 술, 담배, 도박과 같이 중독성이 강한 식품이나 오락이 가져오는 부정적인 효과를 모르는 사람은 없다. 하지만 중독 때문에 그만두기를 피일차일 미루다가 마침내 딱한 사정에 빠지는 사람이 의외로 많다.

왜 뻔히 알면서도 그 명백한 해법을 실천하는 데 실패하는 것일까? 우리들의 마음속에는 항상 진(秦)나라와 한(漢)나라가 싸우고 있다. '이걸 해야 돼'라고 주장하는 세력이 있는 반면 '이걸 하면 안 돼'라고 막는 세력이 있다. 매일이 그렇고 매 순간이 그렇다. 싸움박질이 일어날 때마다 본능의 목소리는 이성의 목소리를 허용하지 않는다. 이를 두고 "인생은 '본능 억제'와 '본능 허락' 두 가지가 늘 싸움질하는 전쟁터다"라고 말하는 사람도 있다.

대부분의 상황에서는 본능을 억제해야 하는데 이게 쉽지 않다. 그래서 번번이 잘 알면서도 지켜야 할 선을 넘고 만다. 성공하는 사람과 실패하는 사람을 가르는 여러 가지 기준이 있겠지만, 이처럼 본능을 억제할 수 있느냐의 여부도 중요한 기준이 된다.

그렇다면 자기 자신에게 정직해지는 방법에는 어떤 것이 있을까? 우선은 자신과 맺은 모든 약속을 반드시 지키도록 노력해야 한다. 물론 우리는 인간인지라 늘 약속을 잘 지킬 수는 없다. 그렇지만 이리저리 핑계를 대거나 자신의 행동을 합리화하여 약속을 어기게 된 이유를 만들어내서는 안 된다.

아마 여러분은 마음을 먹고 영화를 보거나 전시회에 참석하거나 강연을 들으러 가겠다는 계획을 세운 적이 있을 것이다. 이렇게 자신과 한 번 맺은 약속은 천재지변과 같은 위급 상황이 발생하지 않는 한 꼭 지켜야 한다. 그런데 대부분의 사람이 약간의 틈만 있으면 가지 않을 이유를 찾는다. 비가 오면 비를 핑계로 가지 않고, 친구가 찾아오면 친구의 방문 때문에 가지 않는 등 별별 이유를 다 만들어낸다. 조금이라도 힘든 일이면 해야 할 이유를 찾는 일은 어렵지만 하지 않아도 될 이유는 얼마든지 만들어낼 수 있다. 한마디로 우리는 자신을 기만하거나 속이는 데 재능이 있다. 이를 적절히 억제해야만 성공할 수 있다.

자신에게 정직해지는 다른 방법으로는, 남이 보든 보지 않든 양심에 따라 한 치의 부끄러움도 없도록 반듯하게 행동하는 것이다. 인간은 누군가가 지켜볼 때와 그렇지 않을 때 행동이 반드시 일치하지 않을 수 있다. 그래서 이따금 수뢰 사건에 걸려 평생 동안 쌓아온 명성을 분탕질해버리는 경우가 발생한다. 스스로 정직하라는 원칙은 자신을 보호하는 일일 뿐만 아니라 자신에 대해 강한 자긍심을 가질 수 있는 멋진 방법이다. 남이 보든 보지 않든 간에 흠결이 남을 만한 행동은 하지 않도록 하라. 이는 철저한 훈련에서 나온다. 아주 사소한 일이라 할지라도 타인의 시선과 관계없이 자신의 높은 기준에 맞춰 행동하자.

정직함과 관련해 또 하나의 방법은 중독과 관련된 것이다. 이따금 긍정적 중독도 있다. 한 분야에 몰입해서 워커홀릭이라고 불릴 정도로 일에 매달리는 사람을 두고 하는 말이다. 하지만 우리가 걱정해야 하는 것은 부정적인 중독이다. 통상적으로 한 번 발을 디디면 빠져나오기 힘든 중독이 있다. 내 경우 가장 끊기 어려웠던 중독 가운데 하나는 젊은 날 배웠던 담배였다. 숱한 시도와 노력 끝에 마침내 금연에 성공한 후 나는 다시는 어떤 종류의 중독도 가까이하지 않겠다는 원칙을 세웠다. 커피나 특정 탄산음료 중독까지도 포함함은 물론이다. 사회적 관습처럼 받아들여지는 중독들은 다른 중독과 달리 부정적인 효과가 상대적으로 적다. 하지만 꼭 그걸 계속해서 해야 하느냐는 질문에 대해서는 '그렇다' 라고 할 수 없는 경우가 대부분이다. 그렇다면 남은 것은 자신의 목소리에 충실하게 행동하는 일이다.

대부분의 중독은 그 대상에 대해 노예 혹은 준 노예 상태가 되는 것이다. 커피 노예, 탄산음료 노예, 담배 노예, 알코올 노예, 노름 노예, 게임 노예 등 자유의지를 가진 인간이 자신의 의지에 따라 행동하지 못함을 뜻한다. 자기 내면의 목소리를 있는 그대로 들어보라. 나는 노예로 살아가기를 소망하는가? 백이면 백 사람 모두가

할 수만 있다면 노예 상태를 벗어나고 싶다고 답할 것이다. 그것이 바로 자신의 진솔한 목소리다. 그 목소리에 따라 행동하는 것이 바로 자신을 속이지 않는 길이다.

또 하나, 자신에게 정직해지기 위해서는 미루는 습관을 고쳐야 한다. 사람은 대개 마시멜로 같은 달콤하고 부드러운 것을 선호한다. 의사결정을 내리고 행동을 결정할 때 지금 당장 효과를 내는 일에 우선 손이 가는 것이다. 아이와 어른은 이런 점에서 확연하게 차이가 난다. 단기적인 욕망을 억제하고 중장기적인 효과를 모두 고려해서 의사결정을 내리고 행동한다면 돈, 지위, 미래 준비, 건강관리 등 많은 면에서 비용을 줄일 수 있다. 하지만 성인들 중에서도 유독 의사결정에 있어서만은 아이들처럼 유치한 결정을 내리는 이들이 있다.

누구나 회사란 계약의 종합이며, 일정한 시점이 되면 회사를 떠나 홀로서기를 해야 한다는 사실을 안다. 이를 모르는 성인들은 없을 것이다. 그런 명백한 사실에도 불구하고 대개는 현재의 쾌락이나 즐거움을 유보하지 않는다. 중장기적으로 나타날 부정적인 파급효과를 충분히 고려해서 행동하는 사람들은 소수다. 노년 빈곤의 문제, 은퇴 이후의 생활고 문제가 모두 개인의 책임은 아니지만 단기적인 편안함을 극복하지 못한 데 책임을 물을 수는 있다. 물론 사회적인 요인이나 불운과 같은 요소들이 미치는 부정적인 영향도 고려되어야 하지만 말이다.

마지막으로, 인간은 늘 유혹에 취약한 존재이기 때문에 자신을 속일 수 있는 가능성 자체를 줄일 수 있어야 한다. 다시 말해 유혹에 넘어갈 수 있는 여지를 아예 없애는 방법도 예방 차원에서 스스로 정직해질 수 있는 방법이다. 유혹으로부터 여러분 자신을 보호하라! 자신의 행동을 합리화해서 정직함이란 기준을 어기지 않도록 하라.

인간은 불완전한 존재다. 때문에 언제 어디서나 늘 정직한 존재로 남아 있을 수는 없다. 하지만 정직한 삶은 인생의 중요한 원칙이 되어야 한다. 이것은 복잡하지도 어렵지도 않은 일이다. '이것은 나에게 정직한 결정인가?', '이것은 정직한 행동인가?' 같은 간단한 질문을 자신에게 던지는 것만으로도 스스로를 되돌아보고 점검할 수 있다. 다만 생각하는 것에 그쳐서는 안 되고 실행으로 옮길 수 있어야 한다. 올바르지 않다고 판단되면 하지 말아야 하고 올바르다고 생각하면 반드시 실행에 옮겨야 한다.

학교를 졸업하고 사회생활을 시작하면 우리는 각기 계획에 따라 자신의 삶을 만들어가게 된다. 직장인들의 경우 직장에 머무는 시간을 포함해서 자신의 생활을 자유의지에 따라 열심히 살아갈지, 대충대충 하면서 살아갈지 결정해야 한다. 때로는 상대방의 호의를 받아들여야 할지, 말아야 할지를 비롯해 무엇을 먹을지, 어떻게 시간을 보낼지 등 다양한 판단의 기로에 설 때도 있다. 성인에게는 어느 누구도 이를 강제하거나 강요하지 않는다. 알아서 결정하고 알아서 그 결정에 따르면 된다. 자신을 속이는 활동을 하더라도 양심의 가책을 제외하면 단기적으로 어떤 처벌을 받지 않는다. 그러나 나는 세상살이에 건너뛰는 법은 없다고 생각한다. 반드시 훗날 합당한 대가를 지불하게 되는 것이 세상살이다.

그동안 사회생활을 하면서 '저렇게 하면 안 되는데' 라고 평가할 수밖에 없는 사람들을 여럿 보았다. 운 좋게도 이리저리 빠지면서 잘나가는 사람들도 보았다. 그렇게 작은 행운, 큰 행운이 따르다 보면 어느덧 자신도 취하게 된다. 자신이 원래 능력이 있다고 생각할 수도 있고, 원래 이런 권력을 마음껏 휘두를 수 있는 자격을 타고났다고 생각할 수도 있다. 더 심각한 문제는, 한마디로 세상을 우습게 볼 가능성이 높아진다는 점이다. '이렇게 막 해도 되는구나' 하고 마구잡이로 행동하게 된다.

세상이 허술한 면도 있지만, 자신이 생각하는 것처럼 그렇게 심하게 허술한 곳은 아니다. 그런데도 세상을 쉽게 보는 사람들은 자신의 승승장구에 힘입어 예사로이 양심을 속이고 자신을 합리화한다. 하지만 그러다 결정적인 일격에 넘어지고 만다. 내가 본 그런 사람들 가운데 참으로 똑똑하고 아까운 사람들도 제법 있었다. 이들은 그 타격이 너무 크고 신뢰에 손상을 입어 결국 재기에 성공하지 못했다.

그렇게 무대에서 사라져버린 사람들을 하나하나 손에 꼽다 보면 공통점은 분명하다. 자기 자신을 속이는 일을 너무 쉽게, 당연하게 여긴 것이다. 자신을 보호할 뿐만 아니라 자긍심까지 가질 수 있는 최고의 방법은 정직이란 잣대를 엄격하게 자신에게 들이미는 것이다. 그리고 가능한 한 예외 조항을 두지 못하도록 자신을 다그쳐야 한다.

  외유내강(外柔內剛)이란 옛말도 자신에 대한 정직함의 또 다른 표현이 아니겠는가? 타인의 결정에 대해서는 관대함으로, 자신에 대해서는 추상같은 엄격함으로 자신을 만들어가야 한다. '잘도 피해간다' 는 말이 늘 따르지는 않는다는 사실을 기억하라. 자신에게 우직하리만큼 정직함을 유지하라.

자신에게 정직하라.

타인에 앞서 자기 자신을 속이지 않도록 주의하고 자신과의 약속을 지켜라.

13
유행에 냉정하라

건전한 비즈니스 트렌드를 따르라. 패션 트렌드를 따르지 않도록 하라.

-재니스 디킨슨(Janice Dickinson)

세상 사람들이 '우' 하고 한쪽으로 몰리기 시작하면, 그것이 '유행'인지 '본질'인지 구분할 수 있어야 한다. 이미 심한 쏠림 현상이 여러 사람에게 알려질 때가 되면, 어떤 현상이든 오르막을 지나서 내리막 상태에 들어선 상태를 말한다. 이때 오르막이라 판단하고 행동하다가는 크게 낭패를 맛보게 된다. 유행과 본질을 구분하지 못한 채 친구 따라 강남 가는 식으로 살다 보면 우선은 편안하기도 하고 안전한 것처럼 보일지 모르지만 시간이 가면서 비용은 비용대로 지불하고 고생은 고생대로 하게 된다.

유행을 따른다는 것은 무엇을 의미할까? 유행은 잠시 달아올랐다가 사라지는 현상이다. 닷컴 열풍이 가열되었을 때 닷컴에 현혹되어 투자했던 사람들은 엄청난 손해를 보았다. 또한 그 열풍에 편승해서 벤처시장이 이미 기울기 시작하고 있다는 신호를 알아차리지 못하고 전직했다가 낭패를 본 사람들도 많았다. 물론 사람이 언제나 완벽할 수는 없으며 이따금 시행착오를 겪을 수도 있지만, 경력관리에 커다란 오점을 남길 뿐만 아니라 다시 만회하기가 불가능할 정도로 큰 타격을 본 사람들도 있다. 나 역시 유행에 휘둘려 잘나가던 직장을 그만두고 전직을 결정해서 큰 비용을 지불했다. 물론 잘못된 의사결정을 툴툴 털어버리고 다행히 새로운 인생의 길을 개척하는 데 어느 정도 성과를 거두었지만, 주변에서 유행을 따르다가 회복할 수 없을 정도로 많은 비용을 지불한 사람들을 볼 때면 유행을 추종하는 일의 위험을 다시 생각하게 된다.

뿐만 아니라 당시 벤처에 뛰어들어 작은 기업을 이끌었던 경영자 입장에서도 반성할 점이 있다. 나 역시 안정된 직장에서 탄탄대로를 달리던 젊은 사람들에게 닷컴 열풍에 동참하도록 권유했기 때문에 몇몇 사람들에게는 두고두고 미안한 생각이 든다. 물론 스카우트 활동에 주도적으로 나선 것은 아니지만 조직의 생존을 위해 치열하게 스카우트를 수행한 부하직원들은 상대방의 입장을 고려할 처지가 못 되었다. 조직의 이익에 도움이 되는지 여부만 생각했지, 스카우트 대상이 되는 사람의 현재와 미래가 어떻게 될지에 대해 어떤 고려도 하지 못했다. 따라서 자신의 이익을 스스로 보호하지 않으면 늘 당하는 입장에 서게 된다.

내가 유행을 무작정 추종하는 것이 얼마나 위험한 일인가를 철저히 깨우치게 된 것은 책을 통해서가 아니라 상당한 비용을 직접 지불하고 난 다음의 일이었다. 나는 현명함이란 기준을 놓고 보면 괜찮은 점수를 받을 수 없는 사례에 속한다. 여러분은 이 같은 경험을 참고하여 절대로 나와 같은 비용을 지불하지 말고 유행의 위험을 깨우치길 바란다. 추가적으로 그런 간접 경험들을 더 자세히 알고 싶다면 나의 50년을 정리한 《나는 탁월함에 미쳤다》(21세기북스)를 추천하고 싶다. 타인의 쓰디쓴 경험은 분명 여러분에게 약이 될 것이다.

만일 잠시 스쳐가는 유행을 본질로 착각하고 대규모 투자를 행한 사업가라면 그가 지불해야 하는 비용은 얼마나 클까? 어쩌면 사업 기회의 상당 부분을 잃어버린 채 재기하는 것도 만만치 않을 수 있다. 얼마 전에 펴낸 《대한민국 기업흥망사》(해냄)라는 책에는 유행을 본질적인 변화로 착각해서 기업을 몰락의 길로 이끈 기업가들의 사례가 많이 등장한다. 유행을 추종하는 것은 정말 치명적인 실수이고 피눈물을 흘리게 되는 경험이다. 게다가 기업에서 이 같은 실수는 영영 재기가 불가능해지는 결정타가 된다.

어디 개인과 기업만 그런가? 제2차 세계대전이 끝나고 한국을 비롯한 신생 국가들은 선택의 기로에 섰다. 나라를 어떻게 일으켜 세울 것인가라는 너무나 중요한 과제였다. 당시에 경제발전론에서 선풍적인 인기를 끌었던 이론은 종속 이론과 그 아류로서, 주변국들이 빈곤 문제를 탈피하려면 개방을 억제하고 수입 대체 산업 위주의 보호주의 정책을 펴야 한다고 주장했다. 대부분의 아프리카 국가들과 아시아 및 중남미 국가들이 그 이론을 따랐다. 그리고 최소한 30년 동안 가난의 질곡에서 벗어날 수 없었다.

오늘의 대한민국은 그런 유행을 추종하지 않았기 때문에 이 정도의 삶을 유지할 수 있었다. 유행을 만들어 퍼뜨리는 활동가 가운데서도 지식인이라고 불리는 가방끈이 긴 사람들도 주의해야 한다. 세계적으로 인기를 끌었음에도 불구하고 결과적으로 인류에게 고통을 안겨준 대부분의 이념이나 주의는 머리 좋고 공부를 많이 한 지식인들이 만들어냈다. 그들의 지적 권위에 끌려 무작정 추종하는 일은 위험하다.

유행을 따를 것인가, 본질을 따를 것인가를 두고 고심하게 된다면, 여러분은 '상대방 역시 인간인지라 자신의 이익에 대단히 충실하다'는 사실을 잊지 말아야 한다. 사람이란 자신에게, 혹은 자신이 몸담고 있는 조직에 이익이 된다면 타인의 입장이나 타인의 미래는 별로 고려하지 않는다. 물론 인간의 이런 특성을 지나치게 부정적으로 바라볼 필요는 없지만 '인간이 이렇게 해야 한다'는 주장과 '실제로 인간이 이렇게 행동한다'는 것 사이에는 커다란 차이가 있음을 정확히 알아야 한다.

유행을 추종하지 않는 것은 타인이 만들어 퍼뜨린 유행을 무비판적으로 따르거나 만들어낸 이의 의도에 휘둘리지 않음을 뜻한다. 나는 닷컴 열풍에 편승했던 경험이 이후 나의 의사결정 과정에 얼마나 커다란 영향을 미쳤는지 알고 있다. 그 후 나는 이런저런 전직 권유를 받았다. 하지만 단단히 비용을 지불한 탓인지 상대방의 의도나 저의, 그리고 거품과 같은 삶과 직위에 대해 나름의 견해가 확연히 서 있었기 때문에 의사결정을 하는 데 전혀 문제가 없었다. 때로는 뼈아픈 경험이라 할지라도 삶의 초기에 겪는 경험들은 귀한 교훈으로 남는다. 물론 이런 경험들은 주로 젊은 시절에 겪어야 한다. 젊을수록 충격도 덜하고 재기할 수 있는 시간이 상대적으로 많기 때문이다.

어떻게 하면 유행과 본질을 구분할 수 있을까? 우선은 스스로 깨어 있기 위해 늘 노력하는 자세를 갖고 살아야 한다. 다시 말해 대세가 형성되면 그 대세에 문제가 없는지 집요하게 찾아내야 한다. 지나치게 세상을 부정적으로 볼 필요는 없지만 모두가 대세라고 이야기할 때면 몇 번이고 뒤집어봐야 한다. '과연 이게 대세인가?', '대세에는 문제가 없는가?', '이게 얼마나 지속되겠는가?', '사람들이 보지 못하는 허점은 없는가?' 같은 질문들로 대세라는 현상에 대해 근본적인 의문을 갖고 파고드는 것이다. 대세를 그냥 받아들이지 않고 꼼꼼히 이것저것을 체크해보는 것만으로도 많은 도움을 받을 수 있다. 유행을 법칙이 아니라 가설로 바라보는 것도 도움이 된다. 즉, 유행을 검증 가능한 가설로 받아들이는 것이다. 가설의 옳고 그름을 검증하는 일은 타인이 해주는 것이 아니라 바로 내가 한다고 생각하면 된다.

또한 우리가 살아가는 자본주의 사회의 특성을 제대로 이해할 필요가 있다. 자본주의는 그 자체가 유행을 먹고사는 체제다. 누군가는 팔아야 하고 누군가는 사주어야 한다. 수요 창출의 힘은 유행 창출에 있다. 그래서 상품과 서비스를 만들거나 유통시키는 사람들은 끊임없이 유행을 만들어내는 일을 수행한다. 유행을 만들어내는 데 성공한 사람에게 상당한 보상이 주어지기 때문에 자본주의 국가에서 살아가는 대다수의 경제 주체들은 유행 만들기 프로젝트를 수행하고 있다고 보면 된다. 유행을 만들기 위해 고군분투하는 사람들의 최종 목표는 상대방이 중독 상태가 되도록 만드는 일이다. '누가 누가 더 잘하나' 라는 게임에 종사하는 사람들이 대다수임을 생각하면 유행은 '만들어진다' 는 특성을 피할 수가 없다. 우리가 살아가고 있는 체제의 속성을 제대로 이해한다면 유행을 즐기는 자세는 필요하지만, 그것이 얼마나 오래 지속되는지에 대해서는 늘 주의를 기울여야 한다.

한편 일상은 반복으로 이뤄진다. 인간은 반복이 가져오는 지겨움으로부터 끊임없이 탈피하고 싶어 한다. 따라서 인간의 삶이 가진 특성과 이를 극복하려는 보통 사람들의 선호 자체가 유행을 만들어낸다. 그리고 그런 유행은 또 다시 식상해지기 때문에 유행은 끊임없이 만들어지고 사람들은 끊임없이 새로운 유행을 요구한다. 따라서 한 번 만들어진 유행이 오래 지속되리라 기대해서는 안 된다. 그야말로 잠시 '붕' 하고 뜨다 마는 것이다. 잠시 동안 머물고 마는 유행을 오래갈 것으로 판단하지 않도록 주의해야 한다.

유행을 대할 때 주의 깊게 봐야 할 것은 우리가 기대하는 것처럼 세상이 획획 바뀌지 않는다는 점이다. 관행, 관습, 제도, 문화 등 우리가 접하는 것들은 생각보다 천천히 변화한다. 인간이 새로운 것을 수용하는 태도를 살펴보면 이를 알 수 있다. 그런데 유행을 사람들에게 알리는 일을 담당하는 언론은 '점진적 변화'를 강조해서는 자신들의 활동에 도움이 되지 않는다. 그래서 과도할 정도로 변화와 혁신을 부르짖는다. 이는 언론의 속성이고 그런 속성이 있어야 언론이 설 수 있는 입지가 있다. 그런데 그런 사실을 충분히 고려하지 않고 언론에 난 의견이나 소식 자체를 사실과 혼동하면 문제가 발생한다. 실상 유행은 천천히 바뀌는데 이를 오판해서 신속히 바뀌는 것으로 착각하면 의사결정에서 중대한 실수를 범하게된다. 이는 곧바로 막대한 비용의 낭비로 연결될 수 있다.

무엇보다도 깨어 있어야 한다. 제3자의 눈으로 매사를 바라보고의도적으로 유행과 본질을 구분하기 위해 노력해야 한다. 자신만의 관점을 가지고 유행을 바라보는 일이 늘 쉽지만은 않지만 노력하기에 따라 불가능하거나 아주 어렵지는 않다. 일부러라도 유행에 대한 반응에 일정한 버퍼를 두어야 한다. 냉정한 태도를 유지할수록 유행과 본질을 구분하는 예리함을 갖출 수 있다.

유행을 만들어내는 주역이긴 하지만, 유행을 대하는 태도에 있어서는 지아니 베르사체(Gianni Versace)의 조언을 참고할 필요가 있다. 젊은 나이에 총기 사고로 1997년 뜻하지 않게 사망한 그는 명품으로 유행을 선도한 이탈리아의 대표 디자이너였다. 그는 사람들이 유행을 어떻게 대해야 할지에 대해 다음과 같은 멋진 조언을아끼지 않았다.

당신 자신이 되라. 트렌드에 빠지지 말라. 패션이 당신을 소유하도록 두지 말고 당신이 누구인지, 당신의 옷 입는 방식과 살아가는 방식으로 무엇을 표현하고 싶은지 스스로 결정하라.

주변을 둘러보면 흔하지는 않지만 베르사체의 말처럼 냉정하게 사물을 바라보는 사람들이 있다. 직접 만날 수 있는 사람도 있고 책의 저자일 수도 있다. 이들을 여러분의 자문단 또는 멘토 그룹으로 활용하면 어떨까? 직접 물어볼 수도 있다. '당신은 유행에 대해 어떤 견해를 갖고 있는가? 그렇게 판단하는 이유는 무엇인가?' 매사를 스스로 척척 해결할 수 있다면 좋겠지만 다른 사람들의 지혜를 빌리는 일도 괜찮은 방법이다. 유행을 환영하면서도 객관적으로 바라보는 사람이 되어보자. 그러면 훨씬 균형 잡힌 견해를 가질 수 있다.

유행과 본질을 구분하지 못한 탓에 과거 비용을 지불해본 경험이 있다면 이를 절대로 그냥 흘려보내지 말아야 한다. 누군가의 권유로 돈을 잃어버렸거나, 누군가를 믿고 행동한 나머지 크게 낭패를 보았거나, 누군가를 소개한 다음에 실수한 경험 등 무심코 행동하다가 참담한 결과를 맛본 기억들을 찬찬히 정리해보라. 그리고 이를 직시하라. 이런 경험들에서 얻을 수 있는 교훈은 무엇인지 정리해보는 시간을 가져보라. 대부분의 사람들은 대세에 따르다가 실수를 했을 때도 '앞으로는 절대로 그런 일이 없을 거야'라든지, '이번 한 번으로 족해' 하면서 자신을 위로한다. 하지만 인간은 대체로 비슷한 실수를 반복적으로 행하는 경우가 잦다. 인간은 망각의 동물이다. 따라서 비용을 충분히 지불한 실수나 실패를 정리하고 성찰하여 확실히 정리해두어야 한다. 그리고 이후 비슷한 정황에서 자신의 실수담을 자주 떠올리고 과거의 실수와 현재 사이에 어떤 연결 고리가 있는지 찾아야 한다. 그렇게 노력해야만 과거의 실수를 반복할 가능성이 크게 줄어든다.

주변에서 사람들이 어느 한쪽으로 쏠리는 상황이 발생하면, 의도적으로 무게중심을 잡고 균형을 이루기 위해 노력하라. 그리고 그런 쏠림 현상이 과연 본질적인 변화인지, 아니면 유행에 가까운 변화인지 스스로 질문해야 한다. 현재의 대세는 과연 올바른 것인가? 이 단순한 질문이 가진 힘은 막강하다. 유행에 놀아나지 않도록 정말 주의해야 한다. 그렇지 않으면 오랫동안 고생하여 쌓은 돈과 경력을 한순간에 날려버릴 수 있다.

유행을 넘어 본질을 꿰뚫어보는 자신만의 방법을 갖고 있어야 한다. 대다수가 대세를 추종할 때면 한 번 정도 대세와는 반대 방향으로 가보거나 분위기를 벗어나보는 것도 한 가지 방법이다. 유행에 매몰되지 말고 마치 아무런 관련이 없는 사람처럼, 제3자인 것처럼 냉정하게 행동하라.

<hr/>

유행에 휘둘리지 않도록 하라.
잠시 스쳐가는 바람 때문에 실수를 하지 않도록 하라.

3
CHAPTER

반복되는 게임에서
승자가 되는 법

비즈니스를 위한 습관경영

나이, 지위, 업종에 관계없이 우리 모두는 브랜딩의 중요성을 이해할 필요가 있다. 우리 모두는 우리의 회사인 '나 주식회사(Me Inc.)'의 CEO들이다. 오늘날 비즈니스 세계에서 저마다 의미 있는 존재가 되기 위해 가장 중요한 일은 '당신(You)'이라 불리는 브랜드에서 최고 마케터가 되는 것이다.

_톰 피터스

01

모든 일을
프로젝트로 만들어라

욕망은 동기부여에 중요하다. 하지만 당신이 추구하는 목표를 성취하게 해
주는 것은 최고를 향해 지칠 줄 모르고 추구하려는 결단과 전념이다.

_마리오 안드레티(Mario Andretti)

"개인 브랜드란 무엇일까요?" 얼마 전 개인 브랜드를 주제로 강
연을 하다가 청중들에게 던진 간단한 질문이다. 그날 강연 제목도
'개인 브랜드 만들기'로 잡혀 있었고 청중들의 참가 목적도 비교적
뚜렷한 까닭에 강사로서 그 점이 궁금했다.

이처럼 어떤 강연이든 간에 배우는 사람과 가르치는 사람 모두
가 함께 가고 있다는 인상을 강하게 심어주려면, 강연 동안 배워야
할 것이 무엇인지 명확하게 정리하고 난 다음에 구체적인 내용을
다루어야 한다. 그렇지 않으면 강의 내내 사람들은 자신이 무엇을
배우고 있는지 혼란스러워할 수 있다. 위 질문을 하자, 몇 사람이

각자가 생각하는 개인 브랜드에 대해 답했다. 그런데 정말 각양각색(各樣各色)이란 표현에 걸맞게 다양한 답이 나왔다.

물론 브랜드를 바라보는 관점에 따라 다양한 정의를 내릴 수 있기 때문에 개인 브랜드에 대해서도 서로 다른 의견이 나오는 것은 자연스러운 일이다. 하지만 강의 시간뿐 아니라 그 후에도 참가자들이 각자 자신이 무엇을 배워야 하는지, 개인 브랜드를 만들어내려면 어떤 일을 해야 하는지 명확한 목표를 제시해야겠다는 생각이 들었다. 그래서 나는 개인 브랜드를 아주 짧게, 그리고 다소 코믹하게 묘사했다.

"개인 브랜드는 '아, 그 사람' 하면 즉시 떠오르는 그 무엇입니다."

이렇게 말한 까닭은 브랜드와 관련된 여러 가지 정교한 테크닉은 모두 장식품에 지나지 않는다고 보았기 때문이다. 회사에서 함께 일하는 사람들이건, 한 번도 만나보지 못한 사람들이건 간에 '누구누구' 하면 금방 떠올릴 수 있는 그 무엇을 만들어내는 것이야말로 개인 브랜드의 정의이자 핵심이다. 이렇게 나름의 정의를 내리고 나면, 개인 브랜드에 관심이 있는 사람은 '그 무엇'이 어떤 것들이 되어야 하는지, 그리고 그것들을 어떻게 만들어내야 하는지에 주의를 기울이면 된다.

우리는 어떤 사람을 평가할 때 그 사람의 다양한 특성에 대해 이야기한다. 인간성이 좋은 사람, 관대한 사람, 잘생긴 사람, 자기주장이 강한 사람, 창의력이 뛰어난 사람 등 여러 가지 특성에 대해 말할 수 있다. 이런 특성들은 모두 나름의 가치를 갖고 있지만 그중에서도 절대로 빼놓을 수 없는 것이 하나 있다. 어쩌면 그것을 제외해버리고 나면 무엇이 남을까 싶을 정도로 중요한 것으로, 바로 자신이 몸담은 분야에서 지속적으로 괄목할 만한 성과를 만들어내는 일이다.

얼마 전에 펴냈던 50년 기념 자서전 《나는 탁월함에 미쳤다》를 쓰면서, 나는 크고 작은 여러 가지 추억들도 의미가 있지만 역시 특정 시점에서 굵직한 업적을 만들어내는 것만큼 중요한 일이 있을까 하는 생각이 들었다. 여러분이 지금 투입하고 있는 시간을 중심으로 생활을 살펴보라. 아마도 최소한 활동 시간의 절반 이상은 일 혹은 직업과 관련된 시간들일 것이다. 그렇다면 그 세계에서 어떻게 더 나은 성과를 거둘지 구체적인 실천 방법을 찾아 실행으로 옮기는 것은 너무나 당연한 일이다.

업무 분야에서 괄목할 만한 성과를 이룰 수 있는 가장 좋은 방법은 해야 할 일이 크든 작든 상관없이 독특한 관점으로 접근하는 것이다. 예를 들어 '일을 한다'고 생각하는 것보다 '프로젝트(project)를 수행한다'고 생각하는 것은 어떨까? 사실 나는 책을 쓰는 일이나 강연, 방송 출연, 기획, 그리고 사람을 만나거나 주말을 보내는 등 내가 하는 모든 일을 '프로젝트화' 하는 데 익숙하다.

언어는 우리의 의도와는 관계없이 생각과 행동에 큰 영향을 끼친다. 이는 언어 자체에 담긴 의미 때문이다. '일(work)'이란 단어는 부담감, 지겨움, 의무감, 계속성 등 긍정적인 의미보다는 부정적인 의미를 더 많이 담고 있다. 물론 사람에 따라서 다를 수 있지만, 내게는 내키지 않지만 계속해야 하는 것, 그리고 오늘 하지 못하면 내일도 얼마든지 할 수 있는 것이라는 부정적인 의미로 다가온다. '오늘도 또 해야 돼' 라는 느낌이 즉각 떠오를 정도다. 용어의 선택은 생각에도 영향을 미치고 궁극적으로는 행동에도 영향을 미치기 때문에 신중해야 한다.

여러분이 무슨 일을 해야 하든지 그 일을 프로젝트로 탈바꿈시켜 보면 어떨까? 사실 아주 간단한 몇 가지 방법만으로 일에 대한 부정적인 의미를 크게 줄이고 긍정적인 의미를 더할 수 있다. 나는 일이란 게임과 별반 다를 바 없다고 생각한다. 사람들은 대부분 스포츠나 게임과 같은 오락 활동을 좋아한다. 그것은 박진감 넘치는 스릴 때문일 수도 있고 결과를 알 수 없는 궁금함 때문일 수도 있다. 아무튼 우리는 축구 같은 스포츠 경기나 게임을 즐기고 때로는 푹 빠지기도 한다.

그렇다면 일에 이런 특성을 살짝 더하는 것은 어떨까? 나 역시 일하는 재미를 직장 생활 초년부터 체험할 수 있었던 것은 아니다. 그 시절에는 의무감 때문에 반드시 해내야 하는 것 이상으로 일을 생각하지 않았다. 자연히 과중한 업무 때문에 스트레스를 자주 받았다. 재미없는 일을 억지로 해야 하니까 늘 피곤함을 달고 살았던 것 같다. 한참 직장 생활을 할 때는 퇴근 후 가만히 누워 있어야 할 때가 많을 정도로, 일은 고통과 동의어였다.

그런데 조직을 떠나서 자기 일을 시작하고부터는 업무량이 과거에 비해 훨씬 더 과중함에도 불구하고 다양한 일들을 척척 잘도 처리해나갔다. 내가 보기에도 정말 많은 일을 고통을 거의 느끼지 않고 매끄럽게 처리해냈다. 그렇다면 그 사이에 어떤 변화가 있었던 것일까? 일 자체가 갖고 있는 특성은 하나도 바뀐 게 없다. 20년 전이나 10년 전, 그리고 지금도 일은 그저 일일 뿐이다.

일이란 과거나 지금이나 변함없이 반드시 마무리해야 하며 가능하면 좋은 성과를 내야 한다는 속성을 가지고 있다. 그럼에도 불구하고 내가 부드럽게 일을 처리해갈 수 있는 힘을 갖게 된 데는 일을 처리하는 나름의 방법에 변화가 있었기 때문이다. 그것은 일을 다르게 정의하면서부터 시작되었다. 나는 이를 살면서 얻은 큰 깨달음 가운데 하나로 손꼽고 싶다. 어떤 사물이나 현상에 대한 인식의 변화만으로 정말 많은 변화들이 일어나는데, 그중 하나가 바로 '일'을 '프로젝트'로 재해석하는 것이다.

우선 시작과 마무리가 분명한 모든 일을 고유 명칭을 가진 '프로젝트'로 만든다. 예를 들어 지금 이 책을 쓰는 일은 크게 세 파트로 나뉘어 있다. 먼저 나는 책을 쓰는 것을 '일'이라고 부르지 않는다. '○○○ 집필 프로젝트'라는 이름을 분명히 붙이고 시작한다. 일 대신 프로젝트라는 명칭을 분명히 하는 순간부터 일은 새로운 모습으로 단장된다. 사고의 변화는 행동의 변화를 낳는다. 일단 일이란 개념을 버리고 프로젝트란 개념으로 이동하는 순간부터 일은 승부욕을 갖고 이겨야 하는 일종의 게임과 같은 것으로 바뀐다. 나는 직업과 관련된 일뿐만 아니라 집안의 대소사도 각각의 개별 프로젝트로 만든다. 사소한 일이긴 하지만 누구와 만나기로 한 약속도 '○○○ 만남 프로젝트'라는 식으로 생각한다.

프로젝트라는 개념을 사용하는 것은 일에 게임적인 요소를 가미하는 일이다. 게임은 누구나 즐거워하기 때문에 일이라고 해서 게임적인 요소, 즉 오락적인 요소를 더하지 말라는 법은 없다. 내가 정말 많은 일을 처리하면서도 항상 활달함을 잃지 않는 비결은 바로 여기에 있다. 뿐만 아니라 평소 잡기를 별로 달가워하지 않고 일에서 즐거움을 찾는 이유도 바로 일을 게임처럼 할 수 있기 때문이다.

일을 프로젝트로 생각하는 것만으로는 충분하지 않다. 확실한 프로젝트는 세 가지를 추가할 수 있어야 한다. 하나는 마감 시간을 명확히 하는 일이다. 마감 시간은 자신에게 적절한 압박을 가하는 방법인데, 외부에서 주어지는 마감 시간을 그대로 따르지 않고 스스로 재해석한다. 이때 사람은 참으로 묘한 존재라는 사실을 확인하는데, 남이 정해준 마감 시간이라도 하루나 이틀 정도를 스스로 재조정하면 마치 자신이 마감 시간을 정한 것처럼 착각을 하는 것이다. 이런 착각은 좋은 착각이라 할 수 있다.

예를 들어 원고 마감 시간의 경우를 보자. 외부에서 원고를 청탁하는 사람은 언제까지 마무리해달라고 부탁한다. 그런데 나는 이렇게 정해진 날짜를 그대로 받아들이지 않고 형편에 따라 '나는 이날까지 마무리한다'고 정한다. 물론 약간이라도 마감 시간을 당기게 되면 고객에게도 좋고 자신에게도 좋다. '내가 이렇게 척척 마무리할 수 있는 사람이거든' 하며 긍정적으로 생각할 수 있을 뿐 아니라 자신감을 차곡차곡 쌓아나갈 수 있다. 이처럼 자신이 주도해서 정하는 마감 시간을 제대로 활용하면 프로젝트의 성공에 큰 영향을 미친다.

유명한 디자인기업 IDEO의 데드라인 관리는 프로젝트의 완성에서 마감 시간의 활용이 얼마나 중요한지를 보여주는 사례다. 이 회사는 '시간이 많다고 좋은 프로젝트가 완수되는 것은 아니다' 라는 철학을 바탕으로 엄격한 데드라인 관리를 실시해서 좋은 성과를 거두고 있다. 이들과 마찬가지로 나도 두뇌를 활용하는 일에 관한 한 마감 시간 원칙은 뚜렷하다. 즉, 시간이 많이 주어진다고 해서 일의 성과를 올릴 수 있다고 생각하지 않는다. 짧은 시간이라도 밀도 있게 시간을 사용하면 얼마든지 좋은 성과를 거둘 수 있다. 그리고 마감 시간을 상식보다 좀 짧게 정하면 일에 대한 투지를 가질 수 있고 긴박한 게임을 하는 사람과 같은 심적 상태가 될 수 있다. 그래서 나는 가능한 한 마감 시간을 당겨서 잡곤 한다. 느슨한 게임은 좋아하지 않기 때문이다.

또 하나 프로젝트화의 핵심은 마감 시간 내에 달성해야 하는 목표 혹은 프로젝트의 기대 수준을 분명히 해야 한다는 것이다. 어느 정도 수준까지 프로젝트의 성과를 올릴 것인지 스스로 약속한다. 숫자로 하면 더욱 좋고, 그렇지 않더라도 측정할 수 있도록 만들면 좋다. 마감 시간 내에 얼마를 달성한다는 이 두 가지 원칙은 모든 일을 프로젝트로 만드는 데 중요한 축이다. 그런데 여기에 다음 두 가지를 더할 수 있으면 프로젝트화에 날개를 달 수 있다. 하나는 문장으로 기록을 남기는 것이며, 다른 하나는 마감 시간이 되었을 때 반드시 문장으로 평가를 수행하는 것이다. 이는 프로젝트의 미완성을 두고 훗날 이런저런 이유를 둘러대지 않도록 자신을 채찍질하는 방법이다.

주말 잘 보내기 프로젝트, 원고 마무리 프로젝트, 가족 여행 프로젝트 등 업무는 물론이고 여러분의 시간을 투입하는 모든 일을 프로젝트로 만들어보자. 놀라운 변화가 일어날 것이다. 살아가는 일을 다양한 프로젝트들의 조합으로 받아들이면 지겨움이나 게으름이 끼어들 여지가 크게 줄어든다. 단순히 재미있게, 그리고 활달하게 움직일 수 있는 방법이기도 하지만 무엇보다 일을 잘할 수 있는 비결이다.

모든 일을 프로젝트로 만들어라.

목표와 마감 시간을 가진 게임으로 만들고, 마치 게임을 하듯 일하라.

02

가장 완벽한 상태로
순간에 몰입하라

나는 실패를 믿지 않는다. 당신이 과정을 즐겼다면 그것은 실패가 아니기 때문이다.

_오프라 윈프리

여러분은 어떻게 체력을 유지하는가? 산책, 수영, 골프, 테니스 등 다양한 방법들이 있을 것이다. 나는 일정이 들쭉날쭉할 뿐만 아니라 항상 시간이 부족하기 때문에 러닝머신(트레드밀) 위에서 자주 걷고 뜀으로써 체력을 유지한다. 글을 쓰다가 잠시라도 틈이 나면 곁에 있는 러닝머신 위에 올라 걷거나 뛰면서 체력도 유지하고 스트레스도 날려버린다. 때로는 바닥에 몸을 누인 채 일정한 절차에 따라 스트레칭을 해서 몸을 단련하기도 한다.

몸을 움직이는 일은 스트레칭이든 러닝이든 힘들기는 마찬가지다. 운동하는 행위 자체도 힘들지만 무엇보다 운동을 시작하기가 힘들다. 오랫동안 해온 운동임에도 불구하고 운동을 시작하기 전에는 언제나 잠시 갈등하곤 한다. 운동을 해야 한다고 설득하는 부지런한 마음이 있는 반면, 내일 운동을 하면 되지 왜 지금 하느냐고 되물으며 방해를 하는 게으른 마음이 있다. 이처럼 약간의 고통이나 불편함이 필요한 활동에 대해서는 늘 갈등이 따른다. 그럴 때면 약간 불편하더라도 스스로 해내려는 굳센 의지를 갖지 않으면 모든 일이 쉽지 않다는 생각을 해본다.

그런데 막상 운동을 시작한다고 해서 그 이후의 모든 것이 다 쉬운 건 아니다. 러닝머신 위에서 걷거나 뛰다 보면 두 가지 이유 때문에 그만두고 싶은 생각이 든다. 하나는 육체적인 피로감이고 다른 하나는 심리적인 요인이다. 후자의 경우에는 여러분도 자주 그런 경험이 있으리라 생각하는데, 바로 '이 정도면 충분해'라는 속삭임이 들려오는 것을 말한다. 이런 유혹의 속삭임은 집요하기 때문에 목표치의 절반 정도를 해냈을 때부터 끝날 때까지 계속된다.

가령 러닝머신 위에서 걷기와 뛰기의 목표치가 총 40분 정도라고 하면 대개 20여 분이 지난 시점부터 '이제 충분하니까 그만두는 게 어때'라고 속삭이는 목소리가 들리기 시작한다. 가슴에 숨이 차고 피로감을 심하게 느끼면 그런 목소리는 더욱더 커진다. 이 순간 나는 전체를 완주한다는 생각을 밀어버리고 지금부터 단 몇 분만 더 뛰고 마무리한다든지, 혹은 지금부터 단 몇 킬로미터만 더 뛰고 운동을 마무리한다고 목표를 잘게 나눈다. 그러고는 일차적으로 달성할 목표까지 완주하는 것만을 염두에 두고 달리기를 계속한다. 이처럼 작은 목표를 염두에 두고 뛰다가 또다시 목표를 연장하고 또 목표를 연장하는 방식으로 운동하다 보면 어느새 목표 전체를 마무리하기에 이른다.

달리기와 마찬가지로 내가 일과 관련해서 중요하게 여기는 것이 있다. 원대한 목표나 성과 달성을 앞세우지 않고 그것을 향해 나아가는 행위 자체에 대단히 중요한 의미를 두는 것이다. 나는 이것이 도(道)를 닦기 위해 수행하는 고승의 태도와 다르지 않다고 생각한다. 고승들 역시 자신이 추구하는 목표를 한꺼번에 손에 넣기 위해 무리수를 두지 않는다. 목표를 달성할 수 있다면 그것도 좋은 일이지만, 설령 달성하지 못하는 최악의 상황에 처하더라도 어쩔 수 없다고 생각하는 것이다. 즉, 목표를 추구하지만 결코 목표에 집착하지 않는 자세를 갖는 것을 말한다.

나는 일이나 생활이나 목표에 이르는 과정에서 더 이상 완벽할 수 없을 정도로 충실하게 생활하는 것 자체를 중요하게 여긴다. 그러니까 나는 어떤 일을 추진함에 있어서 두 가지 목표를 갖고 있다고 할 수 있다. 하나는 마감 시간이 마무리되었을 때 내가 손에 넣고자 하는 목표다. 그런데 그것 못지않게 중요한 것은 목표 달성의 여부에 관계없이 목표를 향해 나아가는 과정들을 최대한 충실하게 보내는 일이다. 과정 그 자체를 최대한의 충실함으로 채울 수 있다면 그것만으로도 성공이라 생각한다. 나는 더 이상 완벽할 수 없을 정도로 충실하게 과정을 채워나가는 행위 자체를 일종의 작품이라 생각하고, 그 작품의 완성도를 최고로 끌어올리려고 노력한다.

지금 이 글의 초안은 동대구역에서 2시간 정도 머물면서 쓰고 있다. 저녁 6시부터 시작되는 강연 전에 시간이 남아서 집중적으로 쓰고 있는 것이다. 나는 강연을 위해 이동하는 시간도 길고 작업을 할 때도 협업하는 경우가 드물다. 다시 말하면 다른 예술가들과 마찬가지로 혼자서 작업을 해야 하는 시간들이 많다.

그런 까닭에, 나는 누가 나를 보고 있든 그렇지 않든 간에 내가 할 수 있는 최대한의 충실함을 더하려고 노력한다. 그것이 나에게 단기적인 이익을 가져다주든 그렇지 않든 크게 의미가 없다. 물론 은연중에 더 나은 성과를 거두고 싶은 욕심이 나기도 하지만 그런 성과와 별개로 순간순간을 최대한 충실하게 산다는 원칙을 계속해서 지켜나가려고 노력한다. 그리고 늘 자신에게 이렇게 타이른다. "삶은 지금 이 순간에도 흘러가고 있다. 내가 무엇을 성취하고 무엇이 되는 것도 중요하지만, 이것 못지않게 중요한 것은 흘러가는 순간순간을 내가 할 수 있는 최선을 다해서 보내는 것이다."

그런데 순간순간 충실하게 산다는 것은 과정에서의 충실함을 말하기 때문에 흔히 말하는 성과지표에 들어가지 않는다. 성과지표는 주로 어떤 노력을 통해서 거두고자 하는 목표를 의미한다. 그래서 나는 내 나름대로 또 하나의 성과지표를 만들어 활용하고 있다. 이는 충실함의 정도를 확인하는 도구다. 그래서 이동할 때도 느슨하게 보내는 경우가 거의 없다. 순간에 대한 최대한의 충실함 그 자체를 고결한 목표로 생각하기 때문이다.

어떤 사람은 그렇게 살면 숨이 가쁠 정도로 생활이 빡빡할 텐데 괜찮으냐고 되묻기도 한다. 물론 제3자의 눈에는 지나치게 자신을 압박하는 것처럼 보일 수 있다. 하지만 과정에 최대한 충실해지는 일이 궤도에 오르면 어느 순간부터 그런 방식은 그 자체가 몸의 일부로 자리 잡는다. 자연스럽고 편안하게, 즐겁고 유쾌하게 언제 어디서든지 일을 할 수 있다.

순간에 충실해지는 것은 한 사람이 갖고 있는 가치관과도 밀접하게 연결되어 있다. 인생을 축적해가는 과정으로 보는 사람은 순간에 대한 충실함에 큰 가치를 둘 것이다. 뿐만 아니라 뿌린 대로 거둔다는 주장에 강한 확신을 가진 사람이라면 어느 누구보다 자신의 행위 자체에 정당성을 부여할 수 있다. 결국 어떻게 살아갈 것인가? 혹은 어떻게 살아가는 것이 올바른 삶인가? 이런 질문에 대한 나름의 답이 바로 순간에 최대한 충실해지는 방법이라고 생각한다. 이런 행위에 고귀한 의미를 부여할 수 없다면 어느 누구도 여기서 가치를 찾아낼 수 없을 것이다.

'미학적 아름다움' 이란 용어를 사용하면 지나친 표현이라고 반응하는 사람도 있을 것이다. 그런데 나는 한 인간이 순간순간 더 이상 완벽할 수 없을 정도로 몰입하는 것이야말로 예술적인 행위라고 생각한다. 누구나 알다시피 몰입은 강력한 행복감을 안겨준다. 따라서 순간에 최대한 충실해진다면 일에서뿐만 아니라 생활에서도 체험하는 행복의 총량이 커질 것이다. 당연히 몰입은 성과에도 큰 영향을 미칠 것이다. 그래서 나는 무슨 일을 하든지 순간에 최대한 충실할 것을 기본으로 삼고 있다.

아마 여러분은 그렇게 하려고 해도 자꾸 잡념이 생겨서 효과를 보지 못한다고, 좋은 방법이 없느냐고 묻고 싶을 것이다. 과정에 최대한 충실하기는 상당 기간 동안 실행으로 옮겨온 사람이라고 해서 언제 어디서나 자동적으로 할 수 있는 것은 아니다. 여러분이 그런 습관을 자신의 것으로 만들고 싶다면 몇 가지 보완 조치를 생각해볼 필요가 있다. 아주 쉬운 일은 아니지만 욕심이 있는 사람이라면 검토해볼 수 있는 일이다.

사람은 누구나 칭찬 또는 인정을 받고 싶은 욕망을 갖고 있다. 그렇다면 내가 과정에 최대한 충실했다는 점을 누군가 알아주어야 한다. 내가 찾아낸 방법은 100퍼센트 그렇게 하지는 못하더라도 언제 얼마나 충실했는지 자주 기록으로 남겨두는 것이다. 길지 않은 시간이라도 내가 자신에게 보고서를 올리는 것이다. 더 확실한 방법은 자신이 사용하는 시간을 꼼꼼히 기록해보는 것이다. 누구에게 보여주기 위한 것은 아니기 때문에 반드시 지켜야 할 형식은 없다. 작은 노트에 여러분이 최대한 충실할 필요가 있다고 판단하는 시간이나 장소의 내용을 또박또박 기록으로 남기면 된다.

조금 전에도 말했지만, 나는 지금 이 글의 초벌을 동대구역의 다소 혼잡한 장소에서 쓰고 있다. 집중력을 발휘하는 정도는 집필실에서 글을 쓰는 것에 비해 크게 손색이 없을 정도다. 이는 누가 보지 않더라도 나의 마음속에 있는 또 하나의 나에게 보고할 수 있도록 활동별로 시간 사용 내역을 차근차근 적어가고 있기 때문에 가능한 일이다.

여러분이 어디서 무슨 일을 하든 간에 마음만 제대로 먹고 순간적인 몰입도를 최대한 끌어올릴 수 있는 방법을 찾을 수 있다면 마치 엄숙한 의식을 치르듯 과정에 최대한 충실할 수 있다. 물론 소음이 몰입을 방해할 수도 있다. 소음을 나름대로 통제할 수 있는 방법을 찾는 것도 좋은 생각이다.

무엇보다도 쉼 없이 흘러가는 순간순간의 소중함을 깨우치는 것은 각자의 몫이다. 시간이 흐르고 있다는 사실, 그리고 자신의 시간이 유한하다는 사실을 스스로 깨달을 때 흐르는 순간을 자신의 것으로 만들기 위해 나설 것이다. 이것은 누구든지 조금만 생각해보면 깨우칠 수 있는 일이라 생각한다. 소중한 시간들이 그냥 흘러가 버린다는 사실, 그리고 그런 소중한 시간들이 다시는 돌아올 수 없다는 명백한 사실을 기꺼이 받아들인다면 어느 누가 하루하루를 불성실하게 보내겠는가? 나는 여기서 한 걸음 더 나아가고 싶다. 과정을 불성실하게 보내는 것을 가치로 환산해보면 불성실 자체가 죄악이 됨을 알 수 있다. 인생을 낭비한 죄다.

요컨대 여러분이 어떤 장소에서 무엇을 하는가는 별반 중요하지 않다. 출퇴근 시간이 될 수도 있고, 고객을 만나는 시간이 될 수도 있으며, 아이들과 함께하는 시간이 될 수도 있다. 그 시간은 여러분이 어떻게 보내든지 반드시 흘러가 버린다. 물론 다음에도 비슷한 활동을 하는 시간을 가질 수 있다. 하지만 그 시간은 완전히 다른 시간이다. 그렇다면 여러분과 내가 할 수 있는 최선의 선택은 삶의 모든 순간에 자신이 할 수 있는 최대한의 정성을 들이는 것이

다. 실질적인 이득이 남고 남지 않고는 별로 중요하지 않다. 흘러
가는 순간을 최대한 충실하게 보내는 것은 우리의 생에 대한 엄숙
한 의무라고 생각한다.

과정에 더 이상 완벽할 수 없을 정도로 충실하라.

과정에 대한 헌신을 성취만큼 귀하게 여겨라.

03
본업에 더 집중하라

당신이 거두는 성취는 당신의 노력에 정비례한다.

_대니스 웨이틀리(Danis Waitley)

이 사업 저 사업을 모두 다 잘하기는 힘들다. 이따금 팔방미인이라 부를 수 있을 정도로 여러 사업을 잘하는 사업가들이 있긴 하지만 이들은 소수에 지나지 않는다. 예를 들어, 삼성의 이병철 창업자나 현대의 정주영 창업자만 하더라도 아주 특별한 재능을 타고 났으며 여러 분야로의 사업 확장이 가능했던 시대에 태어나는 행운을 거머쥔 사람들이었다.

추가적인 증명이 필요하겠지만 나는 사업가 역시 그릇이 따로 있다고 생각한다. 그릇이 따로 있다는 것은 한 분야를 아주 잘할 수 있는 사업가가 있고, 2~3개 정도를 잘할 수 있는 사업가도 있으며, 다양한 분야에서 두각을 나타낼 수 있는 사업가도 있다는 뜻이다. 그렇다면 그런 그릇은 타고나는 것일까, 아니면 후천적일까? 나는 상당 부분은 타고나는 것이라고 본다. 그래서 자신의 그릇을 과대평가한 나머지 몰락이란 비운을 맛보는 사업가들을 우리는 자주 관찰할 수 있다.

그런데 이런 가설은 직업 세계에서 활동하는 사람들에게도 적용된다. 이따금 입이 딱 벌어질 정도로 다재다능한 사람들을 만날 때가 있다. 이들은 일단 뛰어난 머리를 소유한 사람으로 자신의 본업뿐만 아니라 각종 취미 활동에 이르기까지 헤아릴 수 없을 만큼 다양한 분야에서 상당한 수준의 능력을 발휘한다. 물론 그들이 그런 능력을 발휘할 수 있는 데는 심리적인 저항선, 즉 '나는 내 본업과 동떨어진 분야까지 잘하기는 힘들 거야'라는 고정관념을 깨뜨렸기 때문일 것이다. 그들은 그런 고정관념을 넘어설 수 있었기 때문에 본업 이외에 다른 분야에서도 뛰어난 실력을 발휘할 수 있다. 그러나 더 중요한 이유는 타고난 재능 자체가 다양한 분야를 능히 커버하기 때문이다. 사업가와 마찬가지로 일반 직장인들 역시 자신의 그릇을 정확히 이해해야 한다. 자신을 제대로 이해하면 무리한 의사결정을 내리지 않을 수 있다.

나는 대다수 사람들이 다양한 분야에서 두각을 나타내도록 태어나지 않았다고 생각한다. 드물게 다재다능한 사람들도 있지만 다수가 그런 사람에 속하지 않는다. 여러분이 그런 대다수 사람들에 속하는지 아닌지는 그동안 걸어온 길을 찬찬히 살펴보면 알 수 있다. 이처럼 자신에 대한 이해의 정도가 높은 사람들을 두고 우리는 '자기 성찰 지능(Intrapersonal Intelligence)'이 뛰어나다고 표현하는데, 이런 지능은 모든 사람에게 중요하다.

이런 면을 중심으로 보면, 여러분은 어떤지 모르지만 나는 비교적 나란 사람을 정확히 이해하고 있다. 그동안의 여러 경험이나 도전의 승패를 돌아보면, 나는 다재다능함과는 거리가 먼 사람이다. 그리고 그런 사람들 가운데서도 좀 지나칠 정도다. 누군가는 이렇게 반문할 수 있을 것이다. "그건 시도를 해보지 않아서 그렇지, 원래 당신은 그렇지 않아요." 물론 이런 격려가 위안이 되긴 하지만 그동안의 시도나 경험을 살펴봤을 때 나는 다재다능함과는 거리가 멀다.

나는 자신을 냉정하게 객관적으로 파악하는 것이 성공적인 직업인과 생활인으로 살아가는 데 있어 무척 중요한 일이라고 생각한다. 이런 판단이 있어야 무엇을 할 것인가, 그리고 어떻게 할 것인가에 대한 올바른 의사결정을 내릴 수 있기 때문이다. 결국 우리가 직업인으로서 무엇인가를 성취하고 자신의 역량을 강화해나가는 일에는 투자가 선행되어야 한다. 그런데 항상 투자할 수 있는 재원, 즉 여러분의 시간과 에너지와 돈은 제한되어 있다.

인생에서의 전략이란 바로 이런 한정된 자원을 어디에 얼마만큼, 그리고 언제 투자할 것인가를 결정하는 일이다. 그래서 기업경영의 많은 개념들은 약간의 변형만으로도 인생경영에 그대로 적용될 수 있다. 내가 특정 분야에 대한 투자를 대폭 늘리고 상대적으로 다른 분야에 대한 투자를 현저히 줄이기로 결정한 것은 두 가지 이유 때문이다. 하나는 자신이 다재다능함과는 거리가 멀다는 유전적 특성에 대한 깊은 자각이다. 다른 하나는 한 분야에서 걸출한 성과를 이루려면 좀 더 집중할 수 있어야 한다는 믿음이다.

본업에 대한 집중적인 투자가 내가 갖고 있는 중요한 원칙이자 습관이다. 그런데 다른 사람들도 본업에 대한 집중 이외에 다른 선택은 쉽지 않다고 말한다. 아주 드물게 다양한 분야에서 잘할 수 있는 재능을 타고난 사람들도 있지만 이들은 소수 중에서도 소수에 속한다. 따라서 자신이 그런 행운을 갖고 태어나지 않았다면 선택과 집중이란 평이한 용어를 넘어 본업에 대해 엄청난 자원을 투입해야 한다. 이 방법은 평범한 사람이 평범함을 넘어서 비범함에 다가가는 유일무이한 방법 중 하나다. 글쎄 다른 방법이 있을까? 아무리 생각해봐도 다른 방법은 없다고 본다. 엄청난 행운이 함께하지 않는 한 말이다.

그러면 어떻게 자신이 가진 자원의 대부분을 한 분야에 쏟아부을 수 있을까? 이는 한 인간이 갖는 가치관에 크게 의존한다. 어떤 독자는 사람이 한 번 살다 가는데 굳이 그렇게 좁은 분야에 많이 투자할 필요가 있느냐고 반문할 수 있다. 충분히 의문을 제기할 수 있는 문제다.

일이란 한 인간에게 있어 정체성의 중요한 부분을 차지한다. 일에서 성취를 맛보지 못하면 자긍심이나 자신감, 그리고 미래 준비는 불가능하다. 특히 남자들에게 일은 인간 그 자체를 뜻한다고 해도 무리가 아니다. 나는 일찍부터 이런 사실을 명확하게 이해하고 있었다. 집안의 분위기가 그랬던 탓도 있었지만 의식적으로 내가 해야 하는 일에 더 많은 시간을 투입했다. 이런 삶의 방식은 대학 시절과 청년기, 중년기를 거쳐 내가 가진 중요한 특성이 되었다.

그렇다면 나는 어떤 곳에서 쾌락을 느끼는가? 우리의 두뇌는 자신이 경험한 것 가운데서 유독 쾌락을 느끼는 활동을 기억하고 있으며 이를 반복하려는 속성을 갖고 있다. 나는 일에서 가장 쾌락을 느낀다. 일을 기획하고 추진하고 결실을 거두는 행위 자체에서 다른 활동이 좀처럼 제공할 수 없는 깊고 깊은 즐거움을 누린다. 그런데 그런 즐거움은 그냥 즐거움으로 주어지지 않고 약간의 고통이 수반된다.

내가 다작하는 작가로서 끊임없이 신간을 내놓는 이유는 다소의 고통을 겪지만 즐겁기 때문일 것이다. 나는 이런 즐거움을 '깊은 즐거움'이라 부르고 싶다. 깊은 즐거움은 얕은 즐거움과는 도저히 경쟁할 수 없다. 그렇다면 이렇게 본업에 전념하는 습관은 처음부터 있었던 것일까? 어떻게 하면 이런 습관을 형성할 수 있을까? 우선 본업에 전념하기 위해서는 '잘되고 싶다'는 욕망이 강해야 한다. 잘되고 싶다는 욕망은 처음에는 그저 어떤 것을 성취하리라는 기대감에서 출발하지만 시간이 가면서 자유로운 인생에 대한 비용으로 바뀐다. 내가 원하는 자유로운 인생이 공짜가 아니라면, 그런 귀한 것을 얻기 위해 지금 기꺼이 지불해야 하는 비용인 것이다. 나는 젊은 시절부터 세상에는 공짜가 없다는 확고한 믿음으로 기꺼이 그 비용을 지불하며 살아왔다.

또한 본업에 전념하려면 인생을 더 멀리 내다봐야 한다. 인류의 기대수명이 90년, 100년으로 날로 늘어나는 시대에 스스로를 보호할 수 있는 방법은 오직 자신의 실력으로 모든 것이 가능하다는 생각뿐이다. 누군가의 선의나 호의에 의지하는 것이 얼마나 위험한 삶인지, 나는 인생의 초년에 깨달았다. 본래 독립적인 성향을 갖고 있었지만 그런 경험들은 스스로를 보호해야 한다는 절실함과 절박감을 가져다주었다. 그리고 잘되고 싶다는 욕망과 더불어 본업에 더욱 집중하게 된 요인이 되었다.

그러나 초기의 집중적인 투자가 지속되기 위해서는 또 하나의 강력한 동기가 부여되어야 한다. 그것은 즐거움과 관련되어 있다. 나는 내가 가장 많은 시간을 쏟아붓는 일을 추진하면서 깊은 즐거움을 스스로 만들어내는 방법을 찾아낼 수 있었다. 물론 처음에는 고통이 따랐지만 그 고통은 점점 옅어지면서 짙은 쾌락으로 바뀌었다. 짧고 옅은 쾌락이 아닌 깊고 오래가는 쾌락을 맛본 사람은 결코 이를 잊을 수 없다.

이렇게 하다 보면 제2의 천성처럼 자신의 본업에 깊이 파고들게 된다. 본업이 어느 정도 궤도에 들어서면 그 다음에는 주변 분야에 관심을 가질 수도 있다. 본업을 크게 벗어나지 않는 범위 내에서 주변 분야에 대한 관심과 체험을 늘려가게 되는데, 이때도 본업을 중심으로 취미 활동을 고려해야 그냥 취미로 끝나는 것이 아니라 실용적인 보조 수단이 될 수 있다. 그러면 취미 자체에도 더욱 깊이 파고들게 된다.

한참 활동하는 시기에 본업에 깊이 빠져보지 못한 사람은 인생의 가장 중요한 부분을 잃어버린 사람이라 해도 무리가 아니다. 그만큼 본업에 대한 집중은 정말 많은 것들을 수확하도록 돕는다. 비범해지기를 소망하는가? 여러분이 할 수 있는 한 많은 시간과 큰 에너지를 본업에 투입하고 또 투입하라. 어디로 가야 할지, 어떻게 가야 할지에 대한 길이 뚜렷이 보일 것이다. 우물쭈물하면서 여기에 조금, 저기에 조금 하는 식으로 손을 대다 보면 인생에서 귀한 시간을 대부분 흘려보내게 된다.

본업에 대한 집중은 처음에는 고통에서 시작되지만 무덤덤함을 지나 깊은 쾌락으로까지 발전한다. 그리고 그 부상으로 부와 지위, 명성 등을 손에 넣을 수 있다.

더 많은 시간을 본업에 투입하라.

성과는 투입량에 비례함을 확고하게 믿고 행동하라.

04
지금 수준에 머물지 말고
다양하게 시도하라

부지런함은 큰 행운의 어머니다. 그 반대인 게으름은 간절히 소망하는 그 어떤 목표도 성취하게 해주지 않는다.

_미구엘 데 세르반테스(Miguel de Cervantes)

"돈을 더 주는 것도 아닌데, 왜 그렇게 일을 많이 해요?" 오래전 조직 생활을 할 때 동료들로부터 자주 들었던 이야기다. 당시는 토요일 오전에도 일을 하는 시절이었기 때문에 오후가 되면 마치 썰물이 빠지듯이 사무실이 텅텅 비곤 했다. 텅 빈 연구실에서 앉아서 여러 가지 일을 처리하는 나를 이해하지 못하는 사람들도 많았다. 아마도 '저 친구는 봉급을 더 받는 것도 아닌데 왜 저렇게 이런 사소한 일들을 처리하는 데 귀한 휴일 오후를 사용할까?' 라고 생각했을 것이다. 나는 직장 생활 초년부터 그야말로 무자비하다는 표현을 사용해도 손색이 없을 정도로 일을 많이 했다. 그런데 세상의 다른 일들과 마찬가지로 일과 결과 사이에는 정확하게 원인과 결과의 관계가 성립하지 않는다. 열심히 한다고 해서 반드시 결과가 좋은 법은 없다. 그리고 그 결과가 단기적으로 모습을 드러내지 않을 수도 있다.

내가 지금도 나 자신을 괜찮게 생각하는 것 가운데 하나는 세상의 불확실함 속에서도 원인과 결과에 대해 나름의 굳건한 믿음을 갖고 있었다는 점이다. 집중적으로 투자를 하다 보면 언젠가는 이런 투자에 대한 수익을 확실히 거둘 수 있으리라는 확신을 갖고 있었다. 그런데 그런 믿음은 단순히 믿음일 뿐 그 어떤 증거도 내세울 수 없다.

또 하나, 나는 일을 하는 과정을 자신의 기량을 트레이닝하는 단련 과정으로 생각했다. 즉, 작은 일이건 큰일이건 간에 모든 일을 마감 시간과 목표를 정하고 추진해나가는 프로젝트로 간주했다. 한 건 한 건 성사시켜 가는 과정에서 한 걸음 한 걸음 자신을 성장시켜 나가고 있다는 믿음을 가졌던 것이다. 지금 와서 생각해보면 누구나 그런 믿음을 가질 수 있지만 그런 믿음으로 일을 지속적으로 밀어붙이는 사람들은 주변에서 별로 볼 수 없었다.

당시 내게는 열심히 일한 대가로 보상을 받을 수 있을지 없을지가 별로 중요하지 않았다. 1990년대 초반만 하더라도 성과급 체제가 보편적인 보수 체계로 자리 잡지 않았던 때였다. 일반적으로 회사는 리스크를 감당하면서 직원들에게 트레이닝을 제공하고 직원들의 성과를 결과물로 거두지만, 나는 그런 결과물을 제공하는 과정에서 내 자신을 갈고닦을 수 있다는 계산이 있었다. 결과적으로 회사와 나는 원-원 하는 관계를 만들어갈 수 있다고 믿었다.

내가 일에 대해 과도한 정도의 욕심을 갖고 있었던 데는 또 다른 믿음이 있었다. 그것은 무슨 일을 하려면 가능한 한 그물을 넓게 펼쳐야 한다는 것이다. 어장을 하는 집안에서 성장한 나는 '고기잡이'와 '일하기'에 똑같은 논리가 적용된다고 믿었다. 그러니까 그물을 넓게 펼치면 펼칠수록 더 많은 고기를 잡을 수 있다는 논리다. 나는 이런 평범한 사실에 바탕을 두고 최대한 넓게 그물을 펼치는 인생을 살아야 한다고 생각했다. 당장 내게 이득이 되지 않는 일이라도 약간의 가능성만 있다면 그런 일을 해보도록 나 자신에게 명령하곤 했다.

그런데 이런 믿음은 결코 나를 배반하지 않았다. 되돌아보면 내가 잡았던 대부분의 기회는 헛발질이라 할 만큼 이런저런 시도를 하던 중에 우연히 만난 것들이 상당히 많았다. 지나치게 계산적으로 이것은 이익이 되니까, 저것은 이익이 되지 않으니까 하는 식으로 일을 대하지 않았다. 조금은 우둔하게 보였던 이런 방식의 일 처리에서 크게 도움을 받았음을 물론이다.

어느 날 새벽, 나는 일에 대한 이와 같은 단상을 트위터에 올린 적이 있다.

길게 보면 어떤 것이 더 나은 것인지, 짧은 기간을 두고 일희일비할 필요는 없어요. 시간을 늘리면 지나치게 뻐길 필요도, 지나치게 초조해할 필요도 없습니다. 그때는 하기 싫지만 꾹 참고 한 일이었는데 그 일 때문에 큰 성취를 얻었던 사건들이 의외로 많았어요. 그때는 '왜 이걸 해야 하지?'라는 생각이 들기도 했죠. 새벽에 문득 이런 생각들이 스쳐 지나가네요.

지금도 업무에 대한 나의 원칙은 단호하다. 더 많이 시도해보는 사람은 당해낼 수 없다는 것이다. 트레이닝을 많이 하는 사람을 누가 당해낼 수 있겠는가? 그래서 나는 언제나 좀 과하다고 할 정도로 많은 일들을 처리한다. 내가 하는 일의 성격상 누구의 도움을 받을 수 있는 영역은 무척 제한되어 있다. 많은 일들이 직접 내 머릿속에서 나와야 하고 나의 손을 거쳐 완성되어야 한다. 친구들은 이제는 일을 남에게 맡겨도 되지 않느냐고 말하곤 하지만 그것은 콘텐츠를 직접 생산하는 사람의 업무를 이해하지 못한 데서 나온 말이다.

자신의 분야에서 일가를 이루길 소망한다면 누구든지 최대한 많은 시도를 해봐야 한다. 이런 원칙은 과거나 현재, 미래와 상관없이 대부분의 지적 노동이나 숙련 노동을 요구하는 분야에서 예외 없는 진실이라 생각한다. 당장 이익이 되지 않더라도 더 많이 해봐야 한다. 약간 무식한 방법이라고 폄하할 수도 있지만, 평범한 사람이 위대함으로 나아가는 방법 중에서 이보다 더 필요한 일이 어디에 있겠는가?

인젠가 e스포츠 랭킹 1위에 오른 이영호(20세) 선수의 인터뷰 기사를 읽은 적이 있다. 당시 그는 e스포츠협회가 집계하는 종합 순위에서 13개월째 1위에 올라 있었다. 중학교 3학년 때 게임을 시작한 이후로 프로게이머 4년차를 맞이한 그는 실력이 너무나 뛰어났다. 그래서 당분간 그보다 더 잘할 수 있는 선수는 나타나지 않을 거라고 생각하는 팬들이 많았다. 팬들은 더 이상 강력한 병기의 출현이 불가능하다는 의미에서 그에게 '최종병기'라는 별명을 붙여주었다. 그처럼 자신의 분야에서 우뚝 선 그는 기량을 향상시키기 위해 어떻게 연습을 했는지 다음과 같이 이야기했다.

> 연습도 효율적으로 했어요. 다른 선수들은 주어진 시간에만 연습하고 마는데, 저는 샤워할 때나 밥을 먹을 때나 머릿속에서 계속 게임을 시뮬레이션 했어요. 그런 식으로 하루 평균 14시간을 연습합니다. 나머진 잠자는 시간이죠.
>
> _김주완, 〈1인자 된 비결은 하루 14시간 연습…〉, 한국경제신문, 2011년 6월 22일.

14시간 동안 머릿속으로 시뮬레이션을 한다는 것이 요지다. 그에게 시뮬레이션은 실전을 방불케 할 정도로 다양한 경우의 수를 연상해서 연습하는 것을 뜻한다. 이는 대다수의 직업인들이 다양한 프로젝트를 수행해보는 것과 다를 바가 없다. 그는 머릿속으로 자신의 전문 영역을 14시간 동안 계속 확장하는 작업을 해왔다. 다른 선수들이 일정한 시간 동안만 연습을 할 때 매일 14시간에 육박할 정도로 연습을 한다면 그렇게 축적된 노하우가 이후 엄청난 힘을 발휘하는 것은 당연한 일이라 생각한다. 어느 분야에서든 대가가 되기 위해 어떻게 해야 하는가를 제대로 설명한 사례에 속한다.

무엇인가를 많이 시도하는 사람은 본능적으로 더 완벽하게 목표에 도달하려고 노력한다. 계속 일을 해나가면서 그런 기대 수준에 자신을 맞추지 않는 사람들은 없을 것이다. 그렇기 때문에 더 많이 하려고 노력하는 것은 다른 측면에서 보면 더 잘하려고 노력하는 것과 동의어라 할 수 있다. 그런 사람이 자신의 분야에서 대가가 되는 것은 너무 당연한 일이다.

어떻게 하면 더 많이 시도하고 더 잘할 수 있을까? 더 많이 시도하는 행위나 활동에 대해 확고한 믿음 혹은 철학을 갖고 있어야 한다. 자신을 설득할 수 있어야 더 많이 할 수 있다. 그러려면 자신의 일에 대한 자신만의 관점을 갖고 있어야 한다. 단기적 이익에만 집착하면 더 많은 일을 할 수 없다. 또한 타인의 평가에만 연연해서도 안 된다. 남의 일을 대신 해준다든지, 대신 인생을 살아준다고 생각하면 더 많은 일을 할 의욕이 생기지 않는다. 더 많은 일은 장기적인 이익을 거두기 위한 활동이고, 자신의 일을 하는 것이며, 자신의 능력과 역량을 강화하는 일이라는 점을 스스로 분명히 인식해야 한다.

게다가 지금은 이 수준에 머물고 있지만 언젠가는 자신도 한 분야에서 일가를 이루고 자신이 추구하는 자유로운 인생과 존경 받는 인생을 살고야 말겠다는 결연한 의지가 있어야 한다. 그래야 더 많은 일을 할 때 필연적으로 따르는 고통과 희생을 감내할 수 있다. 이를 한 단어로 요약하면 자신의 생과 일에 대한 '희망'이다. 지금은 힘들지만 차츰 나아질 것이며 언젠가 자신도 자유로운 인생을 전리품으로 얻고야 말겠다는 그런 희망이 있다면 현재의 고통을 기꺼이 감내할 수 있다. 그런데 여기서 고통은 사실 일정한 기간에만 머물고 만다. 그 시기가 지나고 나면 고통은 지나가고 일에서 누릴 수 있는 즐거움이 고통을 능가한다.

남의 인생을 대신 살아주는 것이 아니라 내 인생을 사는 것이고 내 일을 하고 있다는 생각만 확고하면 더 많은 일을 더 잘하기 위해 노력하는 것은 어렵지 않다고 생각한다. 여러분은 세상 사람들이 가지고 있는 일에 대한 생각과는 차별화된, 다른 생각을 스스로 만들어낼 수 있는가? 그리고 그런 생각이 굳건한 믿음이 될 때까지 반복해서 자신을 설득할 수 있는가? 만일 그렇다면 여러분은 더 많이, 더 잘 일할 수 있다.

눈앞의 이익에 연연하지 말고 이런저런 시도를 자꾸 해보라.

05
도전의 맛을 보라

당신이 이미 마스터한 것을 넘어선 어떤 것에 도전해보지 않는다면, 당신은 결코 성장할 수 없다.

_랠프 월도 에머슨

한 세미나에서 있었던 일이다. 40대의 중간관리자들이 모여 있던 자리였는데 내가 간단한 질문을 하나 던졌다.

"지금 여러분의 앞에 놓인 노트에 졸업한 이후에 이룬 스스로 자랑스럽게 생각하는 성과들을 적어보면 어떨까요? 세상 사람들이 그걸 업적이라 생각할까 싶어도 여러분 자신이 생각하기에 자랑스러운 것이라면 무엇이든 좋습니다. 부담 갖지 마시고 그냥 가볍게 적어보세요."

얼마간의 시간이 흐른 다음 나는 두 가지 질문을 다시 던졌다

"적어보니까 어떠세요? 기분이 좋으세요? 아니면 후회가 되는 부

분이 많은가요?"

그러자 한 분이 이런 이야기를 털어놓았다.

"꽤 후회가 됩니다. 그때 그걸 시도해보았더라면 좋았을 텐데, 물론 그런 시도에도 불구하고 잘되지 않았을 수도 있습니다. 그래도 그때 그걸 해봤더라면 어땠을까 하는 생각이 자주 듭니다."

인생을 어떻게 살아야 하는가? 정답은 없지만, 세월이 갈수록 아쉬움이 없어야 하고 후회가 없어야 한다. 그런데 우리는 '당연히 했어야 했는데 해보지 못한 것들'에 대해 자주 후회하곤 한다. 사실 나 역시 후회되는 일이 전혀 없지는 않다. 단지 상대적으로 후회가 되거나 아쉬워하는 부분들이 적은 편이다. 아주 적다고 하는 것이 정확한 표현이다.

아쉬움이 적은 이유는 젊었을 적에 일단 해야 한다고 생각하면 무모할 정도로 그것을 추진하는 데 주저하지 않았기 때문이다. 지금 생각해보면 어떻게 그렇게 할 수 있었을까 싶을 정도로 다소 무모했던 도전들도 있었다. 그러나 모든 것을 계산한 다음에 실행하기를 망설였다면 그때는 다행스러웠을지 몰라도 세월이 갈수록 가보지 않은 길에 대한 아쉬움이 더 많지 않았을까 싶다. 저질러보는 것은 자칫 무모함이란 단어와 동의어가 될 수 있다. 그렇기 때문에 용감하게 도전해보기와 무모하게 도전해보기 사이의 중간 지점을 찾아야 한다. 이 중간 지점은 상황에 따라 다양하게 결정된다. 무모하게 보이는 것이라 하더라도 결과가 좋으면 현명한 의사결정이 될 수 있기 때문이다.

나이가 젊고 부양해야 할 가족이 없다면 도전을 더 과감하게 시도하라. 젊은 날의 도전은 그것에 걸맞은 보상을 가져다준다. 그러나 참으로 무모한 사람들을 만날 때가 있다. 무모하게 저질러보기는 반드시 피해야 한다. 도전 정신을 가져야 하지만 실패에 대한 두려움을 항상 갖고 있어야 한다. 실패는 세월을 잃어버리게 한다. 물론 도전 이후에 재기하면 되지만 재기하는 데 지나치게 오랜 세월이 걸릴 수도 있다. 한참 활동할 시기는 물리적으로 길어 보인다. 그러나 30대와 40대에 한두 번 정도 결정적인 실수를 저질러 재기하는 데 꽤 오랜 시간이 걸린다면 본인이 지불해야 하는 비용이 너무 크다.

예전에 어떤 사업가를 만난 적이 있다. 그는 항상 의욕에 가득 차 있었고 세상을 낙관했다. 40대에 그는 두 번 정도 큰 도전에서 실패를 맛보았고 재기하기까지 상당한 어려움을 겪었다. 그런데 그는 얼마 전 대박이라고 판단되는 기회를 잡았고, 엄청난 고정투자를 감행했다. 내가 생각해도 제정신이 아니라고 여겨질 정도로 과잉투자를 했다. 초기 고정투자를 어느 수준으로 하고 난 다음 사업이 진행돼가는 상황을 봐가면서 얼마든지 사업을 확장할 수 있음에도 불구하고, 그는 초기에 엄청난 투자를 함으로써 중도에 흑자 도산을 맞았다. 그리고 사업은 그대로 돌아가는데 고정투자에 따르는 금리 부담과 원금 갚기에 급급해져서 결국 사업에 실패하고 말았다. 이때가 50대 중반을 막 넘어선 시점이었다. 그는 앞으로 재기하는 데 많은 어려움을 겪을 것이다.

그의 무모한 시도를 보면서 나는 그동안 그가 어떻게 연거푸 실수를 범했는지 궁금해졌다. 그래서 찬찬히 살펴본 결과 그가 평균적인 사람들보다 지나치게 세상을 낙관하고 과잉투자를 자주 한다는 사실을 알게 되었다. 그는 과거 두 번의 실패에서도 비슷한 초기 과잉투자로 손을 들었다. 내가 이해할 수 없었던 점은 왜 비슷한 실수를 반복했느냐는 것이다. 그는 자기 자신을 잘 몰랐고 욕심을 제어하지 못했다. 그래서 비슷한 실수를 반복했고, 결국 인생의 황금기에 잡을 수 있었던 귀한 기회들을 놓쳐버렸다. 딱한 점은 그가 엔지니어로서 상당한 실력을 소유하고 있었다는 사실이다.

물론 그는 앞으로도 기회를 잡을 수 있을 것이다. 그러나 그의 나이는 이미 60대가 다 되었다. 한창 일을 도모하고 도전적인 일을 할 수 있었던 최적의 시기는 대부분 30대와 40대, 그리고 어느 정도 기반이 잡힌 상태의 50대다. 직업인에게 왕성한 활동 시기는 그다지 길지 않다. 그래서 30대부터 40대에 걸쳐 되돌리기 어려울 정도로 큰 실수를 저지르면 엄청난 기회비용을 지불하게 된다. 물론 그런 실수에도 불구하고 재기에 성공하는 사람들도 있기 때문에 반드시 어떤 것이 올바르다고 할 수는 없다. 그럼에도 불구하고 인생에서 매우 중요한 시기에 반복적으로 실수를 범하는 것은 정말 큰 문제다.

따라서 리스크가 그다지 크지 않은 일에는 무모함이란 단어가 들어가도 좋다. 그러나 결정적인 실패로 지불할 비용이 엄청나게 크다면 이때는 도전 전에 충분히 숙고해야 한다. 나 또한 완벽함과는 거리가 먼 사람이다. 때때로 무모한 도전을 하기도 했다. 그러나 지난날의 도전에서 후회나 아쉬움은 별로 남아 있지 않다. 내가 생각할 때 반드시 필요한 도전이라면 과감히 승부수를 던졌기 때문이다.

어떻게 하면 도전이란 것에서 아쉬움을 남기지 않을 수 있을까? 정말 기회라는 것은 우연히, 그리고 조용히 오는 듯하다. 마치 밤이 오듯 새벽이 오듯 조용히 왔다가 조용히 가버리는 것이 기회다. 기회는 동네방네 떠들썩하게 오지 않는다. 때문에 언제 어디서나 기회가 왔을 때 이를 기꺼이 알아차릴 수 있어야 한다.

저것이 기회인가, 아닌가? 이것은 지성의 영역도 영향을 미치지만 감각이란 것도 무시할 수 없다. 실전을 많이 해볼수록 그만큼 감각을 키울 수 있다. 따라서 평소에 자신의 감각을 갈고닦는 훈련을 게을리하지 말아야 한다. 예리하게 기회를 잡는 감각을 연마해야 한다. 나는 이를 위해 세 가지 방법을 사용한다. 하나는 예리한 관찰력을 유지하게 위해 노력하는 것이다. 세상을 늘 섬세하고 주의 깊게 바라본다. 그리고 매사를 무심(無心)이 아니라 유심(有心)으로 대한다. 외관상 아무런 관련이 없는 일이라 하더라도 어떤 사건이나 현상이 어떤 의미를 갖고 있으면 나의 일과 어떤 연결 고리를 가지고 있는지 항상 생각한다. 또한 신문이나 잡지, 책을 통해 새로운 트렌드를 예의 주시한다. 그리고 눈길을 끄는 사건들을 두고 만일 내가 그런 위치에 서 있었다면 어떤 판단을 내렸은지 생각해보는 훈련을 자주 한다. 즉, 시뮬레이션을 통해 기회를 잡는 연습을 한다.

다른 방법은 삶에 대한 적절한 긴장감을 유지하는 것이다. 팽팽한 긴장감을 갖고 세상과 일과 사람을 대하면 놓치지 말아야 할 일들을 잡아내는 능력을 계속 키울 수 있다. 여기에 삶뿐만 아니라 일을 재미있게 해나가다 보면 남들이 쉽게 놓치는 기회도 찾아낼 수 있다. 그런데 도전해보기는 앎의 영역에만 그치는 것이 아니라 실행의 영역에 이르러야 비로소 완성된다.

행동할 수 있어야 한다. 한 걸음 내딛기 위해 주저하거나 고민하는 심리적 장벽을 넘어설 수 있어야 한다. 세상의 불확실성을 당연하게 여기고 미래를 향해 한 걸음을 내딛는 것은 앎의 영역이라기보다는 실천의 영역이다. 기회가 왔을 때 이를 잡기 위해 나서는 것은 온전히 훈련의 결과다. 때문에 기회 잡기 능력을 끌어올리려면 큰 위험이 따르지 않는 작은 기회들을 자꾸 잡아봐야 한다. 작은 기회를 반복해서 잡아본 사람이 결정적인 순간에 큰 기회를 잡는다.

그런데 그렇게 일단 해보는 것을 가르쳐주는 책은 없다. 이 책도 마찬가지다. 괜찮다고 판단되었을 때 자신의 손과 발, 그리고 두뇌와 가슴으로 부딪쳐보는 일은 글로 익히는 게 아니라 실행을 통해 몸에 배어야 하는 것이다. 이런 일들이 반복되면서 기회를 잡는 감각과 능력을 익힐 수 있고, 성공한 경험들을 하나하나 축적해가며 끊임없이 도전하는 삶을 살아갈 수 있다.

한 가지 분명한 사실은, 도전의 실패로 인한 아픔도 크지만 시도조차 해보지 않은 회한이 우리에게 더 큰 멍에를 지운다는 점이다.

가버린 세월만큼 시도하지 않았던 기회에 대해서는 누구나 회한이 있기 마련이다. 나 역시 내 경험의 범위라는 편견을 완전히 넘어설 수 없지만, 지나온 날에 대해 자부심과 자긍심을 가질 수 있는 것은 기회라고 판단했던 부분에서는 과감하게 나섰기 때문이다.

사람은 나이를 먹으면서 자연히 보수적으로 바뀌어간다. 책임져야 할 부분이 많아지면서 위험을 감수하는 일에 대해 더 보수적으로 생각하고 행동하게 되는 것이다. 이런 보수적인 성향은 당연하다. 나이와 함께 보수화되는 것은 자연의 당연한 이치이기 때문이다. 그렇다면 우리는 젊은 기간, 즉 한 살이라도 더 젊을 때 좀 더 과감하게 리스크를 선택해야 한다. 오늘날 젊은이들은 편안하고 잘 알려진 길을 선호하는 경향이 있는데, 이는 긴 인생에서 보면 결코 바람직하지 않다.

결국 세상의 이치는 리스크를 감당하는 것만큼 더 많은 수익을 얻는 것이다. 물론 그런 수익의 대칭점에는 실패라는 비용이 있다. '남들이 그렇게 하지 않는데 굳이 그렇게 할 필요가 있을까?' 라고 생각할 수도 있다. 그러나 우리 모두는 각자의 길을 걸어가며, 젊은 날 더 많은 도전을 해야 후회가 없고 성과도 크다. 물론 도전 정신과 무모함을 분명히 구분해야 하지만 말이다.

〰️

기회라고 판단이 서면 서슴지 말고 도전하라
도전하지 않으면 세월과 함께 후회만 남는다.

06
남의 인생이 아니라
자기 인생을 살아라

자립정신이야말로 진정한 성장의 뿌리다.

_새뮤얼 스마일즈(Samuel Smiles)

사람마다 삶의 스타일이라는 게 있다. 어떤 사람은 강한 자의식을 가지고 있어 남을 보좌하기보다는 스스로가 주인이 되어 살아가는 것을 중요하게 여긴다. 또 어떤 사람들은 한 발짝 물러서서 타인을 도우며 살아가는 것을 당연하게 여긴다. 전자를 1인자의 삶으로, 후자를 2인자의 삶으로 표현해도 무리가 없을 것이다.

사람이란 적응력이 뛰어난 존재여서 어떤 상황에 처해 있든지 상황에 맞춰 행동한다. 그렇다고 해도 자신이 원래 가지고 있던 특성에 맞춰 살아간다면 누구든 더 행복한 삶을 살아갈 것이다. 하지만 사람 사는 곳은 어디든지 위계질서가 있고 사회적 분업이 필수

적이기 때문에 대부분은 누군가를 보좌하면서 살아가게 된다. 나는 위계질서가 명확한 조직 생활을 거쳐서 지금은 비교적 자유로운 직업을 갖게 되었다. 계획을 해서 만들어낸 삶이라기보다는 우연적인 요소가 큰 역할을 했음을 부인할 수 없다. 그래서 사업이든 삶이든 정교한 계획에 맞춰 무엇인가를 이루려고 노력해야 하고 그렇게 하는 것이 바람직하다. 하지만 삶이 그렇게 자로 잰 것처럼 계획에 맞춰서 돌아가는 것 같지는 않다. 세상에 대한 이해는 삶에 대한 겸허함을, 자신이 누리고 있는 것들에 대한 감사함을, 계획한 대로 세상이 척척 돌아가지 않아서 힘들어하는 타인에 대한 관대함을 갖도록 해준다.

우리가 하는 일과 생각, 말, 글은 모두 흔적을 남긴다. 그러니까 우리는 어디서 무엇을 하면서 살아가든 간에 자신만의 고유한 역사를 만들어가고 있는 셈이다. 조직에서 우리는 동료로서, 그리고 고객으로서 다양한 사람들을 만난다. 몇몇과는 사적인 인연을 맺고 직장을 떠난 후에도 오랫동안 교제하는 경우가 더러 있다. 하지만 대부분의 관계는 일종의 계약관계처럼 이루어진다. 일을 중심으로 모였다가 그 일이 끝남과 함께 각자의 길을 가는 것이다. 과거와 달리 전직을 통해 자신의 경력을 관리해가는 사람들이 늘어나고 계약 기간이 짧아지면서 사람들 사이의 만남과 헤어짐의 빈도 또한 점점 더 늘어나고 있다.

나 역시 일터에서 보낸 지난 20여 년의 시간을 살펴보면 이해관계나 업무 목적에 따라 만나고 헤어지는 사람들의 수가 점점 증가했다. 한때는 혈육관계에 비교해도 손색이 없을 정도로 절친한 관계를 유지하고 그런 관계가 오래오래 지속될 것으로 믿어 의심치 않았던 사람들 역시 관계를 맺어야 할 이유가 없어지면 자연히 멀어지곤 했다. 인간관계가 가진 그런 측면을 지나치게 아쉬워할 필요는 없다. 본래 사람 사이의 관계가 그렇기 때문이다. 인연이란 마치 목적지를 향해 가는 버스와도 같아서 수많은 사람들이 버스에 올랐다가 내리곤 한다.

따라서 자신의 삶에 확고한 중심을 세워놓고 살아가는 것이 필요하다. 자신을 둘러싼 이런저런 변화들에 크게 연연하지 않고 자신만의 원칙을 갖고 살아갈 수 있어야 한다. 이때 여러 가지 원칙들이 있겠지만 그중에서 빼놓을 수 없는 것이 바로 자신의 일과 생에 대한 주인의식이다. 이는 어디서 어떤 일을 하든지 남의 인생이 아니라 바로 자신의 인생이라 생각하고 사는 것을 말한다. 누가 보기 때문에 열심히 사는 것과 자기 인생이기 때문에 열심히 사는 것 사이에는 뚜렷한 차이가 있다.

강연을 하면서 내가 자주 목격하는 것 가운데 하나가 바로 사람들마다 경청의 정도에 차이가 있다는 점이다. 예를 들어 기업을 운영하는 사장이라면 저녁에 귀한 시간을 내서 강연에 참석했을 것이다. 만일 그 시간에 강연에 참석하지 않았다면 다른 활동에 투입했을 그 소중한 시간을 들여서 강연장에 앉아 있는 것이다. 그렇게 생각하는 사람들은 강연에 귀를 기울이고 적극적인 태도로 일관한다. 이왕 참석했다면 남이 보건 보지 않건, 혹은 강연 참여도에 따라 평가를 받건 받지 않건 간에 다시는 돌아오지 않는 생의 한 부분이라는 사실을 자각하고 진지하게 강의를 들어야 한다.

직장 생활을 하는 사람들도 마찬가지다. 직장에서 다루는 모든 일에 똑같은 열의를 갖고 대할 수는 없다. 일에 따라 집중도의 차이가 나는 것은 당연하다. 그럼에도 불구하고 언제 어디서나 남의 일을 하듯이 하는 사람도 있고 요령껏 적당히 때우는 사람들도 있다. 그러나 누가 보는지, 어떤 평가를 내리는지 상관하지 않고 자신의 원칙에 맞춰 마치 자신의 사업을 하듯이 성심성의를 다해 일을 처리하는 사람들도 있다. 누가 더 나은 인생을 살아가는가는 각자가 가진 가치관에 따라 크게 차이가 있을 것이다. 나는 당연히 마지막 선택을 했다. 누가 뭐라고 하든, 이건 내 인생의 한 부분이라는 생각을 분명히 하고 지금껏 걸어왔다.

어느 일요일 오후, 나는 자기경영 아카데미를 진행하다가 잠시 쉬는 중에 일과 삶에 대한 다음과 같은 단상을 트위터에 올렸다.

> 이왕 사는 것이고, 이왕 하는 것이면 무엇을 하든지 진짜 빡세게 해야 하고 더 이상 열심히 할 수 없을 정도로 했다는 이야기가 나올 정도로 다부지게 해야 하는 것 아닌가요?

자기 사업을 하면서 주인의식을 갖는 것은 아주 자연스러운 일이다. 물론 주인의식의 강도는 사람마다 차이가 나겠지만 말이다. 그런데 직장 생활에서는 조직과 자신이 추구하는 것 사이에 어느 정도 간격이 있는 게 사실이다. 스스로 몰입하는 것이 자신을 위해서나 조직을 위해서 꼭 필요한 일인데 이를 위해서는 주인의식을 가지고 업을 대해야 한다.

주인의식을 가진 사람과 그렇지 않은 사람의 간격이 매일 늘어난다고 해보자. 얼마나 큰 차이가 벌어질 수 있을까? 사실 나는 직장 생활을 할 때 함께 입사해서 몇 해 동안 같이 일을 해나가면서 확고한 주인의식을 갖고 임하는 사람과 그렇지 않은 사람 사이에 얼마나 큰 차이가 발생하는지 직접 목격할 수 있었다. 일을 얼마나 오랫동안 해왔는가는 그다지 중요한 문제가 아니다. 짧은 시간 동안 일했더라도 주인의식을 갖고 임한 사람은 차곡차곡 저축을 하듯 자신의 실력을 쌓고, 그런 실력을 바탕으로 자신의 영역을 개척할 수 있다.

그런데 놀라운 사실은 주인의식은 습관을 넘어서 하나의 습성으로 한 인간의 마음가짐과 태도에 굳게 자리를 잡는다는 점이다. 직장을 떠난 후에도 그런 습성은 좀처럼 사라지지 않기 때문에 한 인간의 삶의 모습을 결정짓는다. 시간을 흘려보낸 사람이 자신의 분야에서 입신할 수 있는 가능성은 거의 없다고 해도 무리가 아니다. 조직 생활이 마냥 계속될 것처럼 보이지만, 언젠가 우리 모두 주인으로서 살아가야 할 시점이 반드시 온다. 이때 오랜 기간 동안 만들어진 습성이 중요한 역할을 하는데, 항상 남의 인생을 살듯이 살아온 사람이라면 큰 비용을 지불할 가능성이 커진다.

그렇다면 주인의식을 어떻게 가질 수 있을까? 우선 일에 대해,

그리고 삶에 대해 그다지 큰 애정을 갖지 못한 사람이라면 스스로 자신의 일과 업에 대해 갖고 있는 관점을 재조명해봐야 한다. 내가 어디서 무엇을 하고 살아가든지, 내가 보내는 생의 순간들이 누구의 것인가를 곰곰이 생각해봐야 한다. 보수를 받고 자신의 지력과 노동력을 제공하더라도 자신과 함께하는 순간들은 남의 것이 아니라 바로 자기 자신의 것이다. 그렇다면 자신이 경험하고 있는 순간들을 가장 밀도 있게 보내야 한다. 이는 단지 그렇게 하면 좋은 것이 아니라 반드시 해야 할 일이다. 그런 강한 자각이 있다면 주인의식을 갖고 모든 순간을 대하는 일이 한층 쉬워질 것이다.

젊은 날에는 가슴에 절절히 와 닿지 않았지만, 이제 나는 내가 가진 시간이 유한하다는 사실을 분명히 인식하고 있다. 이따금 나에게 어느 정도의 시간이 남아 있는지 자각하기도 하고 어쩌면 이런 시간이 더 짧아질 수 있다는 사실도 생각해본다. 사람은 동물과 달리 자신에 대해 깊은 성찰을 해볼 수 있는 존재다. 자기 성찰은 또 다른 면에서 보면 자신이 가진 시간의 유한성에 대한 성찰이라 할 수 있다.

한편 주인의식을 가지려면 경험에 대한 인식도 지금까지와는 달리해야 한다. 우리는 어떤 일을 할 때 성과물의 배분에 대해서 다소 불만을 가질 수 있다. 흔히 성과 보상 체계의 미진함을 두고 하는 말이다. 그러나 외형적인 성과와 동시에 우리는 일정한 경험을 하게 된다. 그런 경험은 성과지표에 반영되지 않는 것들이 대부분이나. 어쨌든이 어떤 일을 했을 때 조직이 수확하는 것은 대부분

외형적으로 드러날 뿐만 아니라 측정 가능한 결과물들이다.

하지만 분명한 사실은, 조직은 여러분이 겪은 고유한 경험을 수확하지 않을 뿐만 아니라 가져갈 수도 없다는 점이다. 우리가 주목할 부분은 어떤 일을 추진하면서 눈에 보이는 것과 눈에 보이지 않는 것을 제대로 구분하는 일이다. 눈에 보이는 것들은 성과지표를 통해 측정할 수 있다. 하지만 눈에 보이지 않는 것들은 암묵적 성격의 지식이나 노하우 혹은 경험의 형태를 갖고 있기 때문에 측정이 불가능하다. 이런 것들은 조직이 수확하는 것이 아니라 바로 자기 자신이 전적으로 가질 수 있는 것들이다. 그래서 일을 배울 수 있다면 돈을 받지 않고 자원해서 일을 하는 사람들도 있다.

인센티브는 언제 어디서나 우리의 행동에 중요한 영향을 미친다. 언젠가 한 모임에서 건설업계에 종사하는 재무담당 임원이 흥미로운 이야기를 들려주었다. 그가 몸담고 있는 기업은 외형을 성장시키기 위해 일정한 자금은 아예 시장 개척비로 조달했다고 한다. 그러니까 수주전을 펼칠 때 손실이 발생하더라도 시장 개척비의 일부를 미래 성장을 위해 사용함으로써 기업의 규모를 크게 키울 수 있었고 중장기적으로 큰 이익을 거두었다는 것이다. 이처럼 우리가 일을 할 때는 대개 '인센티브는 중요하다'는 원칙이 적용된다. 그런데 조직에서 열심히 일하는 사람일수록 흡족할 정도의 성과 보상을 받는 경우는 드물 뿐만 아니라 성과 보상을 결정하는 시스템은 개인의 기대보다는 더디게 발전한다. 내가 말하고 싶은 것은 좋은 보상 시스템의 유무와 관계없이 우리 자신의 문제를 깊이

들여다봐야 한다는 사실이다.

눈에 보이는 성과는 여러분의 기대에 못 미칠 수 있다. 하지만 그런 성과에 관계없이 여러분이 밀도 있게 갖게 되는 경험이나 지식에 대해 소유권을 주장하는 조직은 없다. 전적으로 여러분의 것이 된다. 때문에 눈에 보이지 않는 자산을 축적하고 있다고 생각하면 얼마든지 주인의식을 갖고 임할 수 있다.

주인의식을 갖는 또 다른 방법은 어떤 일을 수행하든지 업무와 관련해서는 전적으로 자기 자신이 최종 책임을 가진 사람이라고 가정하고 일을 대하는 것이다. 직급이나 직책에 관계없이 자신이 맡은 일에 관한 한 마치 자신이 최고책임자인 것처럼 일을 하면 된다. '내가 이 프로젝트의 최고책임자라면 어떻게 할까?' 라는 질문과 함께 모든 프로젝트를 수행하면 된다. 주어지거나, 지시 받거나, 기존에 해오던 방식이 아니라 늘 새로운 방법을 참신하게 적극적으로 찾아보면 된다. 그것은 직책이나 직위 문제가 아니라 바로 자기 자신이 수행하고 있는 프로젝트를 어떤 마음을 갖고 대하는가에 크게 의존한다. 내가 이 프로젝트의 주인일 뿐만 아니라 이 프로젝트를 수행하는 모든 과정을 내가 주인의식을 가지고 책임진다는 굳건한 마음을 가지고 있어야 한다.

마지막으로 주인의식을 갖고 살아가기를 원한다면, 자신에 대한 사랑이나 자존감을 잃지 않도록 최선을 다해야 한다. 그리고 이를 위해 기꺼이 비용을 지불할 수 있어야 한다. 주인의식의 반대말은 무엇일까? '주인' 의 반대말을 집어넣어 보는 것도 좋다. 때문에 주인의식은 선택의 대상은 아니라고 생각한다. 그것은 선택 사항이 아니라 필수 사항에 속하는 일이다.

언제 어디서든 남의 인생이 아니라 자기 인생을 살아라.

주인의식이 없다면 축적되는 것도 없다.

07

출발했으면
끝까지 완주하라

당신 자신을 계속해서 밀어붙여라. 게임의 끝을 알리는 부저 소리가 울릴
때까지 단 1인치도 주지 말아라.

_래리 버드(Larry Bird)

반주를 곁들인 저녁식사를 하던 중이었다. 몇 분이 농담을 주고
받다가 한 분이 "공 박사님은 뭘 잘하세요?"라고 가벼운 질문을 던
졌다. 취하지는 않았지만 약간의 취기가 있었고 늘 잘 알고 지내던
사람들끼리 모여 즐겁게 담소를 나누던 중이라 나의 입에서는 무
의식적으로 농담 반 진담 반의 답이 나왔다. 그런데 그 자리에 있
었던 분들은 나의 대답에 약간 놀란 모양이었다.

"예, 제가 잘하는 것은 공기 단축, 그리고 한 번 시작한 일은 끝
까지 밀어붙여 마무리하기입니다."

의외의 답변에 지인들의 눈이 휘둥그레졌음은 물론이고 웃음까

지 터져 나왔다. 그때는 친한 분들과 이야기하며 나온 말이라서 농담으로 받아들여졌다. 그러나 '취중진담'이란 말도 있지 않은가? 모임이 끝난 다음 돌아오는 길에 나는 그 말이 정말로 진담인지 내 자신에게 질문해보았다.

물론 잘 몰라서 하지 못하는 것도 있다. 그런데 우리는 잘 알고 있음에도 불구하고 실행에 옮기지 못한 것들이 많다. 게으름과 우유부단함은 모두 실행을 방해하는 중요한 요인이다. 그런데 이런 것들은 너무나 인간적인 요인이기 때문에 우리의 삶과 일에 큰 걸림돌이 되곤 한다. 이런 문제를 해결하는 핵심 포인트는 잘 알고 있는 것과 실행하는 것 사이의 간격 줄이기다.

내가 즐겨 활용하는 인풋관리에서 빼놓을 수 없는 것은 일단 계획을 세워서 해야 하는 일이라고 스스로 판단한 경우에는 확실히 마무리하는 것이다. 자신이 지적 능력에서 뛰어나지 않다고 평가하는 사람이라면 이를 보완할 수 있는 자신만의 특별함을 가져야 한다. 이것이 바로 일단 시작하면 어떤 경우든 확실히 마무리하는 것이라고 생각한다.

예를 들어 나는 책을 쓰고 싶어 하는 분들의 이야기를 자주 듣는다. 막 회사를 그만둔 전직 사장과 임원, 조직을 떠나서 새로운 길을 개척하기 시작한 직장인들, 작가로서 일을 시작하기를 시작하는 사람들로부터 어떻게 하면 책을 쓸 수 있느냐는 질문을 자주 받는다. 책의 전체 틀에 해당하는 얼개를 어떻게 잡을 수 있는지에 대해 경험자의 이야기를 읽거나 듣는 일은 그다지 어렵지 않다. 그리고 그런 사람일수록 어떤 내용의 책을 쓰고 싶은지, 그곳에 어떤 내용을 채워 넣고 싶은지를 훤히 알고 있다. 이런 준비를 차근차근 마무리한 다음 책을 쓰기 위해 나서는 사람들도 꽤 된다. 하지만 마지막까지 완주해서 최종적인 생산물인 책의 출간까지 이르는 사람은 소수 중에서도 소수에 지나지 않는다.

우리가 접하는 대부분의 책들은 앎에 관한 부분을 다루고 있다. 이 책을 포함해서 시중에서 만날 수 있는 대부분의 자기계발서 역시 이것이 좋다거나 이것을 해야 한다는 주장, 그리고 원칙을 포함하고 있다. 그런데 그런 것들은 결국 행동으로 옮겨져야 하고 최종 결과물이 만들어질 때까지 계속될 수 있어야 한다. 그것이 누구나 할 수 있는 것이고 그만큼 쉬운 일이라면 세상 사람들이 가지고 있는 고뇌의 상당 부분은 사라지고 말 것이다.

반드시 이루고는 싶은데 이룰 수 없는 것은 실행력의 부재에서 비롯된다. 이런 점에서 '끝까지 확실히 밀어붙이기'는 인풋관리를 구성하는 여러 요소들 중에서도 매우 중요하다. 그러면 어떤 사람들이 이 실행력을 자신의 것으로 만드는 데 성공하는가? 결론부터 말하자면 뭐든 천천히 하는 사람보다는 다소 조급한 성격의 사람들이 더 큰 성과를 거둔다. 물론 그 조급함 때문에 치러야 할 비용은 있다.

그냥 잘 알고 있는 사람이나 일단 시작은 했지만 어중간한 상태에서 마무리를 제대로 하지 못하는 사람은 성과를 중심으로 살펴봤을 때 똑같다고 볼 수 있다. 둘 다 결과물을 제대로 만들어내지 못한 것이다. 개인적으로 살펴보면 각기 다른 평가를 내릴 수 있지만 결과물을 따지는 제3의 눈에는 똑같은 경우에 해당한다. 우리는 뭐든 보여주어야 한다. 가수는 좋은 노래로, 세일즈맨은 성과로, 작가는 좋은 책의 발간으로, 강연자는 훌륭한 강연으로, 연구자는 좋은 연구 결과로, 사장은 기업의 성과로 보여줘야 한다. 보여준다는 점에서는 과정에서 어떻게 했는가가 별반 중요하지 않을 수도 있다.

나는 결과를 만들어내는 과정도 중요하게 여기지만 이를 끝까지 밀어붙여서 확실히 마무리하는 것에 대해 일종의 아름다움을 느낀다. 어중간하게 진행하다가 마무리하지 못한 채 내버려두는 것을 죄악시할 뿐만 아니라 그런 행위에서 오는 불쾌한 감정이 고통스러울 정도다. 전자는 일종의 가치 판단에 해당하지만 후자는 본능적인 반응에 속한다.

우리는 법을 지키는 것도 중요하게 여기지만 법의 범위를 넘어 윤리적으로 올바른지 아닌지 판단하고 행동한다. 어떤 행위가 스스로 생각하기에 법을 위반한 것은 아니지만 올바르지 않은 행위라고 생각되면, 그런 행위를 할 때 스스로 죄책감을 느낀다. 이것은 전적으로 주관적인 판단에 속하는 문제다. 나는 일단 시작했는데 끝을 맺지 못한 일에 대해 그런 죄책감을 심하게 느끼곤 한다. 그런 죄책감을 느낄 바에야 차라리 마무리해버리겠다고 생각하는 것이다.

그러면 왜 죄책감을 느끼게 될까? 아마도 스스로 정한 약속을 지키지 못한 것에 일종의 수치심을 느끼기 때문일 것이다. 그리고 이는 자존감의 상실로 이어진다. 대부분의 사람들은 스스로 '나는 최소한 이 정도는 반드시 해야 한다'는 원칙을 갖고 있다. 나 역시 마무리를 제대로 하지 못하고 어중간하게 미뤄두는 것을 절대로 용납하지 못한다.

다른 하나는 고통과 관련되어 있다. 두뇌는 본능적으로 쾌락을 가까이하고 고통을 멀리하려는 속성을 갖고 있다. 나는 일을 추진하다가 미적거릴 때 상당한 심적 고통을 경험하기 때문에 자연스럽게 멀리하게 되었다. 이것은 어떤 성격의 고통일까? 일을 마무리하지 못하면 마치 완성하지 못한 과제처럼 두뇌의 한구석에 남아 늘 찝찝한 기분이 든다. 항상 머릿속에서 '이걸 마무리하지 못했는데 언제쯤 마무리할 거예요?'라는 속삭임이 들린다. 차라리 그렇게 계속해서 괴로움을 당할 바에야 시간을 투입해서 끝내버리자는 입장이다.

작가들 가운데는 여러 개의 일감을 동시에 진행하고 이 책 저 책을 함께 추진해나가는 사람들도 있다. 나도 이따금 동시 진행을 하는 경우가 있는데, 이때도 하나의 토픽에 관한 책이 거의 마무리된 상태에서 다른 책을 시작한다. 처음부터 두 가지 주제를 동시에 써내려가는 경우는 거의 없다. 물론 최근에는 현대문과 고전에 관한 글을 각각 독립 부분으로 처리하고 현대문에 관한 주제를 적어나가면서 동시에 고전 주제를 적어나가기도 한다. 하지만 '내 나름대로 완결에 가까울 정도로 정확하게 정리 정돈한다. 그러니까 고전에 관한 책을 쓰다가 현대문에 관한 책으로 넘어갈 때, 이전 작업이 미완성의 과제가 되지 않도록 대략적으로라도 마무리한 다음에 다시 원래의 위치로 돌아간다는 사실을 분명히 자신에게 주지시키곤 한다. 그렇게 하면 물리적으로 두 가지 일을 동시에 진행하더라도 마치 한 가지 주제에 대한 책을 마무리한 다음 다른 주제의 책에 도전하는 것과 같은 효과를 얻을 수 있다.

이처럼 시작하는 일, 중간에 하다가 중지한 일, 그리고 마무리해야 할 일을 명확히 하기 때문에 책을 쓰다가 미적거리며 시간을 흘려보낸 경우는 거의 없다.

그러면 어떻게 하면 확실히 마무리를 할 수 있을까? 무엇을 주의해야 할까? 무엇보다 확고한 원칙을 세워서 지켜나가는 것이 필요하다. 그 원칙이란 장고 끝에 하기로 결정하고 분명한 마감 시간을 정해 시행으로 옮기는 것이다. 그리고 최선을 다해 마감 시간을 준수하도록 한다. 어쩔 수 없이 마감 시간을 어긴다고 해도 일단 시작한 것을 미진한 상태로 내버려두는 것은 용납하지 말아야 한다. 이런 원칙을 예외 없이 지키도록 자신에게 명령하는 것이 우선 필요하다. 원칙은 예외가 없어야 한다. 이는 도저히 양보할 수 없는 일종의 자존심이자 자신과의 엄숙한 약속이다. 스스로 시작한 일을 내버려두지 않는다는 원칙을 분명히 세우고 나면, 시작한 일은 어떻게든지 마무리하려고 노력하게 된다. 설령 약간 마감 시간이 지체되더라도 마무리하는 것을 마지노선으로 정하게 된다.

또한 하고 싶은 마음이 들 때까지 기다리지 말고, 일단 해야 한다는 마음으로 바로 그 장소, 그 시점에서 시작하고 본다. 일을 미루는 중요한 원인 가운데 하나는 '다음에 큰맘 먹고 시작하겠다' 라거나 '이런저런 준비가 갖춰진 다음에 시작하겠다' 라는 식으로 구실을 만들어 미루는 것을 합리화하는 고약한 버릇이다. 나 또한 가끔 그렇게 행동할 때가 있다. 그래서 그럴 때 자주 사용하는 방법은 '이렇게 미루면 안 되는데, 꼭 해야 하는데' 라는 생각이 들자마자 바로 그 자리에서 엉덩이를 의자에 붙이고 시작한다. 그러면 놀라운 경험을 하게 된다. 산술적으로 하루나 이틀 정도가 걸려야 마칠 일도 절반 혹은 3분의 1 정도의 시간 안에 마무리해내는 것이다. 적절히 압박감을 가하는 일은 꼭 필요하다. 그런 압박감조차 큰맘 먹고 느낄 필요는 없다. 걱정이 되는 바로 그 순간, 다음에 어떻게 하겠다는 정교한 계획을 물리치고 일단 시작하는 것이다.

앞에서 이미 설명한 한 가지 방법도 효과가 있다. 바로 미끼를 내거는 것이다. 예를 들어 '이 일을 확실히 마무리하고 나면 그 다음에 이런 재미있는 일을 새로 시작해볼 수 있다' 와 같은 미끼도 효과가 있다. 새로운 일은 항상 설렘과 기대감을 안겨주기 때문에 이를 적극적으로 활용하는 것도 큰 도움이 된다.

일단 시작한 것을 확실히 마무리하는 일에 탄력을 줄 수 있는 또 다른 방법이 있다. 크게 덩어리로 일을 처리하지 말고 잘게 나누어서 공략하는 것이다. 커다란 한 덩어리를 공략하기보다는 10~20개 정도의 작은 덩어리로 나눈 다음에 시작하는 것도 좋은 방법이다. 큰 덩어리를 한 번에 마무리하는 일은 힘들지만 잘게 쪼개진 작은 덩어리들을 각기 마무리하는 일은 상대적으로 쉽기 때문이다. 그리고 작은 덩어리들을 하나하나 완결해나가다 보면 일에 탄력도 붙고 성취감도 느낄 수 있기 때문에 더욱더 열심히 하도록 자신을 유도할 수 있다. 추진하는 사람의 입장에서는 일을 하나하나 끝내면서 부담을 덜어가는 그런 쾌감도 중요하다고 생각한다. 하나를 마무리하고 그 다음에 또 하나를 마무리하는 식으로 생각하면 마무리에 대한 심리적 부담감도 덜 수 있어서 좋다.

일단 시작한 일이라면 확실히 밀어붙여서 마무리하라.

어중간한 상태로 미뤄두지 말라.

08

새로운 것, 신기한 것,
놀라운 것에 예민하라

나는 결코 만족하지 않을 것이다. 나에게 삶은 더 나은 것을 끊임없이 추구
하는 활동이기 때문이다.

_제인 맨스필드(Jayne Mansfield)

"당신을 입증해 보이세요." 직업인은 끊임없이 자신을 증명해 보
여야 한다. 자신이 얼마나 유능한지를 말이다. 학생에게 성적이 중
요한 것처럼 직업인에게는 성과가 중요하다.

성과는 문제에 대한 새로운 해법을 찾아내는 것일 수도 있고, 기
대하는 목표를 달성하는 일일 수도 있으며, 신제품을 만들거나 기
회를 포착하거나 새로운 트렌드를 전망하는 일일 수도 있다. 그런
데 성과라는 것은 그 자체만으로는 잘되었는지 그렇지 않은지 평
가할 수 없다. 성과를 만들어내는 데 어떤 노력들이 투입되었는지
꼼꼼히 따져봐야 한다.

우선 새로운 성과물을 만들어내기 위해 필요한 것은 원재료다. 학생들에게 필요한 원재료가 주로 책 속에 있다면 직업인의 원재료는 세상 속에 있다(물론 책 속에서도 원재료를 얻을 수 있다). 오고가면서 만나는 다양한 원재료들을 무심코 넘겨버리지 않고 유심히 바라보고 적절히 관리해나가는 노력이 필요하다.

나의 경우만 하더라도 우연히 신문에서 읽은 기사, 공항에서 본 광고판, 강연장에서 만난 기업의 혁신 구호, 담소 중에 스쳐 지나갔던 멋진 조언 등 정말 다양한 곳에서 콘텐츠의 원재료를 만난다. 그 하나하나가 우연히 내게 말을 걸어온다. 물론 혼자 생각하는 과정에서도 아이디어를 만들어낼 수 있다. 그런데 여기저기서 수많은 원재료들이 말을 걸어오는 것은 일종의 자극으로, 이런 자극들이 다양하면 할수록, 그리고 많으면 많을수록 더 많은 아이디어를 만들어낼 수 있다. 그래서 나는 항상 적절한 자극에 자신을 노출시킨 상태로 생활하는 것의 중요성을 강조하곤 한다.

이런 측면에서 나는 내 자신을 하나의 시스템으로 이해한다. 지금 내가 이 글을 입력하고 있는 컴퓨터는 입력장치와 연산장치, 출력장치라는 세 가지 중요한 요소들로 구성된 하나의 시스템이라 할 수 있는데, 우리도 이런 컴퓨터 구조와 비슷하다. 즉, '입력-연산-출력'이라는 시스템으로 이뤄져 있다.

나는 세상이 나에게 말을 건다고 생각한다. 특히 눈을 통과하는 정보들 가운데 특이한 부분에 주목하여 이를 두뇌에 각인하고 다시 보관해두는 일을 체계적으로 관리해나갈 수 있다면 더 많은 출력을 만들어낼 수 있을 것이다. 마치 안테나를 높이 빼고 살아가는 것처럼 정보의 입력과 축적 과정에 관심을 가진다면 개선과 혁신, 창조를 위한 다양한 원재료를 포착할 수 있을 것이다.

여러분이 세미나에 참석하기 위해 특정 장소를 찾는다고 가정해 보자. 평소에 여러분이 어떻게 행동하는지 잠시 생각해보라. 차를 타고 직장으로부터 제법 떨어져 있는 콘도미니엄으로 이동한다고 해보자. 건물의 입구에서 내려 숙소에 짐을 풀고 세미나 장소로 이 동하는 과정을 떠올려보자. 대다수 사람들은 한 가지에만 집중하 는데, 그것은 주로 최종 목적지에 관한 것이다. 그들에게는 세미나 장소에서 무엇을 느끼고, 무엇을 포착하고, 사람들과 무슨 대화를 나누었는지가 별로 중요하지 않다. 오로지 세미나에 참석해서 토 론을 벌이는 것으로 할 일이 끝났다고 생각한다.

여러분만 아니라 나처럼 강연이나 세미나를 주재하기 위해 여러 장소를 찾는 사람도 마찬가지다. 정해진 장소로 이동해 청중들 앞에 서 일정한 시간 동안 자신의 지식과 정보, 의견을 전달하고 돌아오기 만 하면 된다. 그리고 세미나에 참석한 사람이나 강사나 최종 목적지 에서 이루어진 성과에 대해 충분하다, 보통이다, 미흡하다는 평가를 내리면 그만이다. 내 경우에는 1년에 같은 세미나 장소를 5~10번씩 방문하기도 한다. 이 정도로 자주 방문하면 익숙할 뿐만 아니라 익 숙함을 넘어 지겨움을 느낄 때도 있다.

그러나 나는 늘 새롭다. 한 해에 같은 장소를 5번, 10번 방문하더 라도 늘 새롭다. 세미나 장소뿐만 아니라 자기 집처럼 자주 들락거리는 서울역이나 김해공항조차도 나에겐 늘 새로운 장소로 다가온다. 왜 그럴까? 그것은 어떤 장소를 몇 번씩 방문하더라도 순서에 관계없이 주변을 세심히 관찰하고 그곳에서 무엇인가를 구하기 위한 자세로 접근하기 때문이다. 앞에서 언급한 바와 같이 마치 고기능의 레이더망이 주변을 살피듯이 지난번 방문길과 이번 방문길에서 다른 점은 무엇인지, 그 사이에 새로운 것이 더해지지는 않았는지, 처음 방문길에 놓친 점은 무엇인지 등을 특별히 의식적인 노력을 기울이지 않은 채 살펴본다.

뿐만 아니라 강연 때문에 항상 오고가는 경부고속도로 위에서도 나는 이따금 물끄러미 지나쳐 가는 자동차를 바라보곤 한다. 대부분은 무심코 바라보고 말 것이다. 그런데 나는 재미있는 놀이를 해본다. 하나는 각 회사의 물류 관련 트럭들의 옆면과 뒷면에 실린 제품 광고나 회사 광고를 유심히 본다. 아주 짧은 시간이지만 고객들에게 회사나 제품을 알리기 위한 짧은 구호, 광고용 문구 등 흥미로운 문장들을 만날 수 있다. 뿐만 아니라 흔히 지나치는 공장들 주변에 장식된 회사의 구호나 경영 혁신을 독려하는 문장 속에서도 생각해볼 거리들을 많이 만날 수 있다.

이처럼 새로운 것, 신기한 것, 놀라운 것 등에 대해 안테나를 높이 세우는 일은 생활에 새로움을 더해주는 멋진 방법이다. 항상 사소한 변화에도 새로움을 느끼고 감탄사를 연발할 수 있다면 가장 저렴한 비용으로 늘 새로운 기분을 유지하는 셈이다. 이처럼 수시로 즐거움과 기쁨을 누릴 수 있는 방법도 그렇게 흔하지 않을 것이다. 그런데 이런 만남은 단순히 즐거움을 제공하는 것에 그치지 않는다. 이 즐거움은 유익함으로 연결된다. 아이들과 달리 성인들은 즐거울 뿐 아니라 유익함을 느낄 때 그런 활동을 더욱 적극적으로 전개한다.

나 역시 그렇다. 주변의 풍경을 흘려버리지 않고 주의 깊게 살펴보며 더 나은 정보를 구하는 활동은 즐거우면서도 유익하기 때문에 더 열심히 하게 된다. 이처럼 안테나를 높이 빼고 살아가다 보면 생활에 활력을 더할 수 있을 뿐만 아니라 지속적으로 정보와 지식을 흡수하기 때문에 계속해서 성장할 수 있다.

시간이 흐르면 이렇게 주변 정보를 나름대로 체계화한 사람과 그냥 무심히 지나친 사람 사이에 상당한 격차가 벌어질 것이다. 한 사람은 매일매일 성장하고 다른 한 사람은 매일매일 반복되는 생활에서 지루함을 느낀다면 확연한 격차가 생겨날 수밖에 없다. 처음에는 그 차이가 미약하더라도 생활 습관의 차이에서 오는 격차는 날로 확대되어 나중에는 어마어마해질 것이다. 이처럼 누구나 쉽게 할 수 있고 특별한 자원이 투입될 필요가 없다는 점, 그리고 사소한 습관의 차이가 전문가로서의 성장을 좌우한다는 점만으로도 충분히 주목할 만하다.

그렇다면 어떻게 해야 안테나를 높이 세우는 습관을 들일 수 있을까? 우선 평소에 접하는 모든 사물에 대한 감각을 예민하게 만들 필요가 있다. 집을 나서는 순간부터 머리 위에 정말로 기다란 안테나가 있다고 상상하라. 그런 구조물을 가정하면 나도 모르게 훨씬 더 적극적으로 주변의 정보를 취합하려고 노력하게 된다. 어떤 정보를 포착하더라도 그냥 기억 속에 남겨두지 말고 예민하게 반응하고 이를 효용성과 연결시켜라.

현대인들은 지나치게 많은 광고와 준 광고용 정보에 하루 종일 노출되어 있다. 그렇기 때문에 입력된 정보는 잠시 머물다가 망각의 늪으로 사라지고 만다. 특히 분주하게 살아가는 사람일수록 포착한 정보를 잊어버릴 가능성이 높다. 일단 포착한 정보라면 잠시 동안만이라도 특별하게 입력하여 두뇌에 각인시키는 과정이 필요하다. 완벽하게 기억하지는 못해도 어느 정도 정형화된 입력 프로세스나 도구를 가지고 있다면, 그냥 '괜찮은 정보구나' 하며 넘겨버리는 것보다 훨씬 낫다.

일단 가장 간단하고 정통적인 방법은 메모지 위에 적는 방법이다. 그런데 이 방법을 사용하는 빈도가 점점 줄어들고 있다. 일단 메모지를 갖고 다니는 사람들이 줄어들고 있다. 요즘에는 종이보다 스마트폰의 메모 기능을 더 많이 사용한다. 속도 면에서 스마트폰의 메모 기능은 종이에 대적할 수가 없다. 그럼에도 불구하고 점점 더 스마트폰의 메모 기능이 더 많이 이용되는 추세다. 내 경험에 의하면 종이에는 이런저런 내용을 자세히 써놓을 수 있지만 스마트폰의 메모 기능은 중요한 키워드를 몇 개 정도 적어놓는 것만으로도 정보 내용을 복원하는 데 아무런 문제가 없다.

나는 종이에 메모하는 방법에서 스마트폰의 메모 기능으로 점차 옮겨가고 있는데, 이처럼 도구를 바꾸는 과정에서 내 스스로 미세

194

한 변화를 눈치챌 수 있었다. 디지털 메모장을 활용하면서부터는 가장 핵심적인 키워드만을 적어두고 그런 키워드를 중심으로 스토리를 만들어내는 능력이 점점 향상되었던 것이다. 전통적인 방법을 고수하는 사람들에게는 그다지 유쾌한 변화에 해당하지 않겠지만 디지털 메모장이 종이를 대체해가는 현상은 앞으로 피할 수 없을 것으로 보인다.

정보를 모으는 과정에 더욱 힘을 주려면 그냥 입력하는 것만으로 충분하지 않다. 이렇게 입력된 정보를 사용해서 가치 창출 과정으로 연결하는 것이 필요하다. 예를 들어 어느 모임 장소에서 들었던 사례를 바탕으로 고심하고 있는 문제의 해법에 대한 아이디어를 만들어냈다면 이는 무척 고무적인 일이다. 이처럼 정보를 이용해서 자꾸 무엇인가를 만들어내야 한다. 이때 반드시 실체가 있는 것만을 언급할 필요는 없다. 입력한 정보를 가지고 다른 사람들에게 무엇인가를 설명하기도 하고, 여기에 자신의 의견을 더해 생각을 더욱 확고히 하는 데도 참고할 수 있다. 이렇게 입력과 연산, 즉 생산 과정의 선순환을 경험하다 보면 관련 정보의 수집에 더욱 열을 올릴 것이다.

그런데 이처럼 실용적인 목적에서 안테나를 높이 빼고 살아가는 것도 의미가 있지만, 새로운 것을 접하고 그런 새로움에 대해 '참 대단하다' 혹은 '참으로 새롭다'라고 감탄하는 것 자체도 의미 있는 일이다. 새로움은 곧 재미이기 때문이다. 비용이나 시간을 들이지 않고 오고가는 길에서 매순간 자신이 새로워지는 모습을 발견

한다면 그것만으로도 대단한 일이라 할 수 있다. 작은 습관의 변화
가 가져올 수 있는 위력치고는 대단한 일이다.

안테나를 높이 빼고 변화를 민감하게 감지하라.

09

체계적이고 조직적으로 시스템화하라

여러분이 신문 기자든, 법률가든, 의사든 간에 자신의 생각을 조직화할 수 있어야 한다.

_프레더릭 와이즈맨(Frederick Wiseman)

"콘텐츠를 만들어낼 수 있는가?" 굳이 작가에게만 해당하는 질문은 아니다. 우리 모두는 자신의 업무와 관련해 계속해서 뛰어난 콘텐츠를 만들어내야 한다. 콘텐츠는 새로운 문제 해결 방법이 될 수도 있고, 새로운 시장 개척이 될 수도 있으며, 새로운 제품 개발이 될 수도 있다. 이런 모든 생산품의 개발은 '당신은 당신만의 콘텐츠를 생산할 수 있는가?'라는 한 문장으로 요약할 수 있다.

그런데 작가에게 콘텐츠는 추가적인 설명을 더할 필요가 없을 정도로 명쾌하다. 오늘날 노년의 나이에도 불구하고 이어령 선생님이나 이시형 선생님은 계속해서 특별한 콘텐츠를 내놓음으로써 젊은 사람들의 분발을 촉구하고 있다. 뿐만 아니라 비슷한 연배의 다른 분들이 이미 은퇴를 맞은 지 오래되었음에도 불구하고 두 분은 여전히 왕성하게 활동한다. 두 분을 보면서 사람은 자신을 갈고 닦음에 따라 얼마든지 오랫동안 활동할 수 있구나 하는 생각이 든다. 어디 그뿐인가, 병상에 있는 최인호 선생님은 암 투병이란 극한 상황에서도 단 두 달 만에 1200매의 소설을 마무리할 정도로 작가적 투혼을 불사르기도 했다. 선생님은 한 인터뷰에서 "제 소원이 있다면 환자로 죽지 않겠어요. 저는 작가로 죽겠습니다. 저는 원고지 위에서 죽었으면 좋겠습니다"라고 밝힘으로써 주변 사람들을 숙연하게 만들기도 했다.

계속해서 세상이 필요로 하는 콘텐츠를 만들어내는 능력이야말로 한 인간의 존엄성을 유지하는 일이며 험한 세상에서 스스로를 보호하는 방법이다. 그렇다면 콘텐츠를 어떻게 생산하는가? 여기서 우리는 직업인으로서 가장 중요한 '실력'이란 문제와 만나게 된다.

콘텐츠의 종류가 무엇이든 간에 우리의 두뇌 속에는 일정한 영역에 걸쳐 콘텐츠를 생산해내는 공장과 같은 기제가 존재한다. 그런 기제는 일종의 생산 공장과 마찬가지로 지속적으로 원재료를 공급하면서 콘텐츠라는 최종 결과물을 만들어낸다. 한 분야에서 오랜 기간 동안 잊히지 않고 자신의 존재감을 확연히 드러내는 데 성공한 직업인들은 같은 분야에 종사하는 다른 사람들과 뚜렷이 구분되는 콘텐츠를 생산할 수 있는 공장을 건설하는 데 성공한 사람들이다.

그런 공장은 정적이지 않고 정보와 지식의 지속적인 공급과 학습 습관에 따라 끊임없이 개선된다. 이런 공장의 토대를 확실히 구축할 수 있는 시기는 학교를 졸업하고 난 다음 30대에 이르러 황금기에 접어든다. 물론 대기만성형에 해당하는 사람들도 있지만, 30대에 집중적으로 투자하여 그런 공장의 토대를 만들어낼 수 있다면 이후의 활동에서도 빛을 볼 것이다. 30대에 그런 공장을 만들어낸다고 해서 그 이전 시대가 의미가 없다는 이야기는 결코 아니다.

공장 건설은 긴 학창 시절을 거치는 동안 차근차근 이루어지기 시작하여 30대에 그 모습을 본격적으로 드러낸다. 나의 경우 그런 공장 건설이 집중적으로 이루어진 시기는 두 단계로 나눌 수 있다. 대학원 과정이 이론적인 틀을 구축하는 시기였다면 이후 30대는 다양한 경험을 하면서 이런 공장을 공장다운 공장으로 만든 시기였다. 이렇게 귀한 시기에 공장을 건설하는 데 성공한 사람과 그렇지 않은 사람 사이에는 상당한 격차가 벌어지게 된다. 40대에 왕성한 활동을 보이는 사람들은 대부분 30대를 거치는 동안 자신에게 맞는 독창적인 공장의 토대를 건설하는 데 성공한 사람이라고 보면 된다.

인생의 어느 시기인들 귀하지 않은 시기가 있을까마는, 공장을 제대로 건설하는 데 실패한 사람들은 자신의 분야에서 전문성을 갖추지 못해 길고 긴 인생살이에서 타인의 선의나 호의에 의존할 수밖에 없는 상황에 놓이게 된다. 오늘날도 이미 그렇지만 변화의 속도가 빨라지고 경쟁이 치열한 시대에서 이런 공장을 갖지 못한 사람은 상당한 리스크에 노출되고 만다. 행운이 함께하지 않아서 기업이 구조조정의 대상이 되거나 합병의 대상이 되기라도 한다면 세상 기준보다 이른 시점에 조직을 떠날 수밖에 없고, 이후의 취업 전선에서 행운이 함께하지 않는다면 가족들에게도 부정적인 영향을 미친다. 아이들이 한참 지원을 필요로 하는 시점에 가장으로서 제대로 역할을 하지 못하는 딱한 상황에 놓이는 것이다.

시스템은 일정한 모양으로 정형화될 수도 있지만 그냥 암묵적 지식의 저장고 형태를 취할 수도 있다. 의사의 경우에는 이론 공부와 환자들에 대한 진료를 통해 두뇌 속에 다양한 임상 사례들이 축적되어 있을 것이다. 그런데 이 사례들은 뒤죽박죽되어 있는 것이 아니라 일정한 범주로 나누어져 있다. 그래서 의사는 환자를 진료할 때 환자가 지금 겪고 있는 증상에 대해 이런저런 이야기를 들려주면서 머릿속에 축적되어 있는 다양한 사례들과 매치시키고 이를 기초로 환자의 증상을 진단해 처방을 내린다.

얼마 전 다산경영상을 수상한 SPC그룹의 허영인 회장을 소개한 기사를 접했다. 허 회장은 경영자가 갖춰야 할 덕목 가운데 하나로 '엔지니어링 마인드'를 꼽는다. 그의 지론은 경영자가 기술을 알지 못하면 고품질의 제품을 만들어낼 수 없다는 것이다. 물론 모든 분야에 적용될 수 있는 주장은 아니지만 최소한 제빵 분야에서는 귀담아 들어둘 만한 조언이다. 그는 지금도 빵의 냄새나 질감만으로 빵의 발효 상태와 물과 소금의 적정 배합 여부를 정확히 알아낼 수 있을 정도의 전문가로 통한다. 그 역시 원재료와 제조 공정 사이에 투입되는 다양한 요소와 아웃풋 사이에 나름의 정교한 규칙을 정리하고 있을 것이다. 이런 규칙의 총합을 시스템이란 이름으로 부를 수 있다.

그러면 내게 시스템이란 과연 무엇인가? 나의 주 생산품은 콘텐츠, 즉 집필이다. 집필은 그냥 단순히 주제를 선택하고 그 주제에 맞춰 임기응변식으로 글을 쓰는 것이 아니다. 나는 여러 시행착오를 거치면서 나만의 집필을 위해 정교한 프로세스를 체계화했다. 집필 주제는 어떻게 선택하는지, 주제의 초안들은 어떻게 잡는지, 시장조사는 어떻게 하는지, 구체적으로 어떤 내용을 체계적으로 담을 것인지, 글을 효과적으로 써 내려가는 방법은 무엇인지, 전체 과정을 어떻게 통합하고 조정하는지 같은 프로세스들을 종합적으로 정의했다.

물론 시스템이라고 해서 정형화된 것을 의미하지는 않는다. 시스템은 역동적으로 끊임없이 변화해간다. 매일매일 새로움을 더함으로써 시스템의 틀은 유지되지만 시스템의 버전은 끊임없이 업그레이드된다.

그러면 어떻게 해야 시스템을 제대로 만들 수 있을까? 시스템은 풍부한 경험만으로 충분하지 않다고 생각한다. 물론 얼마만큼 정형화할 수 있는지에 대해서는 업종마다 차이가 있지만 자신의 콘텐츠 생산 과정을 면밀히 살펴보고 이를 모듈로 정리해 체계화하는 노력이 필요하다. 이런 체계화에 정규 교육 과정이 얼마나 크게 기여힐 수 있는지에 대해서도 사람마다 다른 의견을 피력할 수 있지만, 나는 정규 교육 과정이 상당한 기여를 한다고 생각한다. 그러나 감각을 중시하는 분야일수록 정규 교육 과정의 기여도는 조금씩 떨어질 것이다. 과정을 체계화하면 할수록 그만큼 개선하고 혁신할 수 있는 가능성도 더 커질 것으로 본다.

시스템 접근 방법의 핵심은 전체를 작은 프로세스들의 조합으로 이해하는 것이다. 이런 방법은 전체를 하나의 큰 덩어리로 보고 접근했을 때 알 수 없었던 것들을 개선하는 데 도움을 준다. 전체로 바라보면 마치 숲을 보는 것처럼 전혀 문제가 없어 보일 수 있다. 하지만 세부 프로세스로 접근하면 어디서 어떤 문제가 발생하는지를 확연하게 파악하고 이에 대한 대처 방안도 전체에 비해 쉽게 도출할 수 있다.

작은 프로세스들을 개선하는 일은 일하는 재미를 만들어내는 데도 크게 기여한다. 그러니까 누군가 재미있게 일하는 방법을 고심한다면, 내가 해줄 수 있는 조언 가운데 하나는 일들을 작은 부분들로 나누고 각각을 어떻게 하면 재미있게 할 수 있을까 고민해보라는 것이다. 작은 프로세스의 개선이나 혁신은 전체를 바꾸려고 노력할 때 발생할 수 있는 위험 부담으로부터 벗어나게 해줄 수 있기 때문에 얼마든지 도전 과제로 삼을 수 있다. 이것저것 자주 바꿔보고 실험해보면서 새로운 방법을 모색할 수 있다는 점에서 누구든지 환영할 만한 방법이다.

용어로서의 시스템은 체계화 혹은 조직화를 뜻한다. 어떤 방식을 체계화하면 자신만이 아니라 타인에게 체계화된 시스템을 전수

할 수 있다. 시스템은 비방이나 비법처럼 자신에게만 국한되는 것이 아니다. 손쉽게, 그리고 빠른 시간 안에 타인에게 전수함으로써 시너지 효과를 창출할 수 있다. 즉, 그런 시스템을 전수 받은 사람들이 신선한 시각으로 다시 접근함으로써 또 다른 개선과 혁신을 더할 수 있다.

시스템화하는 작업은 사고를 명료화하고 체계화하는 일과 동시에 추진될 수 있다. 논리적 사고를 갖출 수 있다는 사실은 자신의 업에 체계적으로 접근할 수 있음을 뜻하기도 한다. 그런 접근 방법이 가져올 수 있는 장점 가운데 하나는 일의 핵심에 집중하도록 해준다는 점이다. 사고가 명료하지 않으면 지엽적인 부분에만 집중하여 정작 주의를 기울여야 할 핵심이나 본질을 놓쳐버릴 가능성이 커진다. 체계화는 본질과 비본질을 구분할 수 있게 해주고 중요한 부분에 주의를 집중할 수 있게 해준다.

나는 시스템화가 주는 장점 가운데 하나가 상황을 장악하게 해주는 것이라고 생각한다. 복잡한 상황을 단순화함으로써 핵심이 되는 부분은 시스템으로 정리하고 나머지 부분들은 비본질적인 부분들로 정리한다면 그만큼 중요하지 않은 부분들에 휘둘리는 것을 막을 수 있다.

유행에 휘둘린 채 잘못된 의사결정을 내리는 것 역시 본질과 비본질을 평소에 뚜렷이 구분해둔 사람이라면 충분히 피할 수 있다. 때로는 이런 실수가 큰 비용을 지불해야 하는 치유할 수 없는 정도의 타격을 입히기도 한다. 어느 분야에서 일하고 있든 양질의 콘텐츠를 지속적으로 생산하는 시스템을 제대로 만들어내는 일은 직업인의 생존과 성장에 대단히 중요하다.

감각에 지나치게 의존하지 말고 체계적이고 조직적으로 시스템화하라.

10
자기중심에서 벗어나
상대방의 입장에 서라

내가 생각하기에, 우리는 일찍 일어나는 새의 행운을 너무 많이 생각하지
만 일찍 일어난 벌레의 불행에 대해서는 충분하게 고려하지 않는다.

_프랭클린 루즈벨트

"입장을 바꿔서 생각해봐." 어디서 무엇을 하든, 이 간단한 원칙
을 자신의 것으로 만들 수 있다면 얼마나 바람직한 변화를 만들어
낼 수 있을까? 또 얼마나 큰 성취를 이룰 수 있을까? 이것은 어렵
지도 않고 그렇다고 해서 복잡하지도 않다. 그냥 습관적으로 '내가
상대방이라면 어떨까?' 라는 질문을 던지는 것만으로 충분하다. 이
런 질문은 상대방을 배려하는 마음을 키우고 상대방의 생각에 공
감하는 능력을 키울 수 있다는 점에서 한 인간의 됨됨이를 성장시
키는 방법이다.

그런데 사실 이 방법이 가진 또 하나의 강점은 상대방의 필요와

욕구를 이해하도록 도움으로써 상대방을 만족시킬 수 있는 상품 서비스 언행을 만들어낸다는 점이다. 그렇기 때문에 우리는 이 간단한 질문만으로 인간적인 성숙뿐만 아니라 직업적인 성장도 동시에 이룰 수 있다.

작가의 성공도 마찬가지다. 글 쓰는 재주도 필요하지만 독자들이 무엇을 원하는지 정확히 찾아낼 수 있다면 대중적인 인기를 끄는 작가로 성장할 수 있다. 대중을 대상으로 강연을 하는 강연자도 청중의 필요와 욕구를 정확히 읽어낼 수 있다면 그것에 걸맞은 이야기를 제공함으로써 인기를 끌 수 있다.

여러분이 사업가이건 정치가이건 간에 고객의 마음을 읽고 유권자의 심리를 읽는 것만큼 중요한 일이 어디에 있겠는가? 특히 사업가의 경우, 고객을 읽는 것의 중요성은 아무리 강조해도 지나친 법이 없다. 마찬가지로 사업가 못지않게 정치인에게 유권자의 심리를 읽는 것만큼 중요한 일은 없다. 어쩌면 정치인들이 흔히 말하는 탁월한 정치적 감각이란 곧 유권자의 입장을 이해하는 것이라 해도 무리가 아니다.

지식인들은 유권자의 마음을 변화시키기 위해 설득할 수 있고 자신의 의견을 강하게 피력할 수도 있지만, 정치가들이 이런 태도로 유권자를 대한다면 정치인으로서 크게 성공할 가능성은 낮을 것이다. 왜냐하면 정치인의 역할은 설득이 아니라 상당 부분 유권자들이 원하는 바를 제대로 공급하는 것이기 때문이다. 물론 정치가들도 이따금 대중들의 바람과 다른 방향으로 나아갈 수 있지만 대부분은 대중들에게 순응하는 방향을 선택한다. 왜냐하면 바로 그곳에 당선의 비밀이 숨어 있기 때문이다.

나는 자서전을 즐겨 읽는데, 상대방 입장에 서보기와 관련해 인상적인 한 장면이 떠오른다. 버락 오바마 미국 대통령의 자서전에 등장하는 한 장면이다. 그는 자신의 윤리관의 중심에 '공감'이라는 단어가 있다고 말한다. 그가 이해하는 공감이란 이런 것이다.

"내가 이해하기에 이 공감이라는 황금률은 단순히 연민이나 자비의 감정에서 한층 나아간 것이다. 공감은 타인의 눈으로, 타인의 입장에서 생각하는 태도다."

오바마 대통령은 이 공감을 다른 가치 기준과 마찬가지로 어머니에게 배웠다. 그의 어머니는 타인을 경멸하거나 인종적인 편견으로 상대방을 함부로 대하는 행동이 아들에게 약간이라도 보일라치면 아들의 눈을 빤히 쳐다보면서 "다른 사람이 네게 그렇게 하면 네 기분이 어떨 것 같니?"라고 물었다고 한다. 그녀가 자식에게 가르치고 싶었던 것은 어떤 경우라도 상대방을 무시하지 않는 것, 그리고 가능한 한 상대방의 입장에서 상대를 배려하는 것이었다. 그녀는 자신도 모르게 아들이 정치가로서 입신하는 데 최고로 중요한 한 가지 능력, 즉 상대방의 입장에서 생각해보기를 가르쳤던 셈이다.

오바마 대통령은 '공감'이 자신의 삶에 얼마나 큰 영향을 미쳤는지에 대해 다음과 같이 말했다. "지금도 나는 어머니께서 강조하신 간단한 원칙, 즉 '네게 그렇게 하면 느낌이 어떨 것 같으냐?'를 정치 활동의 길잡이로 삼고 있다." 그는 편모슬하에서 성장했지만 누구보다 훌륭한 교육을 받았다.

상대방의 입장에 서보는 것은 두 가지 측면에서 중요한 의미를 지니고 있다. 하나는 직업적 측면이고 다른 하나는 인격적 측면이다. 사실 직업인으로서 상대방 입장에 서보는 것은 단순히 하면 좋고 하지 않아도 그만인 게 아니다. 독자 입장에 서보기, 청중 입장에 서보기, 고객 입장에 서보기만으로 우리는 직업적으로 큰 성과를 거둘 수 있다. 수요자가 원하는 것을 공급할 수 있다는 점에서 매우 중요한 원칙이기도 하다.

그래서 나는 자주 강연 중에 청중들에게 이런 질문을 던지곤 한다. "여러분이 생각하기에 강연자가 갖추어야 할 가장 중요한 자격이 무엇이라고 생각합니까?" 훌륭한 콘텐츠를 만들어내는 능력 못지않게 중요한 자격은 바로 청중들이 원하는 것을 정확히 알아차릴 수 있는 능력이다.

그런데 상대방의 입장을 이해하기 위해 노력하는 과정에서 여러 가지 추가적인 성과도 얻을 수 있다. 일단 상대방의 입장을 이해하는 능력은 노력하면 할수록 더욱더 키울 수 있는 능력일 뿐만 아니라, 매사를 유심히 꼼꼼하게 챙겨보기 때문에 실수를 줄이고 미리 예방할 수 있다. 또한 사람 됨됨이와 관련해 인격적 성숙에도 도움을 준다. 사실 우리가 인간관계에서 분노하고 화를 내고 짜증을 내는 데는 이를 촉발하는 상대방의 문제일 수도 있지만 상대방에 대한 이해 부족에서 연유하는 경우가 많다. 설령 상대방이 다소 무례하게 행동하더라도 상대방 입장에서 다시 한 번 생각해보면 이해하고 넘어갈 수 있는 것들이 많다. 따라서 상대방의 입장에 서본다는 것은 분노나 짜증을 줄일 수 있는 매우 효과적인 방법 가운데 하나다. 그리고 상대방의 짜증이나 분노에 대해 효과적으로 반응하는 사람은 주변에서 인간적으로 성숙한 사람이라는 평가를 받는다.

또한 상대방의 입장에 서보면 이해심도 더 많아지고 더 겸손해지며, 자신이 가진 것들 가운데 일부를 기꺼이 내놓을 수 있는 여유가 생긴다. 대부분의 사람들은 나이가 들면 젊은 날에 비해 더 너그러워지는데, 이는 상대방의 입장을 고려하는 경우가 늘어나기 때문이다. 젊었을 때 실책이나 실수를 범한 사람에게 가혹한 비판이나 비난을 서슴지 않았던 사람들도 세월이 가면서 점점 상대방의 입장에서 자주 생각하는 모습을 볼 수 있다. 비난을 하기에 앞서 인간이 가진 연약함과, 그런 실수로 그를 이끈 인간적인 약점에 눈길이 가기 때문이다. 이렇게 타인에 대한 연민이나 안타까운 감정은 스스로를 되돌아보게 하고 가능한 한 타인을 향한 서슬 퍼런 공격을 삼가도록 해준다. 나 역시 그럴 때면 한편으로는 세월의 흐름을 느끼면서도 한편으로는 인간적 성숙에 대해 돌아보게 된다.

그렇다면 상대방의 입장에 서보기 위해 우리는 무엇을 할 수 있을까? 우선 당장 할 수 있는 일은 공감이란 가치를 스스로 중요하게 여기는 원칙으로 삼는 것이다. 이따금 자신의 이익과 충돌하더라도 자신의 이익을 앞세우는 일을 잠시 유보해야 할 때가 있음을 받아들여야 한다. 그리고 신문이나 잡지 등에서 특정 기사를 보았을 때 즉흥적인 반응을 보이기보다는 '이 사람이 왜 이렇게 행동했을까?' 라고 생각해보면서 잠시 자신의 즉각적인 반응이나 판단을 유보한다. 비행이나 비리는 물론 옳지 않다. 하지만 한 번 더 그의 입장에서 생각해보면 이해할 수 있는 부분을 찾아낼 수 있고, 아니면 그의 행동을 판단하여 반면교사로 삼고 교훈을 얻을 수 있다.

다음으로, '내가 상대방이라면 어떨까?' 라는 질문을 습관적으로 던져보는 방법이 있다. 고객을 상대로 어떤 활동을 할 때, 그 활동이 무엇이든지 간에 이런 질문을 통해 자동적으로 상대방 입장에서 생각하는 것이다. 반복적으로 행하다 보면 습관이 되고, 일단 습관으로 자리를 잡으면 자연히 그런 질문을 던지게 된다. 그리고 이런 일들이 계속 이어지면 특정 상황이 아니더라도 언제 어디서든 자연스럽게 질문하게 된다. 질문하는 습관이 몸에 배는 것이다.

이런 질문으로 머릿속에서 일종의 시뮬레이션을 시도해보자. 큰 비용이 드는 것도 아니므로, 할 수 있다면 상대방과 같은 위치에 여러분을 잠시 동안 놓아보라. 이를테면 강연장에서 청중이 되어 잠시 청중석에 앉아 있는 자신을 상상해보는 것이다. 이런 변화는 상대방의 입장이 되어 자신을 객관적으로 바라볼 수 있도록 해준다.

가정용 제품들 가운데는 오랜 기간 동안 가전 분야에서 활동해온 기업들이 놓친 기회를 중소기업들이 선용하는 경우가 종종 일어난다. 왜 그럴까? 이는 고객의 불편함을 정확히 겨냥한 상품들일 경우가 높다. 고객의 불편함은 그냥 머리로만 생각해서는 나오지 않는다. 직접 고객이 되어 무엇이 불편한지 체험해보는 것이 으뜸이다. 단, 비용 대비 효과는 항상 염두에 두어야 할 것이다.

그 다음은 역시 아는 것에 머물지 않고 즉시 실천하는 일이다. 상대방의 입장에서 생각해본 결과 나온 몇 가지 대안이 있다면 실현 가능성이 있는 것부터 우선적으로 실시해본다. 이때도 큰 비용이 드는 일이 아니라면 마음먹고 본격적인 준비를 마친 다음에 해보겠다는 생각을 버리는 것이 좋다. 고객 입장에서 서보기는 일종의 파일럿 스터디 성격을 띤다. 즉, 시도한다고 해서 가능성이 반드시 결실을 맺는 것은 아니다. 때문에 작은 시도라도 자꾸 해보는 것이 도움이 된다. 이것저것 시도해보면서 고객이 원하는 것, 불편해하는 것, 고객조차 몰랐지만 은근히 소망했던 것들을 계속해서 찾아내야 한다.

마지막으로 그런 활동을 실행에 옮긴 결과를 스스로 평가해본다. 상대방 입장에 따라 활동을 한 결과 어떤 이득이 있었는지, 손해는 없었는지, 그리고 그 다음에는 어떤 개선 조치가 필요한지 꼼꼼히 검토해봐야 한다. 검토가 필요한 이유는 행동 결과 구체적인 이득이 있었다면 실천으로 옮겨질 가능성이 높기 때문이다. 우리는 이득이 될 만한 행동이라면 무엇이든 기꺼이 하고자 한다.

완벽한 준비를 마친 다음에 행하는 이벤트처럼, 한때 고객 입장에서 생각해보고 말아서는 안 된다. 일상생활에서 옷을 입고 음식을 먹듯이 늘 질문을 던지고 상대방 입장에서 생각하라. 그래서 가

능성이 있는 아이디어를 찾아내면 시험 삼아 한번 적용해보는 과
정이 자연스럽게 이뤄지도록 하라.

상대방의 입장에서 생각하라.

자기중심을 벗어날 때부터 새로운 기회가 보인다.

11
남들이 할 수 없는 것을 하라

성공한 사람과 그렇지 않은 사람의 차이는 힘이나 지식의 부족이 아니라
의지의 부족 때문에 생긴다.

_빈스 롬바르디(Vince Lombardi)

"달라야 산다." 어중간한 상품, 어중간한 인재, 어중간한 학교,
어중간한 회사, 어중간한 나라 등 특별하게 내세울 것이 없는 상태
는 '위험'과 같은 말이다. '어중간'이란 말은 어디서든 구할 수 있
다는 이야기다. 거래로 이루어지는 자본주의 사회에서 어중간은 형
편없는 대접을 받거나 해고를 당하거나 몰락으로 나아가는 길이다.
따뜻한 눈으로 세상을 바라보는 사람들에게 해고와 폐업은 가슴 아
픈 일이다. 하지만 이 또한 거시적인 입장에서 바라보면 고객의 욕
구나 필요를 제대로 이해하지 못한 어중간함 때문에 사회의 자원이
너 완벽한 인재와 조직으로 이동하는 과정이라고 볼 수 있다.

'차별화'라는 단어는 우리가 일생을 살아가는 동안 항상 가슴에 새겨야 할 단어다. 차별화는 두 가지 측면으로 이해할 수 있다. 하나는 아웃풋 측면이고 다른 하나는 인풋 측면이다. 쉽게 말해 결과물이 다르려면 반드시 투입하는 것도 달라야 한다.

나는 아이들에게 이렇게 이야기하곤 한다. "남들이 다 놀 때 실컷 놀고, 남들이 잘 때 실컷 자고, 남들이 즐길 때 실컷 즐긴다면, 어떻게 남과 다른 인생을 살아갈 수 있느냐?" 아웃풋이 다르기를 소망한다면 인풋이 달라야 한다. 이런 원칙은 내 삶에서 굳건한 생활 철학으로 자리를 잡은 지 오래되었다. 그래서 나는 웬만해서는 세상의 유행에 그다지 일희일비하지 않는다. 유행은 그저 유행이다. 그것은 대다수 사람들이 선택하는 것이지, 내가 반드시 따라야 하는 것은 아니라고 생각한다. 이런 점에서 나는 주관이란 단어를 무척 중요하게 여기며, 주관에 따라 살려고 노력한다.

오늘날처럼 혁신과 변화의 속도가 숨 가쁘게 돌아가는 시대에서는 반드시 남과 다른 인풋관리를 해야 한다. 여러분을 차별화할 수 있는 습관에는 어떤 것들이 있는가? 우선은 직업적 성취를 위해 내가 타인과 달라야 할 것들을 엄격하게 검증할 필요가 있다. 그냥 세상 사람들이 사는 방식과 엇비슷한 방식으로 1년, 2년, 그리고 그 이후의 삶을 살아간다면 큰 이변이 발생하지 않는 한 결과도 엇비슷할 수밖에 없다. 결과가 엇비슷해진다는 이야기는 이후의 인생도 대다수 사람들이 가는 전철을 그대로 밟게 된다는 말이다.

최근 베이비부머 세대의 은퇴를 전후해 부실한 노후 준비에 대한 자성과 각성의 이야기들이 여기저기에서 들려온다. 지금 30, 40대의 직장인이라면 베이비부머 세대의 노후는 곧 자신이 직면할 미래이기도 하다. 특별한 노력이 더해지지 않는 한도 내에서 말이다. 나의 경우, 남들보다 조금 이른 30대부터 분발하여 준비했다. 그 결정적 요인은 같은 직장에서 함께 일하던 상급자들이 직면한 직장 말년과 그 이후의 인생을 직접 목격했던 데 있었다. 함께 일하던 분들이 겪는 어려움과 고민이 그 어떤 책에 등장한 사례보다, 그 어떤 정보보다도 생생했다.

인간이 동물과 구분되는 가장 큰 특징은 바로 사유할 수 있는 능력일 것이다. 우리는 자신, 그리고 자신의 앞날을 고민하고 생각한다. 내가 이렇게 살다 보면 앞으로 어떻게 될 수 있을까? 그런 생각을 해보고 자신이 지금 무엇을 해야 할지 생각할 수 있는 존재가 사람이다. 그처럼 앞날에 대해 깊이 생각해보면 자신을 구원할 수 있는 것은 타인의 선의나 호의가 아니라, 타인과는 차별된 자신의 목표와 의지다.

그런데 생각은 생각만으로 그쳐서는 안 된다. 생각은 그저 생각일 뿐이다. 미국의 여자 축구선수로 명성을 날렸던 미아 햄은 은퇴 후 미아햄재단을 설립해 골수질환 연구와 축구선수를 꿈꾸는 어린 선수들을 도왔다. 그녀는 이렇게 말했다. "최고가 되고 싶다는 건 그냥 네 결심일 뿐이야. 중요한 건 매일매일 그 결심을 실천해가는 일이지." 이 얼마나 강력하고 감동적인 메시지인가. 이렇게 해야시, 혹은 저렇게 해야지 같은 생각은 누구나 할 수 있다. 중요한 것은 그런 결심과 생각을 매일매일 행동으로 옮기는 것이다.

나는 그렇게 해가는 것에서 아름다움을 느끼곤 한다. 마치 선사의 고승이 득도의 경지를 위해 한 걸음 한 걸음 나아가듯, 매일 생업의 전선에서, 혹은 생활의 장에서 하나하나 쌓아가는 것이다. 그런데 그 과정에서 남들이 다 하는 대로, 혹은 남들이 하는 만큼만 해서는 안 된다. 타인과 뚜렷하게 구분되도록 해나가야 한다. 그렇게 하루가 가고 또 하루가 가다 보면 어느새 자기 자신이 남들과는 다른 멋진 인물, 그리고 어디에 내놓아도 손색이 없고 쓸모 있는 사람이 되어 있음을 발견할 것이다.

그런데 인풋을 차별화함으로써 아웃풋을 차별화하는 것에 대한 책임은 어느 누구도 대신 짊어줄 수 없다. 이는 전적으로 자기 자신이 짊어져야 할 생의 의무와 역할, 소명이 되어야 한다. 우리는 한평생을 두 번 살다 가는 것도 아니고 딱 한 번 살다 간다. 이 불변의 진실 앞에서 우리가 선택할 수 있는 삶의 선택은 가능한 한 자기 자신을 완전함과 탁월함에 가깝게 만들어나가는 것이라고 생각한다. 그것이야말로 자신이 선택할 수 있는 게 아니라 더 이상의 의문을 가질 수 없는 불변의 진실이다.

젊었을 때 나는 그런 생각을 막연히 가졌다. 그 당시에는 철학적인 삶의 의미보다는 세속적인 것들이 더 많은 부분을 차지했다. 여러분도 이 점을 능히 이해할 수 있으리라 본다. 입신과 출세, 더 높은 자리와 더 많은 부를 축적하는 것이 전부인 시절도 있어야 한다. 그러나 세월은 욕망의 크기를 적절히 조절해줄 수 있을 뿐만 아니라 그런 것들을 훨씬 뛰어넘는 궁극적인 지향점을 제시해준다. 바로 한 인간의 평생은 탁월함을 향한 전진이어야 한다는 사실이다. 그것이 인간이 다른 동물과 뚜렷하게 구분되는 점이다. 우리의 내면세계에 자리한 미숙함을 넘어서는 일에서부터 동물적 본성이나 사악함을 길들이는 일 모두가 자신을 완전하게 만드는 일이다.

그러면 어떻게 해야 할까? 오늘날처럼 마케팅으로 넘쳐나는 시대에는 자신의 중심을 찾는 일이 필요하다. 유행하니까, 혹은 남들이 다들 하니까 따르는 것이 아니라 자신의 주관으로 따를 것인지 말 것인지를 결정해야 한다. 남들이 하니까 하는 것이 아니라 내가 해야 하기 때문에, 그럴 만한 가치가 있는 일이기 때문에 할 수 있어야 한다. 자신의 중심을 잡기가 무척 힘든 시대이지만 좀 더 가치가 있는 인생을 살아가려면 확연히 차별화되어야 한다는 사실을 기꺼이 받아들여야 한다. 바로 이런 결단이나 결심에서부터 모든 것이 시작된다.

그 다음에 필요한 것은 두 가지를 확연히 나누는 일이다. 즉, 인풋과 아웃풋을 별도로 관리해나가야 한다. 우선 여러분이 직업인으로서 만들어낼 수 있는 차별된 상품이 무엇인지 정확히 정의한다. 여러분을 오래오래 안전하게 지켜줄 수 있는 것, 그리고 여러분에게 인간적인 자존감과 경제적인 풍요 혹은 명성을 가져다줄 수 있는 것을 찾아내야 한다. 이는 인생에서 대단히 중요한 전략적 의사결정 대상에 속한다. 이를 구체적인 아이템으로 정리할 수 있으면 더욱 바람직할 것이다. 내 경우는 아카데미즘과 저널리즘 사이에 속하는 실용지식을 계속 만들어내는 것이었다. 그리고 지금은 점점 범위가 넓어져 철학, 문학, 사학 분야로 확대되었다. 나만 할 수 있는 것들, 그리고 남들이 쉽게 할 수 없는 것들이라면 더욱 더 빛날 것이다.

이어서 필요한 것은 차별화된 아웃풋을 가능하게 하는 생활 습관 목록이다. 무엇을 해야 하고 무엇을 하지 말아야 하는지, 무엇을 선택하고 무엇을 포기해야 하는지 결정해야 한다. 또한 이렇게 결정된 것은 제2의 천성이 되고도 남음이 있을 정도로 무한 반복되어야 한다. 이때도 남들과 확연히 차별되어야 한다. 누구든 좋은 습관을 생각할 수 있다. 그러나 인간이란 연약한 존재이기 때문에 얼마 가지 못해서 포기하고 만다. 포기해야 하는 이유는 찾기 쉬워도 계속해야 하는 이유를 찾기는 힘들다.

끈기 있게 반복할 수 있는 것은 한 인간이 가질 수 있는 대단한 능력이자 지능에 해당한다. 이것은 어떤 가정, 어떤 형편에서 살았느냐가 전혀 문제 되지 않는다. 삶이 불공평하다고 하지만 그런 구조적 특성 속에서도 살아볼 만큼 가치가 있다고 생각하는 것은 그런 성실함을 어느 누구도 막을 수 없기 때문이다. 그래서 나는 스스로 선택한 것을 꾸준히 해나가는 성실함이야말로 인간 정신의 고결한 부분이라고 생각한다. 나는 내가 가진 여러 가지 장점 중에서도 꾸준히 무엇인가를 계속해나가는 힘이 가장 자랑스럽다. 가장 귀한 것이기에 마지막 순간까지 유지하고 싶은 덕목이다.

이처럼 인풋과 아웃풋 모두를 차별화할 수 있다면, 처음에는 크게 인지하지 못해도 세월이 갈수록 자신의 삶이 아름답게 느껴질 뿐만 아니라 누구와도 바꿀 수 없는 귀중한 정체성을 지니게 된다. 이는 전적으로 자신이 통제할 수 있기 때문에 그만큼 더 엄격한 관리가 필요하다. 결국 차별화란 잠깐 반짝하고 마는 구호나 아이디어가 아니라 끈기와 집요함을 요하는 굳건한 습관이라 생각한다. 여러분의 삶을 그런 굳건한 토대 위에 세워보라. 한번 해볼 만한 멋진 삶의 원칙 가운데 하나다.

잘되고 싶다면 확실히 차별화하라. 무엇을 차별화할 수 있는지 고민하라.

12

보호막을 벗고
진짜 나로 승부하라

나는 어떤 우상도 갖고 있지 않다. 오로지 나는 일과 헌신, 그리고 능력을
숭배한다.

_아일톤 세나(Ayrton Senna)

"남이 만들어준 자리는 덧없는 것이다." 좋은 자리에 있을 때 미
래를 생각해보고 그 좋은 자리가 자신에게 어떤 의미를 갖는지 생
각하기는 쉽지 않다. 좋은 자리에 있을 때는 주변에 사람들도 많이
몰려들고 그런 자리가 오래오래 계속될 것처럼 보인다. 뿐만 아니
라 사람들이 자주 하는 착각 가운데 하나는 자신이 꽤 괜찮은 인물
혹은 대단한 인물이라서 주변에 사람들이 꼬여든다고 생각하는 것
이다.

그러나 예기치 않은 사건으로 현직을 떠나고 나면 곧 그것이 완
전히 착각이었음을 알아차리게 된다. '아, 내가 괜찮은 사람이었기

때문이 아니라 자리 때문에 그토록 사람들이 꼬여든 것이구나'라고 가슴 절절히 깨닫는다. 현직을 떠나면 마치 초가을녘 을씨년스럽게 텅 비어 있는 백사장과도 같은 쓸쓸함을 느낀다.

그런데 대다수 사람들은 그것이 자신의 문제가 되리라고 생각하지 않거나 심각하게 받아들이지 않는다. 세상에는 읽거나 보고 배울 수 있는 것이 있지만 자리를 떠났을 때의 깨달음은 직접 경험해보지 않고서는 쉽게 얻을 수 없다. 그리고 본인이 직접 경험해보고 깨달을 즈음이 되면 상황을 뒤집을 만한 시간과 에너지가 남아 있지 않다. 어떤 환경이나 상황이 전개되더라도 스스로 대지 위에 두 다리를 굳게 세우고 자존감 있는 인간으로 살아가는 방법은 바로 '발가벗은 힘'을 키우는 것이다. 시베리아의 황량한 벌판에 서 있는 자작나무처럼 어떤 환경에서도 자신을 지킬 수 있는 능력과 힘을 갖고 있어야 한다.

나는 직장 생활 초년부터 이런 사실을 어렴풋이 느꼈고 미리 준비를 했다. 그러나 가슴 절절히 느낀 적은 없었다. 결정적인 변화는 40대를 전후해 시도한 도전에서 기대한 만큼의 성과를 거두지 못하고 현직을 떠나게 되었을 때 일어났다. 현직에 남아 있는 것과 전직 이후의 상태가 하늘과 땅만큼 크게 다르다는 사실을 한순간에 깨달았다. 그러나 다행스럽게도 30대 동안 부지런히 실력을 갈고닦았기 때문에 위기에서 벗어날 수 있었다. 나는 어릴 때부터 '준비'라는 단어에 과도할 정도로 비중을 두었다. 한때 이작 펄만(Itzhak Perlman)이 연주하는 모차르트 바이올린 협주곡을 들으면서 글쓰기에 깊이 몰입하던 적이 있었다. 그때 트위터에서 한 젊은이가 말을 걸어왔다.

"소장님, 젊을 때 미래를 위해 참아야 할 부분과, 지금 아니면 누리지 못할 즐거움, 항상 이 두 가지 사이에서 선택을 고민하게 되네요."

나는 즉흥적으로 이렇게 답신을 올렸다.

"저는 미래 준비에 훨씬 큰 비중을 두었어요. 물론 그 준비가 나중에 즐거움의 원천이 되었지요."

너무 극단적으로 생각할 필요는 없다. 그러나 어떤 순간에라도 자신을 지켜줄 수 있는 것이 무엇인가에 대해서는 깊이 고민해야 한다. 그리고 자신을 지켜줄 그 무엇을 준비하는 것은 자신이 몸담고 있는 조직에서 해주는 게 아니라 바로 자기 자신이 해야 한다는 사실을 분명히 알고 있어야 한다.

사실 우리가 조직 생활을 한다는 것은 조직과 주고받는 계약관계에 있음을 뜻한다. 법정 근무 시간에 대한 노동력이나 지력을 제공하는 조건으로 일정한 보수를 받는 것이다. 냉정하게 이야기하면 조직과 구성원은 보수와 노동력을 주고받음으로써 1차적이고 기본적인 관계를 맺는다. 그 후 미래의 어느 날 전개될 계약에서 어떤 대우를 받을 수 있을지, 어떤 파트너를 만날지에 대해서는 전적으로 계약 당사자인 여러분이 책임을 지게 된다. 그런 당찬 독립심을 스스로 갖지 않는다면 우리가 기댈 수 있는 것은 타인의 선의나 호의, 그리고 좋은 인간관계일 것이다.

물론 선의나 인간관계라는 면을 무시할 수는 없다. 그럼에도 불구하고 사람들은 저마다 자신의 이익에 충실한 존재라는 사실을 잊지 말아야 한다. 물론 예외적으로 이타적인 사람들도 만날 수 있지만 평균적으로 사람은 이익에 따라서 인간관계를 맺기도 하고 끊기도 한다. 중요한 포인트는 타인에게 자신의 처지를 위탁하는 것이 너무나 위험하다는 점이다. 자신도 믿을 수 없을 때가 많은데 어떻게 타인에게 자신의 처지를 위탁할 수 있겠는가? 그렇다면 그런 인간관계를 소홀히 하지 않도록 주의해야겠지만, 우선적으로 자신이 통제할 수 있는 영역에 더 관심을 가져야 하며 자신을 위해 합당한 자원을 투입해야 한다.

나는 이런 각성과 각성에 바탕을 둔 인생 전략의 선택은 삶의 본질을 꿰뚫을 수 있을 때만 가능하다고 생각한다. 그냥 자신이 생각하고 믿고 싶은 것을 바탕으로 타인이나 조직에 지나치게 의존하는 것은 정말 위험한 일이다. 나는 젊은 날부터 이런 원칙을 분명히 하고 살았다. 힘이 있어야 한다는 것, 그리고 그 힘은 스스로 만들어내야 한다는 것이다.

'발가벗은 힘'은 직책이나 직위에 관계없이 어떤 환경이나 상황에서도 여러분을 지켜줄 수 있는 능력과 실력을 말한다. 이를 스스로 만들어내야 한다고 생각하는 사람이라면 일터에서 일을 처리해나가는 과정에서도 남다른 점이 있을 것이다. 일터에서의 모든 경험은 결국 그런 힘을 키우는 일련의 과정이기 때문이다. 물론 일터에서는 대충 때우고 주말을 이용해 자기계발에 힘을 쏟는 사람들도 있지만, 그런 선택이 얼마나 효과적인지에 대해서는 개인적으로 판단을 내려야 할 문제라고 생각한다. 현직이 전혀 마음에 들지 않는다면 그런 선택을 할 수도 있을 것이다. 하지만 활동 시간 가운데 3분의 2는 대충 때우고 나머지 시간을 이용해서 힘을 키운다는 것은 아무리 생각해도 어리석어 보인다.

어떻게 하면 발가벗은 힘을 키울 수 있을까? 우선 무엇이 되고 싶은지, 무엇이 되어야 하는지 생각을 정리해봐야 한다. 이때 두 가지 종류의 목표를 생각해볼 수 있다. 하나는 다소 추상적인 목표로, 어떤 모습의 인간이 되기를 소망하는지 생각해보는 것이다. 다른 하나는 구체적으로 무엇을 갖춘 인간이 되어야 하는지 정리해보는 것이다. 여기서 무엇을 갖출지 정리해본다는 것은 발가벗은 힘의 구성 요소를 결정한다는 뜻이다.

물론 그런 구성 요소를 결정하는 것이 쉽지는 않다. 이를 찾아내는 것 자체가 대단한 발견이다. 하지만 그런 발견이 이루어지지 않으면 삶은 그냥 흘러가 버린다. 발가벗은 힘을 이루는 구성 요소들은 열심히 노력하는 과정에서 찾아낼 수 있으며 어느 시점에서는 구체적인 아이템으로 정리되어야 한다. 언젠가 나는 이런 우스갯소리를 트윗으로 정리한 적이 있다.

자신이 언제 행복한지를 아는 것은 위대한 발견, 그것을 평생하면서 살아갈 수 있다면 그건 최고. 그러면서 자신의 분야에서 대가가 될 수 있다면 그건 울트라―슈퍼(최최고).

그 다음에 필요한 것은 액션이다. 액션의 전제 조건은 하지 말아야 하는 걸 당연히 포기할 수 있어야 한다는 것이다. 포기 없이 이것저것을 모두 다 잘하기는 힘들다. 발가벗은 힘을 제대로 갖추려면 그냥 한번 해보는 것으로 끝나서는 안 된다. 처음에는 지루하며 길고 험한 길처럼 보인다. 게다가 매우 힘들기까지 하다. 하나님은 힘들게 얻어지는 것에는 반드시 고통을 두셨다고 생각한다. 그런 고통이 없다면 아무나 발가벗은 힘을 키울 수 있을 것이다. 고통의 순간, 인내의 순간을 차고 나가는 시간이 있어야 그 다음에 비상하는 순간이 있다. 그런 순간이 지나고 나서야 초벌 단계의 발가벗은 힘이 생겨난다.

무조건 미래를 준비할 수 있는 시기, 그러니까 30대와 40대는 본인의 능력을 갖추기 위해 더 많은 시간을 밀도 있게 투입해야 한다. 여기서 중요한 것은 양과 질이 모두 필요하고 특정 시점에 집중적으로 투입되어야 한다는 점이다. 그 시기를 놓치지 않도록 해야 한다. 일단 초벌 단계의 발가벗은 힘이 만들어지면 그 다음 이 힘을 확대하는 과정은 비교적 손쉽게 이루어진다. 무엇이든 처음 만들어내는 것은 힘들고 어렵다. 토대를 굳힌 다음부터 이후의 작업이 저절로 따르는 것처럼 말이다. 기예라고나 할까, 요령이라고나 할까.

발가벗은 힘을 가지면 직업인으로서 걸출한 위치를 차지하게 되며 스스로 자신의 가능성을 더욱 주목하기 때문에 얼마나 더 자신을 성장시킬 수 있을지는 가늠하기 힘들다. 미처 깨닫지 못했던 자신의 가능성을 더욱 발전시킬 수 있다고 스스로 믿기 때문이다.

언제 어디서나 당신을 보호하는 것은 직책이나 회사가 아니라

당신의 진짜 실력임을 잊지 말라.

4

CHAPTER

뿌리 깊은 나무처럼

가정과 사회에서의 습관경영

우리의 의무는 각자 가지고 있는 가장 높은 이상에 따라 자신의 삶을 살아가도록 격려하는 일이다. 동시에 그런 이상이 진리에 가까이 다가설 수 있도록 고군분투하는 일이다.

_스와미 비베카난다(Swami Vivekananda)

01

맡은 책임을 다하라

나는 위대하고 고귀한 일들을 성취하기를 갈망해왔다. 하지만 나의 중요한
의무는 작은 일을 마치 위대하고 고귀한 일인 것처럼 성취하는 것이다.

_헬렌 켈러

결혼을 하여 가족을 이루는 것은 책임감이란 한 단어와 함께 시
작된다. 남녀가 가정을 이루고 아이가 태어나면 책임감은 단순한
책임감이 아니라 묵직한 책임감으로 바뀌게 된다.

언젠가 텔레비전을 보던 중이었다. 그다지 많지 않은 나이에도
불구하고 머리가 벗어진 한 영화배우가 출연하여 동료 연예인들의
질문에 대해 이런저런 답을 하던 중이었다. 그는 다소 벗겨진 머리
때문에 다소 코믹한 역을 많이 맡아서 하는 배우인데 진지하게 자
신의 인생사를 털어놓고 있었다.

그는 자신이 어떻게 해서 정신을 제대로 차리게 되었는지 이야

기했다. 지방에 있던 아내가 신랑을 찾아 서울로 상경하여 함께 지내는 동안에도 그 배우의 총각 시절 습관은 계속되었다. 친구들을 만나면 고주망태가 될 정도로 술을 마시고 늦게 들어오기 일쑤였다. 한번은 술에 너무 취한 나머지 택시 기사가 집 근처에서 내려주고 그냥 가버리고 말았다. 취객이 "어디까지 갑시다"라고 해서 도착하긴 했는데 잠이 들어버린 취객이 깨어날 기미를 보이지 않았기 때문이다. 겨울이면 얼어 죽을 수도 있는 상황이다. 결혼한 사람으로서는 무책임의 절정이라 할 수 있다. 그는 길거리에 앉은 채 자는 둥 마는 둥 시간을 보내다가 정신을 차려보니 새벽이었단다. 부지런한 사람들은 이미 출근길에 나설 무렵이었다.

미안한 마음으로 집에 들어갔지만 아내는 아무런 말도 하지 않고 시선을 피했다고 한다. 문을 열자마자 팔뚝만 한 어린 아들이 쌔근쌔근 잠을 자고 있었다. 그는 아이를 보자마자 정신이 번쩍 들었다고 한다. '내가 지금 뭘 하고 있는 거지? 저 애를 낳았으니 제대로 키워야 하지 않겠는가?' 깨달음은 불시에 왔고, 그는 그날로 술과 담배를 완전히 끊고 야무지게 살아왔다고 했다.

아마 이렇게 정신이 번쩍 드는 경험을 한 사람이 한두 명이 아닐 것이다. 물론 아이의 아버지나 어머니가 되었음에도 불구하고 정신을 못 차린 채 살아가는 사람들도 있지만 이는 드문 경우에 해당한다. 세월에 따라 가족의 유형도 달라지고 가장에 대한 요구 사항도 조금씩 달라지고 있지만 한 가지 분명한 사실은 가족은 하나의 경제 단위라는 점이다. 수입과 지출이 이루어지는 하나의 단위 조직이다. 때문에 모든 조직이 그렇듯이 수입과 지출의 균형이 깨지면 문제가 발생한다. 잠시 동안은 참을 만하지만 불균형이 오래가면 온갖 문제가 생긴다. 따라서 가장이 책임져야 할 것들 중에서 으뜸은 수입과 지출 사이에 균형을 이루는 일이다. 요즘에는 대개 맞벌이를 하기 때문에 남녀가 공동으로 책임을 져야 하는 과제일 수도 있지만, 여성이 출산과 육아라는 부담을 지기 때문에 남자는 경제적 문제에서 더 큰 책임을 지게 된다.

가정의 평화가 깨지는 데는 부부의 성격 차이 등 여러 가지 요인들이 있을 것이다. 그럼에도 불구하고 원인을 역으로 추적해 들어가면 경제적인 문제가 아주 큰 비중을 차지함을 알 수 있다. 그래서 일찍이 마크 트웨인은 이런 명언을 남겼다. "돈의 부족이 세상 모든 죄악의 뿌리다." 벤저민 프랭클린 역시 이렇게 말했다. "만일 당신이 돈의 값어치를 알고 싶다면, 바깥에 나가서 돈을 한번 꾸어보라."

내가 걸어온 길도 다른 사람과 크게 다를 바가 없었다. 결혼을 하고 짊어진 책임감은 아이들이 태어나면서 더 크고 묵직한 것으로 바뀌었다. 나는 대다수의 남성들이 헌신적인 삶을 살아갈 수밖에 없는 중요한 요인은 가족에 대한 책임감 때문이라고 생각한다. 어쩌면 남자들은 유전적으로 가족의 평화와 안위를 위해 헌신하면서 살아가도록 코딩되어 있다는 생각도 든다.

예전에 한 사진작가의 네팔 여행기를 텔레비전에서 본 적이 있다. 사진 촬영을 위해 네팔의 오지를 몇 번 방문한 적이 있는 그는 포카라라는 지역에서부터 오지 탐험을 시작했다. 포터로 활동하다가 가이드 시험까지 통과해서 포터 겸 가이드 역할을 수행했던 중년의 네팔 남성이 이렇게 말했다. "나는 이렇게 고생을 하더라도 아이들 세대는 더 나은 삶을 살아갈 수 있도록 해주고 싶다." 그가 험한 길을 마다하지 않고 포터로서 열심히 일하는 것은 자신의 편안함이 아니라 딸과 아들에게 더 나은 미래를 만들어주기 위함이었다. 정도의 차이가 있겠지만 대다수 가장들의 마음가짐이 그렇지 않을까 하는 생각에 잠시 가슴에 울림이 있었다.

가장이 가족과 관련해서 수행해야 할 인풋관리의 으뜸은 경제적인 안정감을 가질 수 있도록 가족을 보호하는 일이다. 가장이 수행해야 할 여러 가지 임무를 나무에 비유하면, 경제적 안정의 임무는 바로 나무의 중심에 있는 기둥이다. 다른 곁가지를 모두 쳐내도 남아 있는 기둥인 것이다. 그런 기둥 위에서 곁가지에 해당하는 가장의 다양한 임무들이 뻗어나간다. 세상이 과거와 많이 달라졌다고 하지만 남녀가 사랑에 빠져 가정을 이루면 과거나 현재, 미래 간에 본질적으로 크게 차이가 나지 않는다고 생각한다. 그래서 아버지가 되어 아들과 딸을 키우게 되면 아들에게 더 열심히 할 것을 명령하고 딸보다 훨씬 엄하게 다루게 된다. 때때로 아들들을 자주 밀어붙이게 되는 것 또한 가장이 집안의 최종 책임자라는 생각 때문이다.

그동안 읽었던 인생의 교훈 가운데서 인상적인 대목이 하나 떠오른다. 조지 부시 대통령의 아내이자 조지 W. 부시 대통령의 어머니인 바버라 부시 여사가 젊었을 적 이야기다. 군인이었던 스무 살의 조지 부시와 사랑에 빠져 청혼을 받았을 때 그녀는 겨우 열아홉 살이었다. 어느 날 뉴욕을 방문한 그녀의 아버지는 딸과 점심을 함께하자고 하면서, 곧 부모의 슬하를 떠날 딸에게 이런 이야기를 들려주었다고 한다.

> 부모가 자식에게 줄 수 있는 것은 오직 세 가지뿐이야. 가능한 한 최고의 교육을 시켜주는 게 첫째고, 좋은 귀감이 되는 게 둘째, 그리고 자식에게 무한한 사랑을 베푸는 것이 마지막 셋째란다.
>
> _말로 토마스, 《나를 바꾼 그때 그 한마디 1》, 여백미디어, p. 87.

바버라 부시 여사는 아버지에게 배운, 귀하고도 멋진 지혜였다고 회상했다. 그녀는 여기에 한 가지를 추가했는데 바로 '독립심'이었다.

어떤 경우에서든 경제적으로 안정된 가정을 꾸리고 가능한 범위에서 자식들에게 최고의 교육 기회를 제공해야 한다는 원칙은 변하지 않는 진리라고 생각한다. 물론 얼마나 좋은 교육을 시켜주어야 하는지에 대해서는 사람의 형편에 따라 다를 것이다. 그래도 좋은 교육을 위해 부모로서 헌신적인 삶을 살아야 한다는 사실에는 아무런 이의를 제기할 수 없을 것이다.

바버라 부시 여사는 초기에 다른 사람들과 목욕탕을 나누어 사용해야 할 정도로 생활이 어려웠고 이런 형편에서 아이들에게 어떤 물질적인 도움을 줄 수 있을지 생각만 해도 앞이 캄캄했다고 술회했다. 그렇지만 아버지가 들려준 교훈과 자신이 생각하는 삶의 유산을 물려주어야 한다는 생각만큼은 확고했다고 한다. 자식을 키움에 있어 이런 원칙들이 지금이라고 해서 달라졌을까? 나는 그렇게 생각하지 않는다. 과거나 지금이나 별반 차이가 없다고 생각한다.

유복한 부모를 두었다면 앞이 제법 보이고 책임감으로부터 약간의 면죄를 받을 수 있다. 그러나 평범한 부모 밑에서 태어났다면 자신의 힘으로 세상에 뿌리를 내리고 가족들에게 경제적인 안정감을 제공하는 일은 대단히 힘들다. 불가능한 일은 결코 아니지만 만만하게 성공할 수 있는 일이 아닌 것만은 사실이다. 그래서 나는 이따금 아이들이나 젊은이들에게 "이 땅에서 평범한 집안, 평범한 머리를 타고난 사람이 자리를 제대로 잡는 일은 절대로 쉬운 일이 아니다"라고 누누이 강조하곤 한다. 그냥 어떻게 잘되겠지 정도로 생각하면 오판이다.

따라서 가능한 한 일찍부터 부모 슬하에 머물 수 있는 시간은 얼마 남지 않았고, 곧 길고 긴 인생의 길에서 스스로 가정을 이루고 책임을 져야 한다는 사실을 분명히 알고 있어야 한다. 그리고 주변 사람들도 이를 정확히 알도록 도와주어야 한다.

제대로 성인이 된다는 것은 진정한 의미에서 자신의 삶과 관련된 모든 일에 스스로 확실한 책임을 진다는 뜻이다. 이런 점에서 오늘날 취업난 등의 문제도 있지만 지나치게 학교에 머무는 시기가 길고 학교를 졸업한 이후에도 부모에게 신세를 지는 일은 보통 심각한 문제가 아니라고 생각한다. 부모가 언제나 함께해줄 수 없기 때문이다.

그러면 책임감과 의무감을 만들어내는 특별한 방법이 있을까? 그것은 일종의 각성이나 자각에 해당한다. 그런 각성과 자각은 스스로 혹은 부모로부터 주어지는 마감 시간과 맥을 같이한다. 자신이 부모에게 손을 벌릴 수 있는 시기, 혹은 부모가 도움을 줄 수 있는 마감 시간을 자식과 부모 사이에 정확히 정리하는 것이 도움이 된다. 나는 인생의 이른 시점부터 부모로부터 이런저런 도움을 받는 일을 무척 부담스러워했다. 어디서부터 그런 생각이 출발했는지는 알 수 없지만 스스로 자신의 인생에 대해 책임을 지는 일이 올바른 일이자 당연한 일이라고 생각했기 때문일 것이다. 자신의 삶에 책임을 져야 한다는 것은 너무나 당연한 일이지 않은가?

마감 시간을 명확히 하는 것이 좋은 이유는, 사람은 마감 시간이 있어야 분발하기 때문이다. 누군가 나를 도와줄 것이라는 막연한 기대감이나 의타심은 사람을 망치곤 한다. 혼자서 헤치고 나아가야 한다는 강력한 에너지만이 자기 앞에 놓인 장애물을 넘도록 도와주고 기회를 만들도록 유도한다.

의무감과 책임감의 완성은 단순히 의지의 문제로 끝나지 않는다. 의지는 첫 단추에 해당하고 이를 뒷받침할 수 있는 실력이 함께해야 한다. 실력이란 어느 날 갑자기 생겨나는 것이 아니라 철이 들고 난 다음부터 꾸준하게 축적된 결과물이다. 그리고 인생의 시기별로 그 시기에 반드시 행해야 할 일을 분명히 완수하는 일에 기초를 두고 있다. '그렇게 하지 않아도 잘되겠지'라고 생각할 수도 있지만 삶에서 건너뛰는 법은 없다. 특정 시기에 반드시 수행해야 할 일이라면, 그것을 하지 않았을 때 그에 상응하는 비용을 지불하게 된다.

나는 언젠가 이런 글을 남긴 적이 있다.

세월이 흘러가는 것은 어떻게 할 수 없죠. 그런데 그 세월마다 크고 작은 태그가 붙어 있어요. '이 시절에 꼭 해야 할 것들.' 그걸 놓쳐버리고 나면 늘 후회가 물밀듯이 밀려옵니다.

각각의 시기마다 자신이 반드시 해야 할 일을 깔끔하게 해내고 가능한 한 아주 잘 해내기 위해 노력하는 것이 현재만이 아니라 미래에도 책임감과 의무감을 제대로 수행하는 비결일 것이다. 한 시기라도 제대로 책임을 다하지 못하면 나중에 이월 과제가 되어 두고두고 부담을 지우기 때문이다.

자신이 맡은 책임을 다하라.
책임과 의무가 생활의 중심을 차지하게 하라.

02

안주하지 말고
미래를 준비하라

내가 삶에 대해 배운 모든 것은 세 단어로 요약할 수 있다. 바로 '삶은 계속 된다(It goes on)'라는 것이다.

_로버트 프로스트

운 좋게도 비가 오면 농사를 지을 수 있고, 비가 오지 않으면 농 사를 지을 수 없는 농토를 두고 천수답(天水畓)이라 부른다. 그러니 까 자연 강수만으로 농사를 지을 수 있는 척박한 농토를 말한다. 사업이건 인생이건 간에 이 '천수답' 경영이 있다. 천수답은 가뭄 을 피할 수 없는가? 그렇지 않다. 가뭄에 대비해서 주변에 적당한 댐과 저수지를 만들고 물을 공급할 수 있는 수로도 만들어두면 된 다. 가뭄이 닥치더라도 물을 공급할 수 있도록 하면 된다. 천수답 경영과 '저수지' 경영은 개인과 기업뿐만 아니라 국가의 사업에도 적용될 수 있디.

하나의 국가를 중심으로 보면 금융시장처럼 돌발적인 환경 변화가 발생할 수 있는 여지가 있지만 인구 구성비처럼 충분히 예상 가능한 변수들도 많다. 국가 경영을 책임지는 사람이라면 늘 최악의 상황이 발생하지 않도록 나라의 곳간을 채우고 씀씀이를 조절해야 한다. 그리스, 스페인, 포르투갈, 이탈리아 등이 씀씀이를 조절하지 못하여 자주 국가 부도의 가능성이 논의되곤 하는데, 나는 이런 경우야말로 천수답 경영의 대표적인 사례라고 생각한다. 근래에 우리 사회에서도 점점 늙어가는 대한민국이란 상황을 고려하지 않고 계속해서 새로운 복지 프로그램들을 만들어내는 데만 열을 올리는 사람들을 볼 때마다, '인구 구성비처럼 예상 가능한 것도 드문데……'라는 걱정을 할 때가 자주 있다.

어디 국가만 그런가? 우리가 한평생을 살아가면서 맞이하는 사건들은 우리의 삶에 크게 영향을 미친다. 그중 우연이란 요소는 인생 경영이란 면에서 무시할 수 없을 정도로 큰 영향을 미친다. 젊은 날에 바라본 삶은 일직선처럼 보인다. 노력하면 분명 자신이 추구하는 목적지에 도달할 수 있음을 믿어 의심치 않는다. 당연히 그렇게 생각해야 하고 그런 것처럼 살아야 하는 시절이 젊은 날이기도 하다. 하지만 세월이 가고 이런저런 경험들이 축적되면서 삶이란 지름길과는 거리가 멀다는 사실을 깨우치게 된다. 예기치 않은 우연한 사건들이 삶의 방향을 크게 틀어버리는 경우가 생겨나기 때문이다. 전혀 예상하지 못한 엉뚱한 곳에서 시간을 보내기도 하고 처음에는 상상조차 할 수 없었던 길을 갈 수도 있다.

이처럼 우리들의 삶에서 운이 차지하는 비중이 크지만 상당 부분은 예상 가능하다. 그리고 예상 가능하기 때문에 얼마든지 준비도 가능하다. 평균적으로 우리의 삶은 유년기, 청년기, 중년기, 장년기, 노년기로 이루어진다. "나는 달라"라고 이야기하고 싶겠지만 사실 인간의 삶은 몇백 년 전이나 지금이나 크게 차이가 나지 않는다. 배움의 시기가 있고, 스스로 생계를 유지해야 하는 시기가 있으며, 일터를 떠나 은퇴하여 노년을 맞는 시기가 있다. 이와 같은 인생의 길은 누구나 가야 하고 갈 수밖에 없다.

그렇다면 자신이 맞을 날들에서 일어날 수 있는 상황이나 변화를 미리 예상하고, 그런 변화들이 자기 자신에게 무엇을 요구할지 예상한 다음에 이를 차근차근 준비해가는 것은 제대로 인생을 살아가는 사람이라면 반드시 해내야 할 일이다. 젊은 날에도 이런 준비는 꼭 필요하지만 가정을 갖고 스스로 가족을 책임져야 할 시기에 처한 사람이라면 더욱 중요하다. 아무리 강조해도 지나친 법이 없다. 예상할 수 없는 사건에 대해서는 주의하는 수밖에 없지만 예상 가능한 것들에 대해서는 철두철미하게 준비하는 일이 너무나 중요하다. 그런데 천수답 경영으로 인생을 경영해나가는 사람들이 의외로 많다. '어떻게 잘되겠지'라는 막연한 낙관론 때문에 정작 다부지게 준비해야 할 시기를 놓치고 어려움에 처하는 사람들은 자신도 곤경에 빠뜨리지만 타인에게도 큰 부담을 지운다.

경영이란 시각에서 바라보면, 우리는 살아가는 동안 현재 이루어야 할 성과를 달성하고, 미래에 갖추어야 할 역량을 길러나가야 한다. 마치 투자 자산을 적절히 배분하듯이 현재와 미래 사이에 적절한 조화를 이루어야 한다. 현재가 편안하다고 해서 안심할 수 있는 것은 아니며, 현재 잘나간다고 해서 안심할 수 있는 것은 더욱 아니다. 가장으로서 미래 준비에 실패하면 그 고통이 자신에게만 오지 않는다. 가족 전체가 어려움에 처하기 때문에 더욱 딱한 일이 되어버리고 만다.

우리가 미래를 밝고 맑게, 그리고 긍정적으로 보는 일은 반드시 필요하다. 가정을 가진 사람이 그런 시각으로 세상을 사는 것은 칭찬 받을 일이다. 하지만 지나치게 낙관한 나머지 모든 것이 알아서 척척 잘 돌아가리라고 생각하는 것은 위험하다. 살면서 점점 더 절실히 깨닫는 사실은 스스로 부지런히 움직이지 않으면 안 된다는 것이다. 세상이 알아서 척척 해주는 것은 아무것도 없다. 남이 볼 때 지나치다고 할 정도로 부지런히 미래를 준비하고 합당한 노력을 기울일 때 미래 준비를 제대로 할 수 있다. 그래서 부지런히 움직이고 생각한다는 '다동다사(多動多事)'는 미래를 준비하는 사람에게는 필수다.

나는 미래에 대한 준비를 위험관리라는 측면에서 접근해야 한다고 생각한다. 나는 이런 면에 대다수 사람들이 크게 주의를 기울이지 않는다는 점에 주목해서 개인의 리스크 관리에 대한 책을 펴낸 적도 있다. 재무 리스크와 비(非) 재무 리스크를 유형별로 체계적으로 나눈 다음 자신이 감내할 위험의 양을 측정해보고, 이를 적극적으로 방어하기 위해 현재 무엇을 해야 하는지 정리한 것이다. 현명한 사람이라면 이런 리스크 관리를 정확히 이해해야 한다. 노후 문제는 누구에게나 닥친다. 명예퇴직과 함께 허겁지겁 서두를 수밖에 없는 상황에 처하거나, 준비되지 않은 은퇴 이후 이런저런 사업을 시도하다가 재정적으로 크게 어려워지는 상황을 이해하지 못하는 바는 아니지만 좀 더 체계적으로 노후를 준비했으면 하는 아쉬움이 있다.

근로 조건이 날로 불확실해지고 경쟁이 치열해지는 오늘날의 시대상은 날로 길어지는 기대수명과 맞물려서 돌아가고 있다. 앞으로 직장을 떠나 길고 긴 세월 동안 어떻게 생계를 꾸려야 하느냐는 과제는 현대의 보통 사람들에게 주어진 매우 중요한 과제라 할 수 있다. 이미 노년 빈곤의 문제가 심각한 일본의 경우만 봐도 이를 알 수 있다.

노년이 닥치기 전이라도 자녀 교육비가 한참 들어가야 할 시기에 가장의 실직과 같은 예기치 않은 사건은 아이들의 앞날에 큰 타격을 입힌다. 가장이 되면 누구나 자신의 안위보다는 자식의 안위를 먼저 생각하게 된다. 자신이 고생을 하는 것은 참아낼 수 있지만 자신의 실패로 아이들이 힘들어지는 것은 커다란 고통이다.

그런데 실직뿐만 아니라 우리가 예상할 수 있는 사건들 중에는 미리 예상 가능한 것들이 의외로 많다. 그러면 예상 가능한 일에 대해서조차 미래 준비를 제대로 하지 못하는 이유는 무엇일까? 우선은 깊이 생각하지 않기 때문일 것이다. 앞날에 대해 깊이 생각해보면 어떤 시나리오가 펼쳐질지 예상 가능하기 때문에 생각조차

하지 않거나 진지하게 예상해보지 않는 것이 문제의 발단이 된다. 그리고 지나치게 유복하게 자랐거나 현재 풍족해서 상황이 악화되었을 때 자신이 치러야 할 비용에 대한 두려움이 없을 때도 미래 준비에 실패한다. 또한 잘 알고 있음에도 불구하고 우유부단해서 실패하는 경우도 있고, 앞날을 충분히 예상할 수 있음에도 불구하고 기존의 것을 변화시키는 데 따르는 어려움 때문에 실패하는 경우도 있다.

그러면 미래 준비는 어떻게 해야 할까? 스스로 인생의 단계별로 직면하게 될 미래상을 알고자 하는 의지가 있어야 한다. 일단은 의지가 있어야 정보를 구할 것이고 정보를 구할 수 있을 때만이 전개될 상황을 예상할 수 있기 때문이다. 삶이 결코 만만치 않다는 사실을 자각해야 한다. 그리고 스스로 움직이지 않으면 그 어떤 것도 자신의 몫이 되지 않음을 알아야 한다. '어떻게 잘될 거야'라는 낙관론은 소망이나 바람으로서는 얼마든지 가치가 있지만 실제로 그렇게 될지는 자신이 어느 정도나 인풋을 하는지에 달려 있다.

미래 준비는 현재의 쾌락이나 즐거움, 그리고 편안함의 일부를 유보하는 데서부터 출발한다. 무엇인가를 준비한다는 말은 돈이든, 관심이든, 에너지든 간에 미래를 위해 투자한다는 뜻이다. 그러나 누구에게나 무엇인가를 포기하는 일, 그중에서도 즐겁고 유쾌한 일을 포기하는 일은 고통스럽다. 고통을 넘어 미래에 대한 투자로 한 걸음 성큼 나아가기 위해서는 미래 준비의 필요성이 현재의 안일함을 넘어설 수 있어야 하는데, 이는 의지의 문제이기도 하지만 절박감이나 두려움의 문제이기도 하다. 아무래도 걸어온 길이 만만치 않았던 사람들, 그러니까 초년에 고생이 좀 심했던 사람들은 삶이 호락호락하지 않다는 사실을 분명히 알고 있다. 그들은 미래 준비라는 것이 그저 하면 좋은 게 아니라 생존 차원에서 반드시 해야 한다는 사실을 분명히 아는 사람들이다.

미래 준비에 대한 결단은 한 번으로 끝나는 것이 아니라 꾸준히 계속되어야 한다. 큰 결단이 있다면 그런 결단을 채우는 것은 작은 결단들이다. 작은 결단은 지속적인 정보 유입이 있을 때 가능하다. 미래에 대한 정보를 스스로 찾고 그런 정보가 가진 의미를 자신의 미래로 연결해보는 사람이라면 늘 미래 준비에 대한 자신의 결의를 유지할 수 있을 것이다. 즉, 인생에는 한두 번의 큰 결단이 필요하며 그 결단이 계속되도록 하려면 일련의 조치들이 뒤를 따라야 한다.

그 다음에는 구체적이고 체계적인 노력을 더해야 한다. 시간을 들여야 할 것, 재정적으로 준비해야 할 것들 중에서 우선순위를 중심으로 차근차근 준비해야 한다. 그런데 이런 행동들 가운데서도 으뜸은 스스로 계속해서 부가가치를 창출할 수 있는 사람으로 자신을 만들어내는 것이다. 다시 말해 은퇴 후 노년이 되더라도 자신의 전문성을 발휘해서 현금을 만들어내는 것은 미래 준비의 중요한 구성 요소다. 그런데 이런 활동 역시 튼튼한 몸과 마음이 뒷받침될 때 가능한 일이다. 그렇다면 좀 더 젊을 때부터 건강을 투자 대상으로 삼아야 할 것이다. 자신의 단점이나 약점을 정확히 파악

한 다음에 진인사대천명(盡人事待天命)의 자세로 몸과 마음을 갈고닦
는 일이 필요하다.

일을 당하고 나서 당황하지 말고,

미리미리 전망하고 착실히 미래를 준비하라.

03

준비된 자녀로 키워라

교육의 목적은 젊은이에게 그들의 인생을 통해서 스스로 배우도록 준비시
키는 것이다.

_로버트 M. 허친스(Robert M. Hutchins)

결혼을 하지 않는 사람도 늘어나고 있고 결혼을 해도 아이를 갖
지 않는 사람들도 늘어나고 있다. 우리 자신도 그렇게 커왔겠지만
자식을 낳아서 키우는 일에는 엄청난 노고가 필요하다. 금전적인
면에서뿐만 아니라 상당한 에너지를 투입해야 한다는 점에서 아이
들을 낳아 제대로 키우는 일만 한 것이 있을까 싶을 정도로 희생과
헌신이 필요하다. 그래서 젊은 세대일수록 그렇게 헌신하고 희생
할 필요가 없다는 사고방식을 가지는 것 같다. 나 역시 젊은 날에
는 그렇게 생각했다.

정말 특별한 사정이 없는 경우라면 아이를 낳지 않고 중장년을

맞았을 때, 그리고 노년이 되었을 때 후회하지 않을까? 이 질문에 누구나 쉽게 "나는 그렇지 않아요"라고 답할 수 있을까? 인간은 본래 영원성에 대한 갈망을 타고나는 존재다. 물론 예외적인 사람들도 있겠지만 대체적으로 사람들은 그렇게 유전적으로 코딩되어 있다. 이런 성향은 나이를 먹어가면서 점점 더 강해진다. 자신의 삶이 유한함을 깨닫고, 이런 유한성을 어떻게 넘어설 수 있을지 생각하게 된다. 아이를 가질 수 있는 동안은 아무래도 이런 생각의 빈도도 낮고 강도도 약할 것이다. 이때는 자신이 지불해야 하는 비용에 더 눈길이 갈 수밖에 없는 시절이기 때문이다.

하지만 나이를 먹으면 먹을수록 자신의 유한성이 자식을 통해서 상당 부분 커버될 수 있다고 자각하게 된다. 자신이 죽더라도 자신의 유전자를 받은 아이들이 자신의 뒤를 이어서 세대가 연속된다는 생각을 하는 것이다. 세대의 연속성은 알게 모르게 인간의 본능에 깊이 뿌리 내린 것 가운데 하나다.

아이들을 키우는 일은 가정의 가장 큰 투자 행위에 속한다. 물리적인 크기로만 따지더라도 가장 큰 비용과 정성이 투입되는 일이다. 때문에 그런 투자 활동에서 성공하는 것은 대단한 일이다. 이런 점에서 자식을 반듯하게 키워내는 일은 한 가정이 할 수 있는 가장 중요한 투자 활동 가운데 하나다. 이왕 하는 것이라면 멋진 투자가 되어야 한다. 하기야 그런 생각을 갖지 않은 부모가 어디에 있겠는가? 그런 염원에도 불구하고 어떤 가정은 성공을 거두고 어떤 가정을 실패를 한다.

말을 물가까지 끌어갈 수는 있지만 물을 먹는 것은 말이지 끌고 간 사람이 아니다. 마찬가지로 자식 농사에서도 부모가 아무리 반듯하게 살고 지극정성을 다하더라도 자녀들이 스스로 노력하지 않으면 아무 소용이 없다. 이런 점에서 가장으로서 가족의 미래를 준비하는 일과 자식을 제대로 키우는 일 사이에는 커다란 간격이 있다. 흔히 우리는 이른 새벽부터 밤늦게까지 가족을 위해 열심히 일해온 부모가 자녀의 문제로 분노하거나 의기소침해지는 경우를 보곤 한다. 이럴 때 아버지가 어머니에게 "당신은 전업주부로 있으면서 어떻게 누구 집처럼 애들 하나 제대로 키우지 못하느냐"라고 타박하는 경우도 많고, 급기야는 자녀 문제로 부부 사이에 금이 가는 사례들도 있다.

아버지의 입장에서 반듯하게 성장한 아이는 자긍심의 원천이자 기쁨의 원천이다. 그리고 자신의 길을 알아서 척척 개척해가는 자식을 지켜보는 일은 대단한 기쁨이기도 하다. 여기에 자신의 희생과 헌신이 있었다는 사실을 확인하는 것만으로도 아버지에게는 대단한 삶의 활력이 된다. 대다수 아버지들이 걱정하는 것은 아이가 제대로 자신의 앞날을 준비하지 못하여 고생하는 모습을 지켜보는 일이다. 또한 아이들이 제대로 독립하지 못하고 부모에게 의존해서 살아가야 한다는 점에 대해서도 상당한 부담감을 느낀다.

이런 면에서 보면 아버지에게는 자신의 일에서의 성공 못지않게 중요한 것이 아이들을 반듯하게 키워내는 일이다. 하지만 아이들을 잘 성장시키는 주인공은 아이들 자신이기 때문에 이는 여간 어렵지 않다. 아이들의 마음속에 어떤 변화들이 일어나는지, 그런 변화들은 어떤 정보에 의해 유발되는지, 그런 정보에 대해 아이들이 어떻게 반응하는지 같은 것들은 모두 마음의 문제이기 때문에 상당 부분 베일에 가려져 있다.

내가 자식 교육에 대해 갖고 있는 생각은 몇 가지로 요약할 수 있다. 하나는 아버지가 교육에 관심을 갖고 어느 정도 개입해야 한다는 점이다. 요즘은 많이 달라지고 있지만 워낙 바쁘다 보니 아이들 교육 문제는 자신이 아니라 아내에게 달렸다고 생각하는 경향이 있다. 이런 고정관념을 벗어나는 일이 우선 필요하다. 바쁘기 때문에 아이들에게 신경을 쓰지 못하는 경우도 있겠지만 아이를 키우는 일이 거래처 사람들을 만나는 일만큼 중요한 일이라고 생각하지 않기 때문이다. 그래서 아이를 제대로 키우는 일의 첫 단추는 육아가 어머니만의 일이 아니라 바로 아버지가 개입해야 할 문제임을 분명히 하는 일이다. 학부모를 상대로 강연할 기회가 많지만 아버지 교육은 거의 없다. 아버지들이 바쁜 탓도 있지만 대개 잘 알고 있다고 생각하기 때문이다.

결혼을 하고 나면 어느 순간 아버지가 된다. 그런데 아버지 역할을 어떻게 해야 하는가에 대해 깊이 생각하고 더 나은 역할을 하기 위해 학습을 해본 경험은 거의 없을 것이다. 자신의 부모가 어떻게 했는지 짐작해보는 수준에서 아이를 대하게 된다. 그런데 아버지의 자녀 교육은 반드시 분주함에만 영향을 받는 것은 아니라고 본다. 분주한 일정에도 불구하고 아버지가 일정한 시간을 아이들에게 들이는 경우도 있다. 이런 아버지들의 경우, 아버지가 아이들의 교육에 관여하는 일이 매우 중요하며, 그렇게 할 수 있는 기간이 길지 않다는 사실을 충분히 알고 있다.

아이들에게 부모의 손길이 필요한 동안 아버지는 무척 바쁜 시기를 보낸다. 자신의 입지를 굳히고 직업인으로서 생활의 토대를 만드는 가장 중요한 시기를 맞기 때문이다. 따라서 두 가지를 모두 다 잘하기가 쉽지 않다. 하지만 한 가지 피할 수 없는 사실은 모든 일에는 때가 있다는 점이다. 아버지가 중요한 시기를 경험하는 것처럼 아이들 역시 중요한 시기를 보내고 있기 때문에, 그 시기를 넘겨버리고 나면 그 다음에는 천금을 주고도 그런 기회를 활용할 수 없다. 어떤 시기에 반드시 잘해야 하는 일이 있다면 아이들의 교육 역시 빼놓을 수 없는 일에 해당한다.

그렇다면 자녀 교육에서 부모가 해야 할 역할은 무엇일까? 오늘날은 자유분방하게, 아이들의 기세가 꺾이지 않게 키우는 일이 올바르다고 믿는 사람들이 다수다. 물론 소수이긴 하지만 일정한 관리와 훈육이 필요하다고 생각하는 사람들도 있다. 이때는 명시적으로나 묵시적으로나 부모의 자녀교육관이 일정한 역할을 한다. 나는 일정한 규칙을 정하고 그런 규칙을 아이들이 준수하도록 하는 과정에서 좋은 품성이나 습관이 만들어진다고 생각한다. 따라서 나는 지나치게 방임하는 교육의 위험을 걱정하는 사람에 속한다. 일정한 규칙을 정하고 그 규칙에 따라 아이들이 자라도록 만드는 것은 학교의 책임이 아니라 전적으로 가정의 책임이라 생각한다.

한편 아이들에게 과연 어느 정도의 교육을 시키는 것이 과하지도 않고 부족하지도 않은 것일까? 오늘날처럼 사교육비 부담이 과중한 상황에서 무작정 최고 교육을 시킬 수는 없는 일이다. 그래서 부모들은 고민이 많다. "대학을 나오지 않더라도 잘만 살더라"라고 이야기하는 분들도 더러 있다. 집안 형편을 충분히 고려해야 하지만, 나는 아이들이 배우려고 하면 최고의 교육 기회를 제공해야 한다고 생각한다.

요즘에는 교육에의 투자에 대한 회의론도 여기저기서 나오고 있다. 하지만 나는 항상 이 점에 관해서는 내 부모님을 떠올린다. 나의 부모님은 한참 아이들에게 돈이 들어가야 할 시점에 사업상의 어려움 때문에 자칫 교육을 포기할 기로에 서기도 했다. 하지만 무리를 해서라도 더 나은 교육을 시켜야 한다는 굳건한 믿음을 갖고 있었기 때문에 오늘의 내가 있었다. 교육은 사회에서 자리를 잡기 위한 좋은 기회를 제공하기도 하지만, 배우면 배울수록 인간다운 삶을 살 수 있는 기회도 제공한다.

나는 내 아이들에게 자신에게 주어진 임무를 아주 열심히 수행하는 것은 선택이 아니라고 가르친다. 자신이 누리고 있는 배움의 기회들을 당연하게 여기지 않고 감사하게 생각하는 마음가짐을 갖도록 가르친다. 이런 노력은 아이들이 성장하면서 부모뿐만 아니라 선생님이나 사회에 대해서도 감사하는 마음을 가지도록 도와줄 것이다. 감사할 수 있는 사람은 무엇이든 열심히, 성실히 할 수 있는 사람이 된다.

아이들을 지나치게 몰아붙일 필요가 있느냐고 질문하는 분들도 있다. 물론 지나치게 몰아붙여서는 안 되지만 인간이 가진 능력이 성장해가는 부분에 대해서는 생각을 정리해둘 필요가 있다고 본다. 일정한 기간 동안 한껏 노력해야만 비로소 추구하는 능력들이 이에 대응하여 성장하게 된다. 마치 우리가 근육을 키울 때처럼, 긴 시간 동안 느슨하게 한다고 해서 성장하는 것은 아니듯이 사람의 지적 능력 또한 일정한 임계점을 넘어설 때 성장하게 된다.

또한 학교나 학원에서 가르칠 수 없는 것들은 집에서 맡아주어야 한다. 학교나 학원은 지식을 전수하는 곳이다. 그렇다면 가정에서 맡아야 할 일은 좋은 품성과 습관을 길러주는 일이다. 좋은 품성과 습관은 아이들이 평생 동안 지니고 살아갈 수 있는 든든한 버팀목이다. 입시에 지나치게 치우쳐 있는 우리의 교육 현실에서 쉬운 일은 아니지만, 무엇을 공부하든지 간에 새로운 것을 배우는 기쁨을 누릴 수 있도록 돕는 것은 부모가 얼마든지 할 수 있는 일이다. 게다가 조금 시간이 걸리더라도 혼자서 문제를 해결해가는 과정에서 누릴 수 있는 기쁨과 성취감까지 더해질 수 있다면 아이들은 분명 반듯하게 성장해나갈 것이다.

일의 세계에서 성공을 거두는 것만큼 중요한 것이 자식 농사임을 기억하라.

04

가풍을 세우고 실천하라

나는 단란함이야말로 가족생활에서 가장 중요한 구성 요소라고 생각한다.

_바버라 부시

흔히 기업문화는 다음과 같이 정의된다. '말이나 글로 표현할 수 없지만 그 조직을 구성하는 사람들의 행동과 생각을 지배하는 규율, 원칙, 관행 및 관습.' 회사와 마찬가지로 가족도 여러 명의 구성원들이 모여 함께 생활한다면 이를 어떻게 표현하든지 간에 구성원들의 행동과 사고를 이끄는 원리나 원칙이 필요하다. 우리말로는 한 집안의 '가풍'이라고 할 수 있을 것이다. 이는 가훈보다 훨씬 포괄적인 개념이다.

빌 게이츠의 아버지가 쓴 책에는 가족의 이런 전통과 관련한 인상적인 내용이 등장한다. 빌 게이츠 시니어는 이렇게 말했다.

나는 가족의 전통을 통해 변화와 불확실성이 지배하는 세상에서 아이들이 영속성과 안정감을 가질 수 있다고 믿는다. 내일이나 내년에 무슨 일이 일어날지 우리는 알 수 없다. 이때 가족의 전통은 우리들의 삶에 예측 가능성을 부여해주고, 삶의 틀을 잡아주는 이정표와 기틀이 된다.

메리(빌 게이츠의 어머니)와 나는 우리의 가족생활에 일정한 체계를 잡는 것이 무엇보다 중요하다는 생각을 오래전부터 갖고 있었다. 그래서 각자의 집안에 내려오는 전통을 도입하고 더불어 우리 가족만의 독자적인 전통을 만들어갔다. … 가족의 삶에서 전통은 소소하지만 소중한 순간들을 기억하게 해주는 표지와 같다. 삶은 끊임없이 흘러가는 강물이다.

_빌 게이츠 시니어, 《게이츠가 게이츠에게》, 국일미디어, pp. 172, 177.

빌 게이츠 집안이 정한 가족의 전통, 즉 가풍은 일요일 저녁식사를 가족들이 함께하는 것, 가족과 친구들과 함께 휴일을 보내는 것, 여름이면 후드커낼에서 여름휴가를 함께 보내는 것 등이 있었다.

결혼하고 아이를 낳아 한 가정을 이루었다면 부부는 어떤 집안을 만들어가야 할지 함께 고민해보고, 이상적인 집안 분위기를 만들어낼 뚜렷한 기초를 세우는 것이 좋다. 물론 굳이 명문화하지 않더라도 가장이 어떻게 행동하는가에 따라 자연스럽게 가풍이 만들어질 수도 있을 것이다. 가풍은 조직문화가 조직의 구성원들을 지배하는 것처럼 가족들의 생활에 다양한 영향을 미친다.

내가 몸소 실천하고 아이들이 갖도록 유도했던 몇 가지 원칙들은 다음과 같다. 첫째, 무엇을 하든 열심히, 성실히 하는 것이다. 사실 나는 앞에서 이야기한 바와 같이 시간을 낭비하는 것, 즉 세월을 흘려보내는 것에 대해 지나치다고 할 정도로 죄의식을 갖고 있는 편이다. 이것은 타고난 것이기도 하고 아버지의 삶으로부터 내가 삶의 기본으로 받아들인 것이기도 하다. 무엇을 하든지 열심히, 성실히 하는 것은 기본 중의 기본이다.

둘째, 활자를 가까이하는 것이다. 손쉽게 영상을 접할 수 있는 시대임에도 불구하고 스스로 생각할 수 있는 힘을 갖는 데는 책이나 신문과 같은 활자만큼 효과적인 방법이 없다. 나는 이에 대해 확고한 믿음을 갖고 있다. 그래서 조금 과하다고 할 정도로 집에서 텔레비전을 보는 일에 대해 엄격한 규율을 정하고 실천해왔다. 물론 아이들이 성장하여 스스로 알아서 할 수 있는 나이가 되면서 그런 엄격함은 자율로 바뀌었지만, 여전히 집안의 분위기는 무엇인가를 읽는 것을 중심으로 돌아가지, 보는 것을 중심으로 돌아가지 않는다. 이런 면에서 나는 자율이란 이름으로 아이들에게 휴대용 게임기를 허용하는 젊은 부모들의 교육 방식에 찬성하지 않는다. 아이들은 스스로 좋은 즐거움과 나쁜 즐거움을 구분할 수 있는 능력이 없다. 즉흥적인 쾌락을 맛본 아이들은 책을 읽는 것 같은 깊은 즐거움에 빠지기가 어렵다고 생각한다. 물론 사람에 따라 생각이 다르겠지만, 텔레비전과 같은 영상물이 스스로 생각할 수 있는 힘을 키워주지는 못한다고 본다. 나는 '활자를 가까이하는 집안은 흥할 것'이라고 생각한다.

셋째, 각자 홀로서기를 위해 노력한다. 내가 집에서 흔하게 사용해왔던 말은 자립심과 독립이다. 인생의 이른 시점부터 자신의 삶을 선택하고 그 결과를 책임져야 한다고 반복해서 이야기했다. 나스스로 타인에게 기대고 치대는 것을 싫어할 뿐만 아니라 그런 행동이 옳다고 생각하지 않는다. 대가족에서 성장했지만 스스로 일어설 수 있도록 행동해야 한다는 확고한 믿음을 갖고 있었고, 이런 믿음을 아이들도 공유하기를 바랐다.

넷째, 자기 생각을 갖고 살아야 한다. "너는 어떻게 생각하니?" 내가 아이들에게 자주 하는 질문이다. 나는 아이들의 이야기를 듣기를 좋아한다. 내가 나이가 많기 때문에 내 이야기가 반드시 옳다고 생각하지 않는다. 그런 점에서 아이들과 대화를 자주 하는 편이다. 다른 집들도 마찬가지겠지만 우리 집은 토론이 비교적 활발한 편이다. 신문에 실린 사건에 대해 나는 아이들의 의견을 묻곤 한다. 그때도 강조하는 것은 "남의 의견이 아니라 너 자신의 의견"이다. 스스로 자신의 주관을 분명히 갖도록 유도하는 것은 내가 매우 중요하게 여기는 원칙이다. 그리고 아이들과 자주 토론을 벌이는 것은 아버지의 시각을 제공하는 일일 뿐만 아니라 아이들 스스로 무엇이 옳은지를 명확히 하고 무분별하게 세상의 이야기를 받아들이지 않도록 하는 데 큰 효과가 있다.

다섯째, 달라야 한다. 우리들의 생김새가 다른 것처럼 삶을 사는 방식도 달라야 한다. 나는 세상 사람들이 이렇게 행동하니까 자기도 그렇게 해야 한다고 생각하지 말고 스스로 그렇게 행동하는 것이 올바른지를 생각해보라고 아이들에게 말한다. 남과 다른 인생을 원한다면 당연히 다르게 행동해야 한다는 점을 분명히 해왔다.

결국 아버지와 어머니의 특성에 따라 가풍이 결정되겠지만 우리 집의 경우는 아버지의 믿음이나 가치 체계가 좀 더 깊이 뿌리를 내린 경우에 해당한다. 독자들 가운데 아버지의 믿음을 아이들에게 지나치게 투영할 필요가 있느냐고 묻는 분들도 있을 수 있다. 이 점에 대해 나는 이런 생각을 갖고 있다. 우리가 세상을 바꾸는 일은 무척 힘들다. 세상에는 정말 다양한 사람들이 있고 이들은 저마다 다른 가치 체계를 갖고 있다. 그들에게 나의 가치 체계를 받아들이도록 유도하거나, 그런 행동을 강요할 수는 없다.

그러나 가족은 다르다고 생각한다. 아이들이 자라서 스스로 선택하고 책임을 지는 성인이 되기 전까지는 아버지가 생각하는 올바른 원리 원칙들을 가르칠 수 있어야 한다. 영화감독이자 제작자로서 명성을 날렸던 카메론 크로우(Cameron Crowe)는 두 살배기 쌍둥이 아버지가 된 다음부터 이따금 훌륭한 아버지는 어떤 아버지인지 생각해봤다고 했다. 초보 아버지로서 그가 자식 교육에 대해 가지고 있는 믿음은 모두가 공감하기에 충분하다.

> 훌륭한 부모는 단순히 사랑이나 경제적 지원을 제공하는 일만으론 채울 수 없는 것이 있다. 부모라면 자녀를 가르치고 용기를 심어줄 책임이 있으며, 자녀는 부모의 가르침을 배우고 새겨들을 책임이 있다. 이보다 더 중요한 것도 없으리라.
>
> _말로 토마스, 《나를 바꾼 그때 그 한마디 2》, 여백미디어, p. 110.

그러면 어떻게 하는 것이 좋을까? 가장이 스스로 중요하게 여기는 것, 반드시 해야 할 것, 그리고 하지 말아야 할 것을 명확하게 정리할 수 있어야 한다. 아내나 남편에게 자신을 따르라고 요구하기는 쉽지 않다. 서로 의견이 다를 수 있으며 그것이 정상적이다. 다만 서로 다른 점을 인정하고 가장의 믿음에 대해 동감을 표하는 정도로 충분하다. 성인이 동감을 표하더라도 실행에 옮기는 것과는 분명한 간격이 있다. 그러나 아이들은 다르다고 생각한다. 카메론 크로우 감독의 이야기처럼 자신이 올바르다고 생각하는 원칙들을 자식에게 가르쳐야 할 책무는 분명 있다.

　그 다음은 실행에 옮기는 일이다. 가장은 자신이 말한 원칙을 가장 먼저 실천해야 한다. 백 마디 말보다는 몸소 한 번 보여주는 것이 더 낫다. 생각하는 것과 말하는 것, 행동하는 것이 일치하는 사람은 누구에게나 감동과 동감을 선물한다. 때문에 본보기가 될 수 있도록 반드시 직접 실천해야 한다.

　그런데 그냥 보여주는 것만으로는 충분하지 않다. 적절한 시점에 적절하게 개입할 수 있어야 한다. 그 한 가지 방법으로 나는 잔소리를 들고 싶다. 잔소리라는 단어만 들어도 고개를 절레절레 흔드는 사람들이 있을 것이다. 그러나 나는 어머니가 자주 들려주셨던 삶의 귀한 지혜, 속담과 같은 표현들을 지금까지도 기억하고 있다. 이런 잔소리를 두고 나는 '건설적 잔소리'라는 다소 생경한 단어를 만들어보았다. 상대방의 발전을 위해 반복적으로 이뤄지는 잔소리를 두고 하는 말이다. 잔소리를 듣는 순간 상대방은 "아니요"라고 이야기하지만 이미 의식과 무의식 속에 메시지가 차곡차곡 쌓이는 것이다. 이따금 내 아이들은 아버지가 무슨 이야기를 꺼낼라치면 지금 어떤 이야기를 하려고 하는지를 예상하고도 남는다고 농담을 한다. 건설적 잔소리가 제대로 효과를 본 사례에 속한다.

부모만큼 자식을 사랑할 수 있는 사람은 없을 것이다. 부모의 사랑은 무제한적이다. 그런 부모의 이야기가 자식에게 스며들 수 있는 것은 자녀가 부모의 사랑을 확신할 수 있을 때다. 그러므로 모든 잔소리의 밑바탕에는 자식의 성장을 간절히 바라는 부모의 염원이 있어야 한다. 자식의 마음에 울림을 줄 수 있을 때 잔소리는 더더욱 효력을 발휘한다.

아무튼 모든 행동은 의지의 결과물이다. 아이들과 가정은 하나의 작품이다. 자신이 지상에 남기고 떠나야 할 멋진 작품인 것이다. 예술가들이 더 나은 작품을 만들어내기 위해 헌신하듯이, 가장들 역시 인터뷰나 자서전 등을 통해 자신보다 앞서 멋진 작품을 남긴 사람들의 의견이나 사례에 깊은 관심을 갖고 배움을 청할 수 있어야 한다.

가풍을 세워 집안을 일으켜라.

세상을 바꿀 수 없더라도 집안만은 자신의 소신대로 만들어라.

05
스스로를 보호하라

세상의 죄악은 거의 늘 무지의 결과다. 선한 의도라 하더라도 이해력이 부족하다면 그것은 악의만큼 해롭다.

_알베르 카뮈

"무엇인가를 지나치게 열망하면 현실을 제대로 볼 수 없다." 세계적인 기업과 정치가들의 의사결정이나 활동 방향을 조언해주는 컨설턴트이자 래스앤드스트롱의 전 CEO 댄 시암파(Dan Ciampa)가 한 말이다. 누군가에게 설득을 당해본 경험이 있는 사람들 가운데서도 자신이 내린 결정이 치명적 실수였던 사람들의 고개를 끄덕이게 만들 만한 조언이다.

세상은 이해관계가 엇갈리는 곳이다. 이따금 사익을 버리고 공익을 위해 헌신하는 사람들도 있지만 대다수 사람들은 자신의 이익에 충실하다. 더욱이 사익을 추구하는 곳에 오랫동안 몸담아온 사람들의 사고와 행동에는 사적 이익의 추구라는 대명제가 짙게 각인되어 있다. 내놓고 이야기할 수 있는 것은 아니지만 때로는 타인의 약점, 열망, 희망 등을 자신의 유익함을 위해 이용해야 하는 경우도 자주 일어난다.

세월이 흐르고 나면 크게 이득을 보았던 장면들은 떠오르지 않는다. 그러나 사람의 뇌는 손실에 더욱 민감하고 이를 오래 기억하기 때문에 손실에 대한 기억들은 유난히 오랫동안 남는다. 그런 손실 가운데서도 유쾌하지 않고 가슴 아픈 기억으로 남는 일들은 타인의 의도에 조종되어 자의 반 타의 반으로 잘못된 의사결정이나 행동을 하게 된 경우일 것이다.

그런데 왜 자신을 보호하는 일이 어려운가? 사람들은 왜 타인의 의도에 놀아나는 것일까? 첫째는 타인에 대한 지나친 믿음 때문이다. 이는 순진한 사람들이 흔히 범하는 실수 가운데 하나로, 타인도 자신의 마음과 같을 것으로 믿어 의심치 않는 경우다. 타인이 자신의 이익을 잘 챙겨줄 것이라는 막연한 믿음에 바탕을 두었을 때 일어나며, 타인에게 속임을 당하는 경우 중에서도 가장 빈도가 높은 일이라 하겠다. '천 길 물속은 알 수 있어도 한 길 사람 속은 알 수 없다'는 옛말은 사람의 본심을 알기가 얼마나 힘든지를 잘 말해준다.

둘째는 무지함 때문에 발생한다. 자신의 무지함을 상대방이 이용하는 경우에도 스스로를 보호하지 못하는 상황이 자주 일어난다. 그래서 우리는 종종 '모르면 당한다'는 이야기를 하곤 한다. 무지한 상태는 곧바로 준비되지 않음을 뜻한다. 이런 상태에서 어떤 분야에 뛰어들면 호시탐탐 기회를 노리는 사람의 먹잇감이 되기 쉽다. 사익을 추구하는 데 분주한 인간 본성에 대해 마키아벨리는 다음과 같이 정곡을 찌르는 조언을 했다.

> 인간은 흔히 작은 새처럼 행동한다. 눈앞의 먹이에만 정신이 팔려 머리 위에서 매나 독수리가 덮치려는 것을 깨닫지 못하는 참새처럼 말이다.

셋째는 과욕 때문에 타인의 의도에 놀아나는 경우다. 흔히 평균 수익률을 훨씬 웃도는 프로젝트에 투자를 권유 받을 때가 있다. 물론 대부분의 투자가 그런 기대에 뿌리를 두고 있음을 고려하더라도, 초과 기대이익에 대한 인간의 욕심을 교묘하게 조작하는 사람들이 있다. 이들은 대다수 인간이 혹할 정도의 큰 이익에 정신이 나간다는 사실을 잘 알고 있기 때문에 상대방이 이 부분에 집중하도록 유도함으로써 자신의 이익을 취하곤 한다.

넷째는 상대방의 적의를 오판하는 경우다. 누군가와 한때 불편한 상황이 있었다고 가정해보자. 이를 해소하는 차원에서 해결책을 도모하는 사람들이 있다. 이들은 그냥 상대방과 화해의 악수를 나눈 다음 상대방이 고마워할 수 있는 조건을 제시한다. 그러면 더 이상 두 사람 사이에 갈등이 없어지고 좋은 관계를 유지할 수 있다고 생각하는 것이 일반적이다. 물론 이렇게 기대하는 대로 인간관계가 척척 놀아살 수 있다. 하지만 일반인의 경우라면, 게다가 상대가 질투나 부러움, 혹은 오해 때문에 나를 불신한 적이 있다면 쉽게 관계가 복원되지는 않는다는 점을 염두에 두어야 한다. 사람 사이의 관계라는 것이 수학 문제처럼 딱딱 해결되는 것은 아니다. 특히 감정의 앙금은 오래간다는 사실을 잊지 말아야 한다. 적대 관계에 대한 마키아벨리의 조언에 귀를 기울여보자.

> 다음 두 가지는 절대로 경시하지 말아야 한다. 첫째, 인내와 관용으로 대한다고 해서 사람의 적의도 용해시킬 수 있다고 생각해서는 안 된다. 둘째, 보수나 원조를 제공한다고 해서 적대 관계도 호전시킬 수 있다고 생각해서는 안 된다.

다섯째는 특정인에게 지나치게 의존하는 경우에 발생한다. 여러분이 중요한 의사결정을 내려야 할 정도로 고위직에 있다고 가정해보자. 여러분 주변에는 여러분의 의사결정을 도와주는 인물들이 여럿 있을 것이다. 만약 여러분을 보좌하는 사람이 여러 명 있다면 이들 가운데 특정인에게 지나치게 힘이 쏠리는 경우 위험이 발생할 수 있다. 견제와 균형은 만고불변의 진리다. 지나치게 특정인에게 힘이 쏠리면 그는 마치 자신이 완장을 찬 것처럼 행세할 수 있다. 사람이란 누구나 자신의 이익에 충실한 존재이기에 자신에게 쏠린 힘을 보좌하는 사람을 위해서가 아니라 사적 이익을 보호하는 데 사용할 수 있다.

그 외 다른 요인들 때문에 스스로를 보호하지 못하는 사례들도 있을 것이다. 그렇지만 어느 정도 세상을 살아가면서 이런저런 경험을 해온 사람이라면 위 사례들 가운데 '내가 이것 때문에 당했구나'라고 생각하는 게 있을 것이다. 어느 누구도 완벽한 인간이 될 수 없다. 나 역시 제법 긴 시간이 흘러가버렸음에도 불구하고 가슴이 아릴 정도로 자신을 보호하지 못한 경험들이 종종 떠오르곤 한다. 타인을 믿었기 때문에 실수를 범한 경우에서부터 기대수익을 지나치게 올려 잡아서 위기를 맞은 경우에 이르기까지 크고 작은 실수들이 여럿 있었다. 다행히 결정적인 타격을 입을 정도로 큰 손해를 보지는 않았고, 얼추 그런 상황에 도달했음에도 불구하고 가까스로 재기하여 최악의 상황을 피할 수 있었다. 스스로 신중함을 모토로 삼아왔음에도 불구하고 실수투성이였음을 상기하면 그렇지 않은 분들이 지불한 비용은 더욱 컸을 거라고 생각된다.

이런저런 모임에서 사람들을 만나면서 안타까운 마음이 들 때가 있다. 바로 자신을 보호하는 데 실패하여 타인의 불순한 의도에 속은 사람을 보았을 때다. 인풋관리 중에서도 이 대목만은 나 자신도 크게 성과를 거두지 못한 것이다. 왜냐하면 이것은 책으로 배우기 힘든 내용이 많기 때문이다. 마치 뜨거운 주전자에 손을 대어본 아이처럼 하나하나 작은 실수를 해보면서 배우게 된다. 그럼에도 불구하고 스스로를 잘 보호하는 일에 좀 더 일찍부터 눈길을 주었다면 비용의 규모를 훨씬 줄일 수 있지 않았을까 싶다.

그러면 어떻게 하는 것이 좋을까? 우선 타인을 만날 때 지나치게 낭만적인 견해를 갖지 않아야 한다. 물론 누구를 만나든지 선의를 갖고 대해야 하지만, 거래에 관한 한 상대가 누구든지 간에 그가 사익을 추구하는 존재임을 염두에 둔다면 피해를 크게 줄일 수 있을 것이다. 사람들 중에서는 선천적으로 선하게 태어난 사람도 있다. 여러분이 스스로 생각하기에 지나치게 타인을 잘 믿고 타인의 좋은 면만을 집중해서 보는 사람이라면 좀 더 주의하는 편이 좋다.

사람 위에 사람 없고 사람 밑에 사람 없다고들 이야기하지만 세상에는 사악한 사람들이 있다. 이들은 마치 옷을 벗고 입는 것처럼 자연스럽게 타인을 이용할 뿐만 아니라 타인의 고통에 대해서도 무감각하다. 한마디로 양심이 불량한 사람들이다. 최악인 사람들은 자신의 행위가 잘못되었다고 생각조차 하지 않는다. 물론 인간은 양심을 갖고 있기에 내심 미안한 마음을 갖고 있을지 모르지만 표면으로 보면 아무런 죄의식 없이 상대방을 이용하고 괴롭히는데 익숙한 사람들이다. 흔치는 않지만 이런 부류의 사람들을 나는 '사악한 인간'이라고 분류하는 데 주저하지 않는다.

상대가 그런 사람이라고 판단되면 가능한 한 만나지 않는 쪽이 좋다. 만일 조우했더라도 빠른 시간 안에 마무리해서 관계를 더 이상 맺지 않도록 해야 한다. 좋은 사람은 여러분 자신에게 긍정적인 영향을 끼치지만 좋지 않은 사람은 부정적인 영향을 끼친다. 사는 세월이 제한되어 있다면 굳이 부정적인 영향을 끼치는 사람과 계속해서 만날 필요는 없다.

자신을 보호하는 일이 말로서 해결되지 않으면 결국 송사로까지 번지게 된다. 여기까지 이르면 금전적으로나 시간적으로 손해를 보지만 어떻게 해볼 도리가 없는 상태가 된다. 소송으로 문제를 해결해야 할 정도가 되면 그동안 볼 수 없었던 상대방의 어두운 진면목을 직접 확인하게 된다.

피하면 최상이지만 결국 다투는 사태가 발생하면 결국 누가 더 감정 소비를 덜 하면서 끝까지 냉정하게 싸우느냐가 중요하다. 세상에 버릴 만한 경험이 없다는 이야기도 있듯이, 유쾌한 경험은 아니지만 이를 통해 좀 더 현실적인 인간관을 갖게 된다. 단기적으로는 몸도 마음도 피로해지지만 훗날 스스로를 보호하는 데 크게 기여한다.

이런 경험은 절대로 책을 통해서 배울 수 없는 것이다. 그런 경험을 거치는 동안에는 힘이 들겠지만 두고두고 도움이 되는 경험으로 얼마든지 활용할 수 있다. 따라서 그런 유쾌하지 못한 경험을 아예 하지 않으면 좋겠지만, 짧지 않은 인생살이에서 사악한 인간과의 다툼이 아주 없기란 쉽지 않다. 이렇게 해석하면 상대방과 다투는 과정을 즐길 수는 없지만 귀한 교훈을 얻는 과정으로 생각하고 상상할 수 없을 정도로 성실하게 임할 필요가 있다. 그런 참담한 경험조차 여러분의 앞날에 큰 도움이 될 것이기 때문이다.

스스로를 보호하라.
무지함이나 순진함 때문에 타인의 불순한 의도에 이용되지 않도록 주의하라.

06
언제, 어디서든 겸손하라

만약 우리가 알고 있는 것에 대해 점점 더 겸손해진다면, 우리는 배움에 대해 점점 더 열심일 것이다.

_존 템플턴(John Templeton)

사람들의 주목을 받을 만한 위치에 있음에도 겸손하다면, 그 또는 그녀는 훌륭한 사람이다. 그동안의 성취를 미루어보더라도 폼을 잡고도 남음이 있는데, 그럼에도 불구하고 겸손하다면 정말로 훌륭한 사람이다. 그리고 무심코 넘어갈 수 있을 자리인데도 주변 사람들에게 따뜻한 말 한마디를 건넬 수 있다면 역시 훌륭한 사람이다.

사람의 품성 또는 됨됨이는 직업 세계에서의 성과처럼 측정하기 쉽지 않지만 이런 것들이 빛을 발휘하는 순간들이 있다. 그동안의 만남 가운데서 잊히지 않는 몇 가지 사례를 소개하고자 한다.

오래전 일이다. 한 사업가 분을 만나서 식사를 할 기회가 있었다. 그분의 본래 성격이 과묵한 탓인지, 아니면 자신의 성취를 지나치게 높이 평가한 탓인지 식사 시간 내내 불편하기 짝이 없었다. 당시 나는 무척 젊은 나이였고 그분은 가까이하기 힘들 정도로 높은 지위에 있는 분이었다. 그럼에도 불구하고 비싼 식사를 하고 나온 뒤로 오랫동안 기억에 남았다. '왜 그렇게 목에 힘을 주었을까?' 하는 의문과 함께. 그분은 결국 사업 세계에 오랫동안 머물지 못하고 퇴출되고 말았다. 그 많던 재산은 남들의 손에 뿔뿔이 흩어지고 말았다.

나는 내가 그 식사 장소에서 느꼈던 기분을 그분이 만났던 주변 사람들도 많이 느꼈을 거라고 생각한다. 아마 '저 양반이 지나치게 거만하구나' 라고 판단한 분들도 꽤 있었을 것이다. 그분의 사업 몰락에는 이해할 수 없는 외압이 있었는데, 따지고 보면 그분 자신의 거만함이 원인을 제공하지 않았을까 싶다.

여러분이 누군가를 만났을 때 상대방이 거만한 투로 여러분을 대한다면, 여러분만 그런 느낌을 받았을 수도 있지만 그가 매일 만나는 다른 사람들에게도 그런 인상을 주었을 가능성이 크다. 세월이 흘러도 사람들은 누군가로부터 받은 인상을 오래 기억한다. 그런데 매일 언제든지 적이 될 수 있는 사람을 만들어낸다면 1~2년 후 어떤 상황이 벌어지겠는가? 생각만 해도 매우 위태로운 상황이 벌어질 것이다. 아마 그에 대한 부정적인 평판이 여기저기 돌아다닐 것이다. 그러다 그가 누군가의 도움이 필요한 결정적 시기를 맞이한다면 과연 누구에게 도움을 청할 수 있겠는가?

나는 1년에 300회에 가까운 대중 강연을 갖는다. 기업, 지방자치단체, 대학, 협회 등 초청하는 곳도 다양하고 다루는 주제도 대단히 넓다. 나는 조금 일찍 도착하면 초청한 분들의 도움을 받아서 직접 강연을 위해 컴퓨터를 설치하곤 한다. 그리고 강연을 마치고 떠날 때까지, 가끔 '나는 이분들에게 어떻게 비춰질까?'라는 질문을 던져보곤 한다. 사실 어떤 사람은 내게 선입견을 갖고 있을 수도 있고, 어떤 사람은 내가 강연장에 도착해서 강연을 마치고 떠날 때까지의 행동을 주시하여 판단할 것이다. 그것이 나의 평판이 된다. 내가 직접 평판을 만들어낼 수는 없다. 그러나 상대방이 나에게 호감을 갖도록 노력할 수는 있다. 교만하거나 오만한 태도는 언젠가 반드시 치명적인 타격을 줄 것이다. 훗날 도움을 받을 수 있는 평판은 바로 '겸손하다'이다.

나는 겸손에 대해 다음과 같이 생각한다.

첫째, 겸손은 좋은 평판을 얻을 수 있다는 실리적인 이득을 떠나 개인적인 목표여야 한다. 나는 인생에서 두 가지를 추구하고 싶다. 하나는 직업인으로서 뛰어난 인물이 되는 것이다. 이것이 내가 강연장에 참석한 분들에게 도움이 되는 콘텐츠를 만들기 위해 노력하는 이유다. 다른 하나는 한 인간으로서 더 나은 사람, 그러니까 훌륭한 사람이 되고 싶다는 강렬한 소망이다. 물론 한 인간으로서 훌륭한 사람이 된다고 해서 나에게 구체적인 이득이 있는 것은 아니다. 다만 그런 사람이 되는 것은 한 인간이 한평생을 살아가면서 추구할 만큼 충분히 가치가 있는 일이라고 생각하기 때문이다. 마치 박사 학위를 받듯이 사람 됨됨이나 품성 면에서 사회적 인정을 받는 것은 아니지만 내 자신의 기준으로 볼 때 한 인간으로서 참 괜찮은 사람이라는 평가를 스스로 내리기를 소망한다는 것이다.

둘째, 겸손은 내가 타인을 도울 수 있는 방법이다. 내가 세상을 살 만한 곳으로 만들 수 있는 첫 번째 방법은 바로 소득에 따른 세금을 내는 것이다. 소득 있는 곳에 세금 있다는 말처럼, 열심히 활동하고 여기서 거둔 소득으로 세금을 내는 일이 내가 타인을 도울 수 있는 한 가지 일이다. 다른 하나는 좋은 콘텐츠를 생산함으로써, 즉 내가 쓴 책과 강연을 통해 타인에게 세상을 살아가는 지혜와 동기를 부여하는 것이다. 나란 사람이 세상 사람들에게 조금 알려져 있다는 사실에서도 타인을 도울 방법을 찾을 수 있다. 사람들은 이름이 조금이라도 알려진 사람들에 대해 관심을 갖는다. 때로는 사인이나 악수를 청하고 사진을 함께 찍고 싶어 한다. 마치 잘 알려진 탤런트나 정치가처럼 작가 역시 사람들이 만나고 싶어 하는 존재다. 특히 특정 작가를 좋아하는 분들에게는 더욱더 깊은 관심의 대상이 되곤 한다. 그렇다면 그분들과의 짧은 만남 동안 최대한 겸손하게, 그리고 편안하게 대하는 것이 그분들을 돕는 방법이다. 그리고 가능하면 소탈하게 격려의 말을 건네는 것이다. 그런 태도를 보이는 것만으로도 그분들을 도울 수 있다고 생각한다.

셋째, 여러분이 어떤 자리에 있든, 얼마나 성취를 했든 간에 그 깃이 그렇세 대단하지는 않다고 생각해야 한다. 그렇다고 해서 자신이 거둔 것을 지나치게 폄하하라는 이야기는 결코 아니다. 하지만 우리 각자가 성공적인 인생을 살아왔다고 해서 과연 그 인생이 동네방네 떠들고 다닐 만큼 대단한 것인지 자문해보면 대개 '그렇지 않다'고 답할 것이다. 자신이 고군분투해서 거둔 결과라도 다른 사람들과 절대적으로 비교해보면 그다지 대단하게 느껴지지 않을 것이다. 그리고 이는 세월과 함께 곧 잊혀버릴 것들이다. 나는 이따금 한 시대를 풍미한 사업가나 정치가 혹은 그들이 이룬 대단한 업적이 죽음이나 특정한 상황으로 인해 잊힌 일들을 생각해보곤 한다.

그렇다고 해서 내가 늘 완벽하게 겸손한 것은 아니다. 이따금 시간에 쫓기거나 준비 과정에서 제대로 일이 돌아가지 않으면 나 역시 인간인지라 화가 바깥으로 드러날 때도 있다. 하지만 나는 겸손함으로 무장하기 위해 무척 노력하는 사람이다. 이따금 평판을 관리한다는 생각도 하지만 그런 활동이 주를 이루는 것은 결코 아니다.

겸손한 태도를 가지려면 어떻게 하는 것이 좋을까? 여러분이 추구하는 승진이나 성과와는 완전히 다른 목표를 정하는 것이 도움이 된다. 바로 인간적 탁월함을 목표로 삼는 것이다. 직업적 탁월함과 인간적 탁월함 두 가지는 각각 독립된 의미를 갖고 있지만 두 가지가 결합되면 더욱 이상적이다. 난사람과 된 사람 모두가 된다는 것은 정말 대단한 일이기 때문이다.

그런데 그럴 만한 가치가 있느냐고 묻고 싶은 사람도 있을 것이다. 인간적 탁월함을 달성하려면 몇 년 가지고는 어렵기 때문이다.

물론 인생을 속도전으로 생각할 수도 있다. 하지만 차츰 자신의 완성도를 높여가는 과정으로 이해할 수도 있다. 오랜 세월에 걸쳐 직업인으로서의 완성도를 높여가는 것, 한 인간으로서의 완성도를 높여가는 것도 근사한 일이다. 이처럼 인생은 여러분이 마음먹기에 달려 있다. 출세에만 집착하더라도 누가 뭐라고 할 사람은 없다. 그러나 삶은 생각보다 길다. 그런 긴 삶에서 "나는 꽤 괜찮은 사람이다"라는 말을 직업적인 성취만 이루었을 때도 할 수 있을까? 물론 정신없이 앞을 향해 내달려야 하는 현직에 있는 경우라면 인간적 성숙을 꾀하는 일이 사치스런 일로 간주될 수 있다. 하지만 여러분이 현직을 떠나 은퇴할 시기가 되었다고 가정해보자. 여러분이 어느 회사 사장이나 회장이었다는 사실을 누가 당신만큼 기억해줄 수 있겠는가?

그러면 인간적인 완성도를 높여가기 위해 무엇을 해야 하는가? 전부를 동시에 잘할 수 없다. 먼저 다음 두 가지부터 시작해보자. 하나는 자신의 언어를 통제하는 것이다. 가급적이면 말이나 글을 부드럽게 다듬어서 사용한다. 그리고 가능하면 '감사합니다', '고맙습니다', '반갑습니다' 같은 말을 자주 사용한다. 언어를 감정이 아니라 이성의 기준에 따라 다듬어서 사용하는 것은 사람의 됨됨이를 갈고닦는 멋진 방법이다.

다른 하나는 만나는 사람의 외모나 차림새, 그리고 지위에 관계없이 한 인간으로서 정중하고 겸손하게 대하는 것이다. 직책이 높거나 부와 권력을 가진 사람에게 정중하고 겸손하게 대하는 것은 누구나 할 수 있다. 그런데 나이로 보면 한참 아래인 사람이나 사회적 기준에 따라 대하기 쉬운 사람에게도 변함없이 겸손하게 대할 수 있다면 그 사람은 대단한 내공을 가졌다고 할 수 있다.

인간은 본래 타인에게 뻐기길 좋아한다. 그래서 당장 이익이 되지 않을뿐더러 자신의 힘을 과시할 수 있는 상대방에게 정중하고 겸손하게 행동하는 사람은 대단하다 할 수 있다. 그러나 이때 명심해야 할 말이 하나 있으니, '과공비례(過恭非禮)'가 그것이다. 타인을 겸손하게 대하는 것은 좋지만 겸손함이 지나쳐서 비굴해 보일 정도가 되지 않도록 유의해야 한다.

마지막으로, 가능한 한 긍정적인 언어로 타인을 격려하거나 칭찬해야 한다. 만일 여러분이 타인의 주목을 받는 사람이라면 여러분이 건넨 격려의 한마디가 상대방에게는 '황금의 씨앗'이 될 수 있다. 잘한 부분에 대해서는 그냥 넘어가지 말고 반드시 "참으로 잘했다", "인상적이었다", "수고했다" 등의 덕담을 해보라. 이는 타인을 기분 좋게 하는 방법이기도 하지만 결과적으로는 자신을 위한 인풋관리 방법이다.

겸손하라. 단, 지나친 겸손함은 주의하라.
어디서든, 누구에게든 겸손함으로 무장하라.

07

즐겁고 유쾌하라

자신에게 생기를 불어넣는 최고의 방법은 다른 사람을 격려하기 위해 노력하는 일이다.

_마크 트웨인

성취 지향적인 인물들을 보면 다소 조급한 사람들이 많다. 그들은 늘 목표에 눈길을 두기 때문에 서둘러 무엇인가를 하는 데 익숙하고, 어떤 프로젝트든 기간을 단축하는 것 자체에 큰 의미를 둔다. 그렇기 때문에 주변 사람들이 보기에는 지나치게 속도전으로 치닫는 데다 경쟁심이 강하다는 인상을 받을 수 있다.

물론 성취 지향적인 인물 가운데 그렇지 않은 사람도 있겠지만 나는 조급한 편이었다. 학교에 다닐 때나 직장 생활 초년기의 내 모습을 떠올리면 항상 무엇에 쫓기듯이 서둘러서 일을 추진했고 성과에 좀처럼 만족하지 못했다. 그래서 나는 '더 세게, 더 빠르게,

더 많이' 하는 데 매우 익숙해져 있었다. 그때는 일을 하거나 생활을 하는 과정에 그다지 주의를 기울이지 않았다. 늘 목표가 과정보다 앞서 있었던 시절이었다고 생각한다.

왜 그렇게 했을까? 아무래도 성취 지향적이고 목적 지향적인 성향이 큰 몫을 담당했음을 부인할 수 없다. 그런데 이것 못지않게 내가 처했던 상황이 다소 절박했던 것도 중요한 원인이었다. 학창 시절이나 직장 생활 초년에 앞이 보이지 않는 막막함, 그리고 그런 막막함이 계속될 때 맞이할 상황을 미리 당겨서 걱정하곤 했다. 당시 나의 말과 행동은 유쾌함이나 즐거움과는 거리가 멀었다.

때문에 직장 초년부터 시작해서 40대에 들어 어느 정도 자리를 잡기까지는 유쾌함과 즐거움이 주를 이루지 않았다. 이는 인풋관리라는 면에서 보면 즐겁고 유쾌하게 살아가는 것을 적극적으로 활용하지 못했다고 할 수 있다. 40대에 들어 자리를 잡는 순간부터 자신을 중심으로 주변을 둘러보게 되고, 자신을 본격적으로 들여다보기 시작할 즈음부터 유쾌함이란 단어가 내 생활의 중심부를 차지하게 되었다. 그러니까 유쾌하게 생활하기는 내게 부족한 점이었으며 비교적 늦게 선택한 삶의 방식이었다.

내가 가진 장점 가운데 하나가 나 자신의 부족한 점을 늘 챙겨보고 그 부족함을 채우기 위해 무던히도 노력한다는 점이다. 그것은 전문적인 지식일 수도 있고 인간적인 면모일 수도 있다. 사실 나는 과묵한 분위기의 집안에서 성장했기 때문에 천성이 유쾌하기보다는 다소 무거운 편이었다. 그런 내가 유쾌함을 내 것으로 만들 수

274

있었던 것은 특별한 계기와 행운이 함께했기 때문일 것이다.

그 행운 중 하나는 바로 아내와의 만남이었다. 아내는 전문적인 화가는 아니지만 아마추어 화가로서 그림을 꾸준히 그려왔다. 아내가 다루는 소재는 주로 봄날에 흐드러지게 활짝 핀 벚꽃으로, 화폭 가득히 활짝 핀 벚꽃들이 가득한 유화를 떠올리기만 해도 마음이 환해졌다. 언젠가 아내의 개인전을 소개하는 안내장에 평론가를 대신하여 내가 쓴 그림평이 실린 적이 있었다. 나는 이 글에서 내가 아내로부터 어떻게 유쾌함을 선물 받았는지 이야기했다.

화가는 그림으로 자신의 내면세계를 화폭에 담아낸다. '나는 누구인가', '나는 무엇을 소망하는가' 라는 두 가지 질문에 대한 답을 말이다. 다시 말하면 작품에는 현재의 삶과 마음 상태가 드러날 뿐만 아니라 미래에 대한 기대와 희망이 담기게 된다. 육신의 눈과 마음의 눈으로 세상을 바라본 그녀의 작품은 두 가지 뚜렷한 특징을 갖고 있다.

우선 원색에 가까울 정도로 밝은 색상이 화폭을 가득 채우고 있다. 감상하는 사람들은 저마다 지금 처한 환경에 따라 다른 느낌을 가질 것이다. 녹록치 않은 일상 속에서 밝은 날을 그리는 사람이라면 '이 그림처럼 내 인생의 화려한 봄날이 언젠가 올 것이다' 라고 생각할 것이다. 그림은 흐드러지게 핀 봄날의 벚꽃처럼 다양한 분홍색이 주를 이루고 초록색과 푸른색 같은 원색이 적절히 조화를 이룸으로써 생의 환희와 기쁨, 그리고 희망의 메시지를 담고 있다.

이렇게 화려한 색상으로 자신의 그림 세계를 만들어낸 화가는 필자의 아내다. 만남과 결혼 생활을 통틀어 31년의 세월이 흘렀다. 내가 아내에게 감탄하는 것 가운데 하나는 순탄하지만은 않았던 삶의 여정에서도 늘 "모든 게 잘될 거야"라고 말하며 세상과 인생에 대한 즐거움, 희망, 기대, 낙관을 자신뿐만 아니라 가족과 지인들에게 전해왔다는 점이다.

그녀의 밝고 맑은 심성이 작품을 통해 더 많은 사람들에게 '내 인생의 봄날'에 대한 기대와 희망의 메시지를 전해줄 것으로 본다.

가정을 이룬 부부가 서로를 즐겁고 유쾌하게 만들어줄 수 있다는 것은 대단한 장점인데, 이 점에서 아내의 유쾌함은 나를 서서히 변화시켰다.

나를 유쾌하게 만든 또 다른 행운은 바로 아이들이었다. 기성세대와 달리 아이들 세대는 어려움이 없이 성장해왔다. 우리는 흔히 자녀가 부모를 보고 배운다고 생각하지만, 나는 그 반대의 경우도 중요하다고 생각한다. 기성세대라도 눈과 귀를 열면 아이들 세대로부터 정말 많은 것을 배울 수 있다. 나 역시 그랬다. 특히 큰아이는 어떤 상황에서도 유쾌함과 유머 감각을 잃지 않는데, 그런 아이를 보면서 나는 내 자신을 돌아보며 많은 생각을 할 수 있었다. 또한 막내는 어린 시절부터 어떤 상황에서도 냉정함을 잃지 않고 때로는 아버지를 능가할 정도로 매사를 조직화하여 큰 감동을 주곤 했다.

나는 누구에게도 배울 점이 있다고 생각한다. 주의를 조금만 기울이고 마음의 문을 연다면 우리는 아내와 아이들뿐 아니라 주변의 가까운 지인들로부터도 정말 많은 것을 배울 수 있다. 아무튼 유쾌함에 관해서는 나 스스로도 노력해왔지만 아내와 아이들이 큰 영향을 미쳤다고 할 수 있다.

한편 유쾌함의 또 다른 표현은 바로 편안함이다. 따라서 누군가 여러분과 함께하거나 동행할 기회가 있다면 그들이 편안한 마음을 가질 수 있도록 배려하는 일도 필요하다. 상대방은 여러분이 편안한지 아닌지 금세 알아차린다. 그래서 어느 장소에서든 먼저 편안한 표정을 짓고 편안한 마음가짐과 자세로 대하는 일이 필요하다. 이 또한 넓은 의미에서 유쾌함에 속한다고 봐야 할 것이다.

그러면 어떻게 해야 유쾌함을 배울 수 있을까? 매사에 안달복달하든, 좀 여유 있게 상황을 바라보든 상관없이 시간은 흐르고 상황은 바뀌게 되어 있다. 그래서 흔히 '이 또한 지나가리라'고 하지 않는가? 그렇다면 어떤 상황에서라도 유쾌함을 잃지 않는 자세가 유리할 것이다. 여러분이 유쾌해하지 않더라도 시간은 흐르기 때문이다. 긴장이 필요할 때는 긴장해야겠지만 지나치게 심각할 필요는 없다. 모든 것을 물 흐르듯 자연스럽게 받아들이면 된다. 어려움은 어려움대로, 쉬움은 쉬움대로 자연스럽게 받아들여라. 이렇게 생각하면 어떤 상황이나 사건이 벌어져도 유쾌함을 잃어버릴 이유가 없을 것이다.

유쾌함은 행동으로 충분히 강화될 수 있다. 마치 근육을 키워가듯이 말이다. 가능한 한 밝은 표정으로 다니면 도움이 된다. 우리는 언제 어디서나 밝은 표정을 지을 수 있다. 표정이 바뀌면 우리의 내면세계도 영향을 받고 그런 내면세계 또한 표정에 영향을 미친다. 그런데 우리가 직접 내면세계를 통제할 수는 없기 때문에 당장은 자신의 표정을 가능한 한 밝게 유지하도록 노력하는 게 중요하다. 늘 환한 표정을 짓는 일에 밑천이 드는 것은 아니다. 그저 만나는 모든 사람에게 밝은 표정을 선사해야겠다고 생각하는 것만으로도 충분하다.

내가 유쾌함을 유지하기 위해 자주 활용하는 방법은 어느 장소에서든 주변을 찬찬히 둘러보고, 새로운 것에 주목하여 그것에 호기심을 갖는 것이다. 만일 여러분이 어떤 사람의 집무실을 방문할 기회가 있다고 하자. 그 집무실에는 그가 사용하는 여러 집기와 사무실을 장식하는 액자, 조각, 화분 등이 있을 수 있다. 혹은 그의 업무와 관련된 각종 현안을 정리한 알림판이 있을 수 있다. 이때 순수한 호기심을 발휘하라. 상대방이 잘 아는 것을 정중하게 물어보면 이후 대화가 편안하게 흘러갈 것이다.

한편 상대방으로부터 예기치 않은 대접을 받게 되었을 때 내가 어떤 반응을 보이는지 관찰하는 것도 도움이 된다. 만일 상대방이 분노와 불쾌함 등을 표현한다면 우리가 이해하지 못하는 그 나름의 이유가 있을 수 있다. 하지만 우리 대부분은 그런 부정적인 태도에 즉흥적인 반응을 보이기 쉽다. 조금만 더 신중히 생각해보면 상대방 나름대로 이유가 있을 테고, 우리가 그 이유를 안다고 하더라도 상대방의 감정 상태를 우리가 통제할 수는 없다. 우리가 조절할 수 있는 것은 상대방의 언행에 대한 우리 자신의 반응이다. 뇌 전문가의 의견에 따르면, 분노를 일으키는 행동과 관련된 호르몬은 대개 30초 정도면 충분히 분비된다고 한다. 그러니까 30초를 넘으면 신경호르몬에 의한 분노가 아니라 의식적으로 분출하는 분노라고 볼 수 있다. 어떤 상황에서든지 우리는 유쾌함으로 대응할 수 있다. 상대방이 어떻게 행동하든 간에 말이다.

또 한 가지 방법은 유쾌함을 억제하는 요인들에 대해 자신의 두뇌와 마음에서 일어나는 변화 과정을 마치 제3자가 바라보듯 관찰하는 것이다. 관찰하는 행위만으로도 우리는 유쾌함을 저해하는 요인들이 함부로 날뛰는 것을 방지할 수 있다. 세상에 대한 긍정적 태도와 감사하는 마음을 갖는 것도 도움이 된다. 작은 것에도 의미를 부여하고 감사하는 마음을 가질 수 있다면 자칫 짜증이 날 만한 일들을 만나도 대범하게 넘길 수 있다. 그저 살아가는 순간순간들이 감사함과 고마움으로 가득 차 있다고 생각하는 사람으로부터 과연 누가 유쾌함을 빼앗을 수 있겠는가?

유쾌함은 적극적인 선택과 행동으로부터 나온다. 내가 유쾌할 권리가 있고 그렇게 해야 할 책임이 있다고 생각하면 된다. 우리에게 주어진 모든 순간에서 우리 자신이 주도할 수 있는 가장 행복한 일은 바로 유쾌함이다. 따라서 어떤 상황이나 타인 때문에 불쾌해지지는 않겠다는 생각과 행동이 필요하다. 그것은 특별한 능력이 아니라 그냥 한 인간이 갖고 있는 원칙의 문제일 뿐이다.

특히 여러분이 지위나 역할이라는 면에서 주변 사람들에게 명령할 수 있거나 영향력을 행사하는 자리에 있다면, 스스로 유쾌한 인물, 나아가 행복한 인물이 되기 위해 반드시 노력해야 한다.

심각함과 우울함으로 자신과 주변 사람들을 불편하게 하지 말라.

유쾌함을 선택하라.

08

신세 지지 말고 자립하라

자기 자신에 대한 의존을 제외하면 확실한 의존은 존재하지 않는다.

_존 게이(John Gay)

자신과 타인 사이의 관계를 어떻게 유지할 것인가? 너무 소원하면 외롭고, 너무 가까워지면 복잡한 것이 인간관계다. 그런데 나는 다른 지능과 마찬가지로 사회관계 지능도 타고나는 부분이 많다고 생각한다. 새로운 사람을 만나서 계속 교제하는 것을 좋아하는 사람들이 있는데, 이들 가운데는 그런 면에서 타고난 능력을 소유한 사람들도 있다.

이런 능력은 후천적으로 노력하여 어느 정도는 개발할 수도 있지만 본질적으로 상당히 구조적인 특성이라 생각한다. 사람 만나기를 즐겨 하지 않는 이가 사람을 많이 만나야 하는 직종에 종사하면, 본인도 힘들고 성과에 대한 보람도 곧 시들해지기 때문에 조직도 힘들어진다.

사람들은 드러내놓고 이야기하지 않지만, 사회에서는 호혜성의 원리가 행동의 중요한 토대를 이룬다. 즉, 일종의 거래 관계, 주고받는 관계가 존재하는 것이다. 인류학자들의 연구 결과에 따르면 인류는 원시시대부터 이 호혜성의 원리에 따라 무엇인가를 상대방에게 주면 또 다른 것을 받으며 살아왔다. 소규모 부락으로 이루어진 사회에서는 누가 무엇을 받는지, 무엇을 주는지가 확연히 구분되었기 때문에 주고받는 관계는 전체의 생존에 중요한 역할을 했다. 이런 특성은 면면히 현대인에게 이어지고 있다. 우리가 다른 사람들의 경조사에 부지런히 참여하는 것도 바로 그런 이유에서다.

한번은 방송에 출연하기 전에 한 교수님과 대화를 나눌 일이 있었다. 자신의 분야에서 괄목할 만한 성과를 내고 있었던 교수님은 내게 이렇게 말했다.

"요즘 저의 생활을 살펴보면 상가와 결혼식에 지나치게 많은 시간을 쏟고 있어요. 그래서 어느 정도는 정리해야 할 것 같아서 꼭 참가하지 않아도 되는 곳은 가지 않으려 합니다. 그런데 이 문제를 갖고 다른 분들과 대화를 해봤더니 경조사 참여를 품앗이로 생각하는 분들이 꽤 되는 것 같아요. 그리고 자신이 그런 일을 치르게 되었을 때 와주는 사람이 있어야 하지 않겠느냐고 묻는 분들도 많았습니다. 그런데 저는 그 많은 시간을 경조사에 들이는 것이 과연 올바른 일인지 생각하게 되더군요."

그 교수님의 고민이 그분의 것만은 아니라고 생각한다. 경조사 역시 인간관계에 토대를 두고 있고 그 인간관계는 호혜성의 원리에 바탕을 두고 있음을 확인할 수 있는 부분이다. 현재를 기준으로 보면 한국 사회에서 큰 변화가 일어나지 않는 한 당분간은 그런 관습이 지속될 것이다.

그러나 저출산과 초고령 사회 문제로 고심하고 있는 일본의 사례를 보면 아예 장례를 치르지 않는 경우도 많고, 형편 때문에 결혼식을 공개적으로 하지 않는 사례가 늘어나고 있다. 이는 저출산과 초고령 사회를 대비해야 할 우리에게 시사하는 바가 크다. 게다가 장수 사회로 진입하면 정년 이후의 시간이 크게 늘어나서 그때까지 사회적 관계망을 유지하기가 쉽지 않을 것이다. 때문에 주류는 아니어도 지금과는 다른 종류의 경조사 형식도 나타날지 모른다.

하지만 아직은 한국에 사는 한 경조사 등에 많은 시간을 쏟지 않을 수 없는 것이 사실이다. 게다가 조직에 몸담고 있는 사람이라면 이를 피할 수 있는 가능성은 그다지 높지 않다. 그리고 이따금 그런 관습 때문에 우리의 마음속에 특별한 기대감이 생겨나는 일도 부인할 수 없다. 내가 이렇게 하면 나중에 상대방으로부터 이런저런 도움을 받을 수 있을 거라는 믿음 말이다. 즉, 집안의 경조사가 훗날의 위기를 대비하는 보험과 같은 의미로 전락하는 것이다. 그래서 사람들은 더욱 이런 관계망을 유지하는 데 심혈을 기울이고 자신의 귀한 시간을 기꺼이 내놓는다.

절대로 나쁘거나 불경스러운 기대는 아니다. 그러나 이런 기대가 얼마나 충족될지는 두고 볼 일이다. 나는 관습은 어찌할 수 없다고 하더라도 타인에 대한 기대감은 일단 접어두는 것이 좋다고 본다. 기대감은 자칫 자립심을 줄일 수 있기 때문이다. 여러분 중에서는 실제로 위기를 만났을 때, 이를테면 실직 등과 같은 위기에서 타인의 도움을 받은 적도 있었을 것이다. 그렇기 때문에 나의 이야기가 일반적인 것은 아니라는 점을 분명히 해두고 싶다.

우리 모두가 희망과 기대감을 갖고 살아가는 것은 도움이 되는 일이다. 그러나 누군가와 관계를 맺고 만나면서 '이 양반이 앞으로 잘 풀리면 나에게도 득이 될 거야' 같은 기대는 아예 갖지 않는 편이 낫다. 이는 쉽지 않은 일이기도 하고 본능과 동떨어진 이성적인 선택이다. 하지만 나는 이를 원칙으로 삼아 지금까지도 견지하고 있다. 누군가를 선의로 돕는 경우가 있더라도 그 사람이 앞으로 내게 어떤 혜택을 주어야 한다고는 생각하지 않는다. 도움은 그냥 도움일 뿐이다.

그렇다면 이런 원칙을 갖게 된 동기는 무엇일까? 나 역시 생각이 명확하지 않았을 시절에는 다른 사람들과 마찬가지로 호혜적 관계에 대해 약간 기대했던 것도 사실이다. 상대적으로 독립심이 강했다고 해도 인간적인 본능을 벗어나기는 힘들기 때문이다. 그러나 결정적인 계기는 몇 번의 경험을 통해서 찾아왔다. 레이첼 나오미 레멘(Rachel Naomi Remen)이 쓴 《부엌 식탁에서 얻은 지혜》에는 내가 갖고 있는 원칙과 유사한 내용의 글이 등장한다.

삶이야말로 우리의 궁극적인 스승이다. 그런데 우리가 삶에서 심오한 교훈을 얻는 경우는 대부분 과학적 연구가 아닌 스스로의 경험을 통해서다.

심오한 교훈이라고까지 할 수는 없지만, 자신의 유익함을 위해서 누군가에게 기대는 것은 실망감을 안겨다줄 뿐만 아니라 미래를 준비하는 데 큰 걸림돌이 된다. 자주 여러분이 경험하는 일 가운데 하나가 자신의 마음조차 어떻게 해볼 도리가 없는 때일 것이다. 자신의 마음조차 어떻게 해볼 수 없는데, 어떻게 타인의 선의나 호의를 기대할 수 있는가? 이처럼 타인의 선의에 대한 기대감을 확실히 접고 나면 자기 자신의 힘으로 살아갈 길을 열망하게 되고 이를 위해 노력하게 된다.

현직을 떠나거나, 해고되거나, 사업에 실패하는 것처럼 가혹한 경험을 해보지 않는다면 가까이 지냈던 사람들에 대한 기대감만으로 오래오래 살아갈 수 있을 것이다. 그러나 막상 그런 경험을 해보면 자신이 가졌던 기대감이 잘못되었음을 깨달을 것이다. 실제로 그런 위급 상황이 닥치면 오히려 가까이 지내던 사람들보다는 띄엄띄엄 만나던 사람들이 더 큰 힘이 되어줄 때가 많다.

어떻게 하면 남에게 신세 지는 일을 피할 수 있을까? '이렇게 잘 지내다 보면 언젠가 득을 볼 수 있겠지'라는 생각을 아예 없애버려라. 그런 생각 자체가 올바르지 않을뿐더러 불경스럽다고 간주해버리는 것이나. 누군가와 좋은 관계를 유지하는 일은 그 자체로 의미가 있고 즐거운 일이라고 생각하면 된다. 그것이야말로 이득이라면 이득이다. 누군가를 만나서 친밀한 감정을 나눌 수 있다면 그런 행위에서 느끼는 즐거운 감정으로 충분하다고 생각해야 한다.

그런데 신세 지기는 어떻게 일어나는가? 언제 어디서나 신세 지기에 익숙한 사람들을 만날 수 있다. 누군가를 만났을 때 그가 지나치게 신세를 지는 일에 익숙하고 그런 것을 요구하는 데 아무런 양심의 가책을 느끼지 못한다면 그와 친밀한 관계를 유지해야 할지, 어느 정도 거리를 두고 만나야 할지 고려해봐야 한다. 신세 지기에 익숙한 사람들과 함께 지내다 보면 자기 자신도 모르게 영향을 받게 되고, 나중에는 신세 지는 것을 당연하게 여기게 된다.

그런데 신세 지기는 더 근원적인 원인에서 비롯된다. 즉, 매우 다급한 상황에 놓일 때 어쩔 수 없이 신세를 지게 되는 경우다. 따라서 최선을 다해 다급한 상황에 처하지 않도록 해야 한다. 배고픈 사람은 체면을 따질 수 없으며, 일단 배가 고프면 그 어떤 것보다 본능이 앞설 수밖에 없다. 신세를 지는 것도 마찬가지다. 물불을 가리지 않을 정도로 다급한 상황에 처하면 누구든 타인에게 손을 내밀게 된다. 살면서 우연적인 요소를 배제할 수 없지만, 그런 위급한 상황에 처하지 않도록 노력해야 하며 위급 상황이 닥치더라도 대처할 수 있도록 준비해야 한다.

만일 신세를 지는 상황이 발생하면 어떻게 해야 하는가? 가능한 한 빠른 시간 안에 신세를 진 만큼 되갚아야 한다. 그리고 할 수 있다면 상대방에게 신세 진 이상으로 갚도록 한다.

신세를 지는 일은 한두 번으로 끝나지 않고 계속될 수 있다. 사람은 힘든 일을 멀리하고 쉬운 길을 가려는 습성이 있다. 신세 지기는 말만 잘할 수 있다면 짧은 시간 안에 큰 효과를 거둘 수 있는 방법이다. 처음에는 양심 때문에 거리낌을 느끼지만 쉬운 길을 그만두기란 쉽지 않다. 쉬운 길은 늘 그 나름의 매력을 갖고 있어, 일확천금을 약속하는 다양한 도박들에 수많은 사람들이 몰려든다. 그들은 다른 사람들의 실패담이나 경험을 보면서 자신만은, 그리고 이번만은 다를 것이라고 자신을 합리화한다.

쉽게 이익을 얻을 수 있는 심리적 의타심이 깊게 자리를 잡으면 나중에 이를 없애는 일은 거의 불가능하다. 그런 까닭에 신세 지기가 좋지 않은 것이다. 단호하게 자신에게 외쳐라. "나는 어떤 상황에서도 타인의 선의나 호의에 기대거나 손을 내밀지 않겠다." 이처럼 결연한 선언에서부터 당당하게 살아나갈 수 있는 해법을 찾을 수 있으며, 홀로 서기 위해 평소에 더 많은 노력을 할 수 있다.

의타심이나 기대감을 경계하라.

경제적으로나 심리적으로 강력한 자립심을 갖고 나아가라.

09
베풀고 나누어라

행복은 이성의 현명한 사용, 세상의 조화로움에 대한 지식, 관대함의 끝없는 실천으로 얻어진 세계에 존재한다.

_호세 마르티(Jose Marti)

일을 야무지게 하고 자신의 몫을 제대로 챙기는 것은 중요하다. 그러나 이 또한 지나치면 부작용이 발생한다. 우리는 사회에서 이런저런 사람들과 만나고 그들과 더불어 살아간다. 여러분이 몸담고 있는 직장에 한 동료가 있는데, 매우 유능하고 일 하나는 똑 부러지게 하는 사람이라고 가정해보자. 그런데 그가 자신의 몫을 챙기는 데는 익숙한 반면 다른 사람들의 사정이나 형편에 대해서는 "그건 내 일이 아냐"라는 식으로 행동한다면 어떨 것 같은가? 그런 사람은 주변 사람들에게 어떤 평가를 받을까? "그 친구는 일 하나는 똑 부러지게 하지만 사람 됨됨이가 영 아니다"라는 평가를 받을 것이다. 오히려 일하는 능력이 떨어지는 사람들보다 감정적인 비난을 더 심하게 받을 가능성이 높다.

우리는 인간이 이성적인 존재이면서도 감정적인 존재라는 사실을 잊지 말아야 한다. 누군가가 유능하다면, 주변 사람들은 그가 일처리 면에서 매우 뛰어나다고 평가하는 동시에 그 이상의 기대를 갖는다. 일에서처럼 뛰어나지는 않아도 어느 정도 이상으로 사람 됨됨이도 훌륭할 것이라는 기대 말이다. 그런데 그런 기대가 깨지면 급기야는 일에서의 유능함마저도 부정적인 평가를 받게 된다.

본래 사람은 타인의 고통이나 처지를 공감하는 능력을 갖고 있으며, 인간이기 때문에 타인의 고통과 고난에 대해 깊은 동정심을 갖는다. 그래서 보통 사람들은 유능한 사람에게 더 높은 기대 수준을 갖는다. 그다지 유능하지 못한 사람도 주변 사람들을 생각하는데, 많이 배우고 일도 잘하는 사람이 어떻게 자신만 챙기느냐는 것이다.

우리 모두가 분주한 시대를 살아가고 있긴 하지만 남보다 일에서 괄목한 성과를 거두거나, 남보다 좋은 환경에서 성장했거나, 남보다 지위나 재산 측면에서 더 많은 것을 가진 사람이라면 자신이 누리는 것을 당연하게 생각하지 말아야 한다. 다시 말해 그런 것들을 누리는 만큼 그 비용을 지불해야 한다는 생각을 하고 있어야 한다. 전통적으로 '노블리스 오블리제'는 물질적으로 더 많이 가진 사람의 경우에 적용되는, 가진 자의 책무이지만 우리는 이를 확대해서 애석해야 한다. 즉, 돈이 아니라도 무언가를 더 많이 갖거나 누리고 있는 경우라면 자신이 가진 것의 일부를 타인을 돕는 일에 사용해야 한다.

언젠가 한 대기업에서 오랫동안 임원으로 일하다가 떠난 한 사람을 만났다. 이야기 중에 그가 모셨던 한 경영자의 이야기가 나왔는데, 그 사람의 사업 능력뿐 아니라 인간 됨됨이에 대한 이야기까지도 들을 수 있었다. 그 경영자는 항상 다리를 꼬고 비스듬히 앉은 상태에서 보고를 받았다고 한다. 단 한 번도 "○○○ 이사, 앉아서 편안하게 보고하지"라고 말한 적이 없었다고 한다. 큰 재산을 물려받은 그 경영자는 그 임원보다 불과 두 살 위였다. 그 임원은 이런 말로 이야기를 정리했다. "좋은 집안에서 태어나 많은 유산을 물려받았고 최고의 교육을 받았다면, 부하직원들을 좀 더 배려했어야 그들로부터 존경을 받을 수 있었을 겁니다." 꼭 물질이나 돈이 아니라고 해도 자신의 자리에서 베풀 수 있는 것을 찾는 일은 결코 어렵지 않다.

물론 무언가를 베푼다고 하면 대개는 머릿속에 돈을 떠올린다. 하지만 이 글을 읽는 독자들 가운데는 돈으로 타인을 마음껏 도울 수 있는 사람이 많지 않을 것이다. 그래도 지식, 정보, 취미 등 다양한 분야에서 내놓을 만한 것이 있다면 그 대가를 기대할 수 없어도 조금씩 베풀어보면 어떨까? 불가에서는 이런 행위를 두고 '보시(布施)'라는 표현을 사용한다. '널리 베푼다'는 의미를 지닌 이 말을 응용해, 지식을 나누는 것을 '지식 보시', 음악 정보의 나눔을 '음악 보시', 그림 정보의 나눔을 '미술 보시' 등으로 표현할 수 있다.

누구든지 자신이 더 많이 갖고 있는 것으로 타인을 도울 방법을 찾아볼 수 있다. 그런데 이렇게 순수한 의미에서 시작한 활동이 나중에는 자신에게 직접 혹은 간접 이득을 주는 경우도 있다. 하지만 후자는 단순히 부산물이나 보너스 정도로 생각해야 한다.

그러면 내가 베풀기에서 활용해온 방법은 무엇일까? 하나는 실천한 지 10년 가까이 되어가는 것으로, 나는 일주일에 서너 번 독서 관련 정보를 보내는 서비스를 해왔다. 처음에는 최신 트렌드를 지인들에게 전달하는 서비스로 시작했지만 중간에 서비스의 내용을 바꾸었다. 우선 내가 다양한 분야의 책을 많이 읽기 때문에 독서 서비스 회사에서 제공하는 것처럼 책의 내용을 요약해서 전달하는 것이 아니라 책의 내용 가운데서 아주 중요한 부분을 발췌해 전하는 서비스로 진화했다. 물론 국내에는 짧은 명언을 제공하는 서비스도 있지만 중요 내용을 발췌해 전달하는 경우는 흔하지 않다. 그러니까 내가 하고 있는 일 가운데서 내게 있는 재능을 중심으로 타인을 돕기 시작한 셈이다. 이를 두고 내가 떠올린 단어는 '법보시(法布施)'라는 것이다. 본래 법보시는 부처님의 가르침을 전하는 것으로 다양한 보시 가운데 으뜸으로 친다. 이를 현대적 의미로 해석하면 일반인이 살아가는 데 필요한 지식이나 정보를 제공하는 것도 '법보시'라고 부를 수 있지 않을까?

트위터를 하다 보면 규칙적으로 음악 관련 정보를 제공하는 분들이 있다. 그중 강남에서 바이올린을 가르친다는 어떤 분은 바이올린 연주곡 가운데서 일반인들이 듣고 즐거워할 수 있는 곡들을 계속해서 보내준다. 또한 정보 산업 분야에서 CEO로 활동하고 있는 어떤 분은 정보통신 분야의 최신 트렌드를 트위터 친구들에게 전달해준다. 처음 시작은 자신이 잘 아는 분야에 관한 정보를 제공함으로써 타인을 돕는 것이었지만 지금은 자신의 브랜드 파워를 높이는 데도 크게 기여하고 있다.

1년 전부터 내가 시작한 또 하나의 서비스는 매일 아침 6시 무렵에 올리는 '새벽단상'이다. 이 또한 특별한 의도를 갖고 시작한 것이 아니다. 나는 내가 늘 글을 쓰는 사람이기 때문에 다른 사람들에 비해 콘텐츠를 만들어내는 능력이 있을 것이라는 판단을 내렸다. 그래서 그냥 신변잡기에 관한 글만 올리기보다는, 내가 읽는 글 가운데서 타인들에게 도움을 줄 수 있는 영감이 실린 짧은 글을 올리면 좋지 않을까 생각했다.

이처럼 순수한 마음에서 시작된 '새벽단상'은 현재 홈페이지의 한 코너가 되었고, 나는 매일 새로운 글을 정리해서 올리고 있다. 순수한 마음으로 시작하여 많은 사람들에게 힘과 용기를 제공했다는 점도 좋았지만, 매일 삶의 동기와 용기를 받을 수 있다는 점도 또 다른 이득이었다. 처음에는 전혀 기대하지 못했던 이득이었다. 1년 365일 동안 매일 아침 하루도 빼놓지 않고 140자 내로 아름답고 용기를 줄 수 있는 짧은 문장을 만들어내는 일은 결코 쉽지 않다. 하지만 이처럼 규칙적인 활동은 내 자신의 생활에 규율을 제공할 뿐만 아니라 그런 행위를 하면서 스스로 재미를 만들어내는 또 하나의 활동으로 자리 잡았다.

이처럼 타인을 돕기 위해 우연히 시작한 일이 시작할 때는 전혀 예상하지 못했던 이득을 가져다주는 경우가 많다. 자신이 재능을 가진 분야에서 타인을 도울 수 있는 방법으로는 무엇이 있을지 생각해보고 실행에 옮겨보자. 기대 이상의 큰 의미를 발견할 것이다.

앞의 사례들과 같이 의도적으로 타인을 돕는 일도 있지만 일상생활에서 습관적으로 타인을 돕는 일도 있다. 이는 한 인간의 됨됨이를 바람직한 상태로 이끌어가는 방법이기도 하다. 우리는 일상에서 많은 사람들을 만난다. 택시를 타면 기사의 도움을 받고 비행장의 안전검색대에서는 검색 요원들을 만난다. 뿐만 아니라 누군가로부터 도움을 받는 일들로 우리의 일상이 이뤄진다. 그런 도움은 아주 당연하게 여겨지기도 한다. 왜냐하면 그것은 그들의 직업이기 때문이다. 하지만 그런 도움에 대해 한 번쯤 진지하게 생각해볼 필요가 있다. 타인에 비해 더 나은 위치에 선 사람이라면 그렇지 않은 사람에 대해 좀 더 따뜻하고 관대한 마음가짐을 갖도록 하고 이를 적극적인 행동과 말로 표현할 수 있어야 한다. 이런 행동을 통해 자신의 품위와 사람 됨됨이를 더 나은 상태로 만들 수 있다. 그렇다면 어떻게 하면 큰 부담 없이 다른 사람을 도울 수 있을까?

많이 누리면 누군가를 돕는다는 행위 자체를 당연히 여겨야 한다. 물론 어느 누구도 여러분에게 이것을 도와라, 저것을 도와라 이야기하지 않는다. 그리고 여러분은 도울 필요도 없고 의무도 없다고 생각할 수 있으며 누구에게도 강요당할 이유가 없다. 그럼에도 불구하고 여러분은 선택의 주체이기 때문에 다시 한 번 생각해볼 수 있다. 내가 누리는 것이 모두 내가 잘나서 누리는 것일까? 내가 가진 재능 가운데 일부를 타인에게 나누어주면 어떨까? 그것이 돈이든, 지식이든, 정보든 말이다. 결국 모든 것은 무엇이 올바른 것인가를 판단하는 데서부터 출발한다. 내가 누리는 것에 대해 감사하는 마음으로, 타인에게 내가 가진 것의 일부를 제공하는 것을 당연하게 받아들여야 한다.

무엇으로 다른 사람을 도울 수 있는지 꼼꼼히 챙겨보라. 생업에 크게 부담이 되지 않는 활동이라면 더 좋다. 그리고 한 번이 아니라 꾸준히 할 수 있는 것이라면 더더욱 좋다. 그렇다면 당연히 자신이 많이 갖고 있거나 좋아하는 것을 중심으로 자신이 도울 수 있는 일을 찾아보면 도움이 될 것이다. 타인에게 도움이 될 수 있는 것이라면 무엇이든 좋은데, 여러분도 의무감 반, 즐거움 반으로 시작하면 도움을 주는 횟수가 늘어날수록 즐거움이 차지하는 비중이 점점 더 커질 것이다.

어떤 활동이라도 꾸준히 계속해서 하기가 쉽지 않다. 타인을 돕는 일 또한 그렇다. 하다 보면 중간 중간 그만두고 싶을 때가 있다. 이럴 때는 잠시 쉬었다 간다고 생각하면 도움이 될 것이다. 사람이 기계가 아닌 이상 처음 시작했을 때의 마음을 계속해서 유지하기가 쉽지 않다. 따라서 도움을 위한 활동이 중간에 시들해지면 조금 빈도를 늦추더라도 중요한 것은 계속해야 한다. 계속하다 보면 또 다시 원래처럼 적극적인 상태로 되돌아가게 된다. 잠시 소강상태가 있었다고 해서 포기하는 잘못만 범하지 않으면 된다.

그런데 처음에는 순수한 마음으로 시작했더라도 이런 활동이 지속되려면 어떤 경우든 자신에게 남는 것이 있어야 한다. 타인을 돕는다는 순수한 생각에서 출발해도 '이득'이란 단어가 더해지면 훨씬 힘을 얻기 때문이다. 그 이득은 즐거움이나 기쁨일 수 있고, 자신의 이름을 널리 알리는 일일 수도 있으며, 자신의 사업에 힘을 더해주는 일일 수도 있다. 타인을 돕는 일이 처음부터 이런 목적을 갖는 것은 일견 불순해 보인다. 하지만 타인을 잘 도우면 도울수록 의도하지 않은 이득이 생긴다. 이런 이득에 대해 스스로 불순하다는 평가를 내릴 필요는 없다. 왜냐하면 이런 이득이 궁극적으로 계속해서 도울 수 있는 힘을 더해주기 때문이다. 때로는 베풀기가 자리를 잡아갈수록 그런 이득이 될 수 있는 것을 적극적으로 찾는 일도 필요하다. 이득은 나름의 의미를 부여할 때 더 쉽게 찾을 수 있기 때문이다.

마지막으로 일상의 삶에서 자신에게 크고 작은 도움을 베푸는 모든 사람에게 친절하고 관대하며, 사려 깊은 마음과 언행으로 대하는 것을 완전히 몸에 익혀야 한다. 지금은 부족하더라도 자꾸 자신이 이상적으로 생각하는 것을 염두에 두고 말하고 행동하다 보면 서서히 자신이 바라던 모습에 가까워진다. 베풀기는 처음에는 타인을 돕는 일에서 시작하지만 나중에는 결국 자신을 돕는 일이 된다.

자신이 상대적으로 많이 가진 것을 베풀 수 있는 기회를 찾아보라.

10

더 가지려고 하지 마라

탐욕은 결코 도달할 수 없는 필요를 충족시키려고 끝없이 노력하는 사람들을 탈진시키는, 바닥이 없는 구덩이와 같다.

_에리히 프롬

    욕심이란 한 인간으로 하여금 앞을 향해 나아가게 만드는 힘이다. 때문에 당연히 욕심이 있어야 한다. 사실 없는 욕심을 만들어내는 일은 있는 욕심을 억제하는 일보다 더 힘들다. 여러분과 함께 일하는 동료나 부하직원이 일을 잘하려는 욕심이 없는 경우를 경험한 적이 있는가? 정말 '대책이 없는 사람'이라고 표현할 정도로 의욕이 없는 사람에게는 욕심을 불어넣기가 힘들다. 함께 사는 부부도 마찬가지다. 어느 한쪽은 재산과 신분 상승, 자식 교육에 대한 욕심이 강한데, 다른 한쪽은 그렇지 않으면 결코 원만한 가정을 꾸려갈 수 없다. "지금도 좋은데 당신은 왜 그렇게 헉헉거리면서 앞을 향해 내달려요?"라고 반문하는 일이 사사건건 일어나면 부부는 좋은 관계를 유지할 수 없다. 때문에 좋은 부부 관계를 유지하는 조건 가운데 하나가 서로가 갖고 있는 인생관이나 일과 자식에 대한 기대 수준이 비슷해지도록 노력하는 것이다.

그런데 문제는 욕심을 적절히 절제하지 않는 경우에도 일어난다. 지나친 욕심이 가진 위험은 반드시 지적되어야 한다. 전직을 앞둘 때나 재산을 증식할 때나 사업을 할 때 우리는 미래의 불확실성을 감당하면서 투자를 한다. 좀 더 소극적인 사람이 있고 좀 더 공격적인 사람이 있는 것처럼, 사람에 따라서 확실히 타고나는 기질이 다르다고 생각한다. 그럼에도 불구하고 물려받은 조건과 상관없이 지나치게 위험을 감수하는 사람은 자신은 물론 주변 사람들에게 커다란 피해를 끼치게 된다. 과욕은 무모함이라는 단어와 동의어다.

내가 알고 지내는 지인 이야기를 해두는 것이 과욕과 관련해서 도움이 될 듯하다. 그와 알고 지낸 지 어느새 20여 년의 세월이 흘렀다. 그는 재능도 있고 야심도 있어서 모든 사람이 그에게 기대를 걸었다. 처음 사업을 시작할 때만 하더라도 대부분 그에게 돈을 투자하겠다고 했다. 첫 번째 사업을 실패했을 때만 하더라도 투자했던 지인들은 그의 능력을 추호도 의심하지 않았다. 잃어버린 돈 때문에 쓰라린 가슴을 숨길 수는 없었지만, 그의 인간적인 면모에 대해서는 아무런 의문이 없었다. 그러나 두 번, 세 번 실패가 반복되면서 투자를 했던 지인들 가운데 몇몇이 그를 정확히 이해하게 되었다. 그는 유독 사업과 관련해서는 무모한 정도가 심했던 것이다.

그가 가진 단점 가운데 하나는 모든 상황을 지나치게 낙관하고 아무런 대책을 세우지 않는다는 점이었다. 마치 노름판에서 거액의 판돈을 거는 사람들처럼 아주 잘되리라는 확신을 갖고 자신이 가진 재원의 대부분을 한곳에 걸어버리곤 했다. 물론 그렇게 해서 그가 상당한 성과를 거두었다면 걸출한 사업가로 평가를 받았을 수도 있다. 하지만 지인들이 보기에, 그는 스스로 믿고 싶고 보고 싶은 것을 마치 현실인 양 착각하곤 했다. 이런 사실이 명백하게 드러나면서 대부분 사람들은 그에 대한 기대를 접어버렸다. 그런데 그는 여전히 허황된 생각을 갖고 여러 차례의 실패에도 불구하고 좀처럼 자신의 근본적인 문제점을 직시하지 못했다. 결국 지인들은 하나둘 떠났고, 지금은 주변에 사람이 거의 남아 있지 않다.

대개 과욕은 두 가지가 있을 때 억제된다. 하나는 실수나 실패로 인해 엄청난 비용을 지불했을 때다. 그런 경험을 하면서 사람들은 스스로 절제하는 것이 책 속의 일이 아니라 자신이 직접 선택할 수 있는 일임을 알게 된다.

다른 하나는 세월이 약이 되는 경우다. 나이를 먹어가고 이런저런 경험을 하면서 사람들은 조심스럽게 행동하는 것을 몸에 익힌다. 따라서 지나친 욕심 때문에 일을 그르칠 가능성이 크게 줄어든다. 여기서 주목해야 할 부분은 가능성이 줄어든다는 것이지, 모든 사람이 나이를 먹어감과 함께 조심스러워진다는 뜻은 아니라는 점이다.

298

욕심은 성취의 중요한 동기부여 요인이기 때문에 중요하다. 하지만 이를 적절히 다듬어가기 위해 노력해야 한다. 지난날을 되돌아보더라도 욕심만큼 중요한 것이 있을까 싶다. 나 역시 더 나은 삶을 희구하는 에너지가 있었기 때문에 나날이 더 나은 방향으로 걸어왔다. 그리고 그런 욕심이 있었기 때문에 이런저런 도전들이 가능했고 그런 도전으로 말미암아 여기까지 오게 되었다. 하지만 문제는 그런 욕심을 스스로 제어할 수 없었던 순간, 그때까지의 모든 성과를 일거에 날려버릴 수 있을 정도의 상황이 일어났다.

그래서 우리들의 삶은 경력이든 사업이든 판돈이 점점 커져가는 노름과 비슷한 점이 있다. 그렇다고 해서 삶이 곧 노름이라는 이야기는 아니다. 작은 데서 출발하지만 시간이 갈수록 점점 더 큰 기회를 향해 나아가게 되고, 투자 액수도 점점 커져 그만큼 실패에 따르는 비용도 커진다는 이야기다. 이런 측면에서 보면 이제까지 아무리 잘해왔다고 하더라도 단 한 번의 실수로 그동안의 성과를 모두 날려버릴 수 있다. 때문에 욕심을 절제하는 일은 누구에게나 중요한 과제다.

그러면 어떻게 하는 게 좋을까? 과욕은 주로 두 가지 원인에서 비롯된다. 하나는 자기 자신에 대한 잘못된 이해에서 비롯되며, 다른 하나는 상황에 대한 잘못된 해석에서 시작된다. 무엇보다도 자신을 정확하게 이해해야 한다. 이따금 자신이 그런 능력이 없다는 사실도 알고 그런 결정을 내리지 말아야 한다는 사실도 잘 알고 있지만 욕망에 굴복하여 잘못된 선택을 내리는 경우가 있다. 스스로 욕망에 굴복하는 대표적인 사례다. 후자의 경우는 보고 싶은 것과 봐야 할 것을 구분하지 못하는 데서 발생한다. 소망과 현실을 구분하는 일은 그렇게 어렵지 않다. 인간은 본성상 자신이 원하는 것만을 보려는 속성을 갖고 있다. 이런 속성에 대해 '당신은 당신이 내리는 의사결정의 밝은 면과 어두운 면을 동시에 보는가?' 라는 질문을 스스로 던져보는 것도 도움이 된다. 혹은 밝은 면과 어두운 면을 또박또박 기록해두는 것도 괜찮은 방법이다. 기록하는 일은 늘 한쪽으로 쏠리기 쉬운 생각의 균형을 잡는 데 도움을 준다.

지나친 욕심을 피할 수 있는 또 다른 방법은 과거의 연장선상에서 생각하지 않는 것이다. 그동안 좋은 성과를 거두어온 사람은 앞으로도 그런 성과들이 줄을 이어갈 것으로 본다. 그러나 그것은 희망 사항에 불과하다. 모든 의사결정이나 행동은 하나하나가 독립적인 것이다. 어제의 승률이 오늘의 승률에 크게 영향을 미칠 수는 없다. 물론 때로는 약간의 영향을 미칠 수는 있지만 결정적인 영향은 주지 못한다. 결정과 행동 하나하나가 독립적인 일이라고 생각하면 과거의 좋은 성과에 지나치게 좌우되지 않고 겸손함을 유지할 수 있다.

과도한 욕심은 인간적인 욕망이 이성의 눈을 가릴 때 일어난다. 따라서 자신이 가진 욕망이 적절한 것인가 아닌가를 판별하는 일은 어렵지 않다. 제대로 된 이성의 활동만으로 판단에 많은 도움을 받을 수 있다. 지나친 욕심과 합리적인 욕심을 구분하려면 어떤 결정이 가져올 수 있는 긍정의 효과와 부정의 효과를 신중하게 비교해보면 된다. 단 한 장의 종이만으로도 충분히 비교할 수 있다. 종이 왼쪽에 여러분이 하고자 하는 일이 가져올 수 있는 긍정의 효과를 적어보고, 오른쪽에 부정적인 효과를 차근차근 정리해본다. 긍정과 부정을 착실히 적어보면 왼쪽으로 무게중심이 쏠리는지, 아니면 오른쪽으로 무게중심이 실리는지를 알 수 있다. 현저하게 한쪽으로 쏠리면 일단은 객관적인 이유보다는 소망이나 희망이 크다는 사실을 받아들이고 결정을 내리기에 앞서 꼼꼼히 따져본다. 이런 과정에서 욕망이란 존재와 그 실체를 더욱 정확히 이해할 수 있다. 그리고 자신이 가진 욕망의 실체를 하나하나 분석해나가다 보면 더 정확히 자기 자신을 이해할 수 있다.

한편 욕심을 가져야 할 분야와 그렇지 않은 분야를 나누어보는 것도 도움이 된다. 우리 모두가 모든 것을 다 가질 수 없다는 가정하에 자신이 응당 욕심을 가져야 할 분야는 어디인지, 욕심을 접어야 할 분야는 어디인지 정확히 구분할 수 있다면, 해야 할 것과 하지 말아야 할 것을 명확히 구분할 수 있다. 이렇게 욕심에 접근할 수 있다면 지나친 욕심이 가져올 피해를 크게 줄일 수 있을 것이다. 나는 욕심을 갖지 말아야 할 분야에 대해서는 과감하게 접거나 포기해버리자는 원칙을 갖고 있다. 대신 욕심을 가질 수 있고 가져야 할 분야에 대해서는 평균 수준보다, 혹은 타인의 기대보다 더 많이 욕심을 내는 것도 한 가지 대안이다.

끝으로 욕심이 가져올 비용을 계산해보는 것도 도움이 된다. 욕심의 종류 가운데는 사시면 가질수록 좋은 것도 있지만, 이따금 큰 비용을 지불해야 하는 것들도 있다. 이런 경우라면 욕심으로 인해 야기된 최악의 상황에서 지불해야 하는 비용이 어느 정도인지 계산해본다. 어떤 행위의 선택으로 감당해야 할 리스크의 총량을 구체적인 숫자로 표현할 수 있다면 이런 행위 자체가 주는 메시지는 명료하다. 이를 감수하고도 할 것인가 말 것인가 확인하는 작업은 단순해 보이지만 무분별한 욕망을 억제할 수 있는 매우 강력한 브레이크 시스템이다.

과욕을 주의하라.

지나친 욕심은 치유할 수 없을 정도로 결정적인 실수를 낳는다.

11

윤리적으로 처신하라

정직함은 모든 성공의 주춧돌이다. 정직하지 않다면 신뢰와 능력은 결국
사라지고 말 것이다.

_매리 케이 애쉬(Mary Kay Ash)

"이건 받아두어도 돼요." 우리는 종종 이런 말을 들을 때가 있다.
아무도 보지 않고, 관행을 살펴봐도 충분히 받을 만하고, 금액도
크지 않고, 그동안 상대방에게 베푼 편의의 정도를 생각해봐도 받
을 만할 경우다. 그런데 이처럼 아주 사소한 일이 인생의 판도를
바꿔버릴 수도 있다. 한 사람이 범하는 결정적 실수는 시끌벅적하
게 시작되지 않는다. 그냥 누구나 범할 수 있는 일, 그러니까 아주
작은 결정에서 시작된다. 사소하게 보이는 우연한 결정이 어느 날
당신의 삶의 방향을 뒤흔들 수도 있다.

어느 정도 나이를 먹은 분들이라면 잠시 그동안 걸어온 길을 되

돌아보라. 아마도 그곳에는 덫이라고 이름 붙일 수 있는 아슬아슬한 순간들이 있었을 것이다. 그때 눈을 질끈 감고 사례를 받아들였더라면, 혹은 그런 당당하지 못한 일을 '별일 있겠어'라고 생각해서 질러버렸다면 어떻게 되었을까? 물론 가능성 측면에서 큰일을 당할 확률은 낮다. 하지만 자신이 그처럼 아주 낮은 확률의 주인공이 될 수도 있다.

이런 아찔한 경우로, 직무와 관련해서 사례금을 받는 일을 들 수 있다. 이런 일은 금액이 크든 작든, 두 사람의 관계가 틀어지면 얼마든지 문제가 될 수 있다. 세상 사람들은 얼마를 받았는가에는 관심이 별로 없다. 중요한 점은 돈을 받았는지 아닌지 여부다. 나 역시 장래가 밝기만 했던 사람이 작은 수뢰 사건 때문에 중도에 하차하는 것을 자주 보았다. 물론 나는 이권을 다루는 부서에서 근무한 경험은 적지만 그럼에도 불구하고 그런 유혹의 순간들이 여러 번 있었고 실수를 할 가능성도 여러 번 있었다. 그런 사건으로 물의를 일으킨 사람들의 사진과 기사가 신문에 대문짝만 하게 날 때마다 내가 접했던 그런 순간들이 생생하게 떠오른다. 천만다행으로 그런 사건들에 연루되지 않았던 것에 감사할 뿐이다.

사람이란 배움이 많고 적음을 떠나서 그런 결정적 순간이 왔을 때 단호하게 "노"라고 이야기하기가 어렵다. 그만큼 연약한 존재다. 때문에 자신의 도덕적이고 윤리적인 기준을 확고하게 세우고 살지 않으면 언제든지 악의 구렁텅이에 빠질 수 있다. 그래서 젊은 날에는 그런 실수를 범한 사람들에게 가혹한 비난이나 비판을 퍼

붓기도 했지만 세월은 누구든지 그런 유혹에 빠질 수 있다는 점을 가르쳐주었다. 그래서 더더욱 주기도문에 등장하는 '우리를 시험에 들지 말게 하옵시고'란 구절의 의미를 가슴 절절히 느끼곤 한다. 우리가 할 수 있는 일은 가능한 한 시험에 들 수 있는 환경을 조성하지 않는 것이다. 설령 그런 순간이 왔더라도 단호하게 "괜찮습니다"라고 이야기할 수 있도록 자신을 훈련시켜야 한다.

또 다른 경우는 누군가의 편의를 봐주어야 할 때다. 이것은 금전을 받는 것은 아니지만 기존의 관행이나 건전한 상식으로 미루어볼 때 특정인에 대한 편애 때문에 무리수를 두는 경우를 말한다. 누구나 자리가 올라가면 자신의 자리로 인해 재량권을 갖게 된다. 이 재량권은 당연히 행사할 수 있지만 관행 또는 양심에 따라 행사하지 말아야 부분도 있다. 가령 채용 과정에서 누군가의 편의를 봐주거나, 경쟁 입찰을 해야 하는데 수의 계약을 하거나, 승진하기에 시간이 더 필요하지만 승진을 시키는 경우가 이에 해당한다. 이런 경우들도 그냥 넘어갈 수 있지만, 여러분이 조직 내외에서 남들의 주목을 받을 정도면 얼마든지 문제가 될 수 있다. 주로 이런 경우는 자신에게 이익이 되지 않더라도 누군가의 편의를 봐주려는 선의에 그 뿌리를 두고 있다.

누군가에게 선의를 베풀기 위해 자신을 위태롭게 할 수도 있는 조치를 취하면, 결정적인 순간에 선의를 입은 사람들은 물론 자신도 크게 피해를 입는다. 본래 선의를 입는 쪽에서는 쉽게 얻기 때문에 선의를 베푼 사람들이 생각하는 것만큼 감사하다는 말을 들기 힘들다. 어떤 행위든지 간에 보는 사람에 따라 '부당한', '합리적이지 못한', '잘못된' 같은 수식어가 붙을 수 있다. 설령 문제가 될 수 없는 것으로 해결되더라도 이미 각인된 불명예스러운 이미지를 벗어날 수 없다.

한편 자신에게 주어진 권한을 행사하는 것과 관련된 문제도 들 수 있다. 권한을 행사할 때 행사하는 사람의 입장에서는 '이 정도는 내가 할 수 있다'고 생각하기 마련이다. 그런데 이때 종종 문제가 되는 것이 '이 정도'에 대한 판단이다. 공과 사를 구분하는 일에서의 실수가 여기서 발생한다. 권한을 행사하는 사람의 입장에서 당연하다고 생각하는 것이 부하직원에게는 사적인 부분을 강조하는 것으로 받아들여질 수 있다.

공사를 명확히 구분한다는 것은 권한을 행사하는 입장에서 사적인 부분을 더 많이 줄이고 공적인 부분을 더 행사하는 것을 말한다. 그렇게 하면 전혀 문제가 없지만 인간적인 측면에서 이를 제대로 발휘하기란 여간 어려운 일이 아니다. 그래서 행사하는 측에서는 지극히 당연한 권한 행사가, 이를 지켜보는 사람에게는 사적인 이익을 지나치게 앞세우는 윗사람이란 이미지로 남게 된다. 그래서 윗사람의 입장에서 조금은 과하다고 할 정도로 공사 구분을 엄격하게 시행할 필요가 있다. 자신의 권한 내에 있는 문제라도 '이런 결정이 타인에게 어떻게 비춰질까?'라고 질문함으로써 끊임없이 경계해야 한다.

지금도 기억에 강하게 남아 있는 사건은 주로 자신의 재량권을 이용해서 동료의 자녀들에게 편의를 베푼 사건들이다. 이해하고 넘어갈 수도 있는 일들이지만 적의를 품은 사람들에게는 '부정한' 입학 등을 사주하거나 도모했다고 비난을 받을 수 있다. 만일 그런 사람들과 평소 좋지 않은 관계에 있었다면 인생의 행로까지 바뀔 수도 있다. 일단 적의를 가진 사람과 맞붙으면 아무리 많이 배운 사람들이라도 죽고 사는 문제로 바뀌어 작은 실수라 하더라도 완전히 축출되고 만다. 나는 그렇게 해서 완전히 다른 인생을 살게 된 경우를 여러 번 목격했다.

끝으로 주로 남성들에게 해당되는 이야기인데, 바로 스캔들에 연루되는 경우다. 여성들에 비해 남성들의 경우는 성적 충동으로부터 오랜 기간 동안 자유롭지 않다. 사회적으로 상당한 지위에 오른 멀쩡한 사람들이 인생의 어느 순간 사회적으로 용인되기 힘든 스캔들에 연루되어 불명예스럽게 하차하는 경우를 자주 볼 수 있다. 이를 어떻게 이해해야 할까? 충동은 본능과 깊이 연결되어 있다. 그리고 이런 충동은 생물학적 특성이란 점을 중심으로 보면 얼마든지 이해할 수 있는 부분이다. 아주 노년이 되기 전까지 남성들은 이런 충동으로부터 자유로울 수 없다고 본다. 따라서 스스로 이런 특성을 제대로 이해하고 그런 환경에 노출되지 않도록 노력하는 것이 최선의 방법이다.

옛 사람들은 '신독(愼獨)'이란 표현을 사용했다. 혼자 있을 때 스스로를 경계한다는 의미다. 반듯함을 훈련하는 방법은 혼자 있을 때의 반듯함으로부터 시작된다. 이런 점에서 보면 윤리적으로 처신하기는 타인과의 관계에 앞서 자신을 찾는 데서부터 제대로 첫 단추를 끼워야 한다.

언젠가 저녁 모임에서 있었던 이야기다. 당시 IMF 총재가 뉴욕에서 호텔 룸을 정리하는 사람과 스캔들이 발생해 사회적 문제로 떠오르고 있었다. 마침 뉴욕에서 막 돌아온 사람이 있었던 터라 그에게 믿기 힘든 사건의 진상을 듣던 중이었다. 이야기가 끝날 무렵 나는 이렇게 말했다. "젊은 날에는 그런 일들을 두고 가혹한 비판을 거두지 않았지만 이제는 인간적인, 너무나 인간적인 실수를 딱하게 여기는 마음이 앞서는군요." 그러자 바로 곁에 있던 한 선배님이 "공 박사가 이제 철이 든 거요?"라고 말해 모든 사람이 웃고 말았다. 물론 그렇다고 해서 그 사건을 용인한다는 이야기는 절대로 아니다. 누구든지 순간적으로 그런 어처구니없는 실수의 주인공이 될 수 있다는 사실을 지적하고 싶을 뿐이다.

어떻게 하면 윤리적으로 처신할 수 있을까? 우리는 어린 시절부터 해서는 안 되는 것을 배우며 이를 잘 알고 있다. 그렇기 때문에 하지 말아야 할 일에 대해서는 이것저것 생각해볼 것도 없이 무조건 아니라는 점을 명확히 하면 된다. 자신의 권한에서 무엇인가를 하고 난 다음에 돈을 받는 일은 이유가 무엇이든지 간에 정당화될 수 없는 일이다. 그런 일에 대해서는 "노"라고 명확하게 답하면 된다. 인간이란 자신의 행위를 합리화하지 못하면 늘 마음이 불편하기 때문에 자신의 행위를 합리화하는 방법을 찾으려 노력하는데, 거두절미하고 안 되는 것은 안 되는 것이라는 점을 명확히 하면 된다. 어떤

308

경우라도 부정한 일에 대해 자신을 합리화하지 않도록 하자.

　한편 좋은 의도에서 다소 무리하여 다른 사람을 도울 경우, 이런 행동이 제3자의 눈에 어떻게 비춰질지 한 번 더 확인해야 한다. 선의는 훌륭한 것임에 틀림없지만 자칫 자신의 경력을 위태롭게 할 수 있는 선의라면 손을 대지 않도록 해야 한다. 그리고 선의를 받은 사람도 여러분의 선의를 오래 기억하지 않는다는 사실을 기억해야 한다. 한순간의 선의 때문에 여러분이 리스크를 감당하는 일이 과연 올바른 일인지 생각해보라. 이런 경우 후회는 대개 늦게 온다. '내가 왜 그렇게 무리한 수를 두었을까?' 하고 말이다.

　남녀 간의 문제에서 실수는 치명적이다. 그것은 그 어떤 사건보다 사람들의 비난을 많이 받는다. 게다가 여러분이 타인들의 주목을 받거나 앞서나가는 사람이라면 스캔들은 오랫동안 여러분을 따라다니게 된다. 이런 위험으로부터 자신을 보호하는 방법은 의외로 수월하다. 그런 가능성에 높이는 환경을 원천적으로 제거해버리면 된다. 오비이락(烏飛梨落)이란 말처럼 개별적으로 만나는 일이나 장소에 대해 엄격함을 유지하라. 사람이란 유혹에 연약한 존재이기 때문에 취약한 환경에서는 유혹에 빠질 수 있다. 더욱이 타인의 주목을 받는 사람이라면 단 한 번의 스캔들로 자신이 힘들여 이루어온 모든 것을 한순간에 날려버릴 수 있음을 기억해야 한다. 쾌락은 짧고 고통은 영원하다. 《숫타니파타》에서는 감각적 쾌락의 유혹에 대해 이렇게 말하고 있다.

감각적인 기쁨이란 실로 다양하며 감미롭고 매혹적이다.

그러나 이 기쁨은 우리의 마음을 어지럽게 하나니

욕망의 대상에는 이런 불행이 있음을 잘 관찰하고

저 광야를 가고 있는 코뿔소의 외뿔처럼 혼자 가라.

_《숫타니파타》, 첫 번째 첫 장, 50번째 글.

윤리적으로 처신하기의 기본은 법 이상의 잣대를 자신의 언행에 엄격하게 적용하는 것이다. 법적으로 충분히 정당하다고 하더라도 보통 사람들에게 자신의 언행이 어떻게 비춰질 것인지 한 번 더 체크해보라. 타인에게 이 행동(말)은 어떻게 비춰질까? 이때 제3자가 아니라 자신의 입장에서 윤리적인 잣대를 낮추는 일이 없어야 한다.

여러분이 타인에 비해서 더 많은 힘과 돈, 그리고 명예를 누리고 있다면 이때는 더더욱 윤리적인 잣대를 강력하게 적용해야 한다. 이때는 특권이란 단어를 지우고 그런 권리를 누리는 대신에 내가 지불해야 하는 비용이 무엇인지 스스로 물어보라. 그런 비용을 지불하는 것이 공평하다고 스스로 다짐하는 것도 도움이 된다. 왜냐하면 더 큰 영광을 누리기 때문이다.

흠결이란 한두 번 정도는 넘어갈 수도 있지만, 운이 나쁜 경우 단 한 번의 흠결에서도 영원히 회복되기 쉽지 않다. 이런 경우에는 흠결의 비용이 아주 크다. 딱 한 번의 실수를 저질렀을 뿐인데 자신이 치러야 할 대가가 그렇게 크다는 것은 얼마나 가혹한 일인가?

하지만 눈에 두드러지는 사람들의 실수에 대해서는 그런 가혹함이 적용될 때가 많다. 더 높은 자리에 오른다는 건 그만큼 그 자리를 위해 경쟁에 뛰어드는 사람들이 많다는 것이기 때문이다. 누가 더 잘하는지를 두고 벌어지는 경쟁이기도 하지만, 누가 더 흠결이 없는지를 두고 벌어지는 경쟁이기도 하다. 따라서 윤리와 관련해서는 살얼음판을 걷는다는 표현을 사용할 정도로 조심해야 한다.

예외 없이 윤리적으로 행동하라.

타인은 단 한 번의 실수도 받아들일 수 없다는 사실을 기억하라.

12

친절하게, 정중하게,
너그럽게 대하라

모든 사람을 정중하게 대하라. 하지만 소수의 사람들과 친밀함을 유지해야 하며, 친밀한 사람들에게 당신의 신뢰를 주기 전에 충분히 시험을 거쳐야 한다.

_조지 워싱턴

우리는 매일 다양한 사람들을 만나면서 살아간다. 그런 사람들 중에는 제법 오랫동안 지속적인 관계를 유지해나가는 사람도 있지만, 잠시 스쳐 지나가듯이 헤어지는 사람도 있다. 흔히 '인간관계' 라고 하면 우리는 '지속적으로 가까이 지내는 사람들 사이의 관계' 에 집중하는 경향이 있기 때문에 친인척, 직장 동료, 선후배, 사업 파트너 등 지속성을 기본으로 하는 관계를 떠올리게 된다.

나는 인간관계를 사소한 관계와 가까운 관계라는 두 그룹으로 나누어 이해하면 더 나은 관계망을 유지하는 데 도움을 받을 수 있다고 생각한다. 나는 강연장에서 정말 많은 사람들을 만난다. 직접 인사를 나누는 사람도 있고 인사를 나누지 못하지만 강연을 통해 알게 된 사람들도 있다. 오래전부터 나는 명함을 주고받고 인사를 나눈 분들만이라도 계속해서 인연을 유지할 수 있는 방법이 없을까 생각했다. 그래서 일단 명함을 주고받은 경우에는 이메일을 등록하고 그분들에게 일주일에 두세 번 정도 읽을 만한 메일을 서비스하기 시작했다. 그렇게 시작한 일이 이제 10년이 넘었다. 이 일은 한번 맺은 인간관계를 유지해나간다는 의미도 있었지만, 서로 상대적으로 많이 가지고 있는 것을 나누어 갖는다는 의미도 있었다.

훗날 공부를 하면서 나는 이런 개념을 정확하게 표현한 용어를 만났다. 바로 '호위대'란 말이다. 이 개념을 제시한 전문가는 삶을 인생이라는 고속도로 위를 달리는 것에 비유했다. 그리고 그 길에서 다양한 사람들을 만나는 것이 삶이라고 했다. 여행길에서 만난 사람들 가운데는 여행길의 처음부터 끝까지 동행하는 사람들도 있지만 잠시 함께하다가 헤어지는 사람들도 있다. 그러니까 여행길은 짧은 동행자와 긴 동행자들로 이뤄지며, 이들은 마치 '호위대'처럼 인생의 일정 시간을 함께한다. '호위대'가 가지는 순기능에 대해 멜린다 블라우와 캐런 핑거맨은 이렇게 말했다.

호위대는 우리의 역사와 잠재성을 상징한다. 높은 곳에서 삶을 살펴보면 자신이 내린 결정, 처한 상황, 문제를 해결하는 방식을 더욱 잘 이해할 수 있다. 우리가 다른 사람들과 연결되는 방식에 따라 더 나은 정보와 새로운 아이디어를 얻을 수도 있다. 또한 예기치 못한 상황에 직면하거나 인생의 새로운 국면이 닥쳤을 때도 호위대 덕분에 갈팡질팡하지 않을 수 있다. 높은 곳에서 조망하면 타인에게 미칠 수 있는 영향력의 한계도 파악된다.

_멜린다 블라우, 캐런 핑거맨,

《가끔 보는 그가 친구보다 더 중요한 이유》, 21세기북스, p. 59.

그런데 이런 개념을 처음으로 제시한 사람은 생애발달 분야 전문가인 토니 안토누치로서, 그는 한 개인이 일생을 통해서 맺는 인간관계를 나타내는 은유로 호위대라는 개념을 제시했다. 하지만 호위대의 대상이 되는 인간관계를 이야기할 때 주의해야 할 점이 있다. 그것은 처음부터 어떤 목적을 가지고 사람을 만나고 관계를 시작하는 것은 아니라는 점이다. 그러니까 호위대는 유익함을 목적으로 하지 않는 인간관계를 기본으로 한다. 물론 시간이 가면서 인간관계의 결과물로서 유익함이란 단어가 들어설 수 있지만 처음부터 어떤 의도를 갖고 시작하는 것은 아니라는 점이다. 사실 나는 이런 인간관계를 맺는 것을 그냥 살아가는 재미 가운데 하나로 생각하는 편이다.

어떻게 하면 더 나은 인간관계를 만들어갈 수 있을까? 가능하면 호위대에 포함되는 멤버 수를 늘려가는 것도 관계망을 풍성하게 하는 한 가지 방법일 것이다. 오늘 하루도 집을 나서면 삶의 굽이 굽이마다 사람을 만난다. 그렇게 생각하면 잠시 스쳐 지나가는 사람들에게도 그냥 기계적으로 대하지 않고 가능하면 좋은 인상을 심어주기 위해 의식적으로 노력할 수 있다. 친절하게, 정중하게, 관대하게, 가능한 한 이해하는 입장에서 사람들을 대하다 보면 서로의 기분이 좋아질 수 있고 스스로 훌륭한 사람이라는 생각이 든다. 어떤 이득을 목적으로 하지 않고 친절하고 관대하게 사람을 대하는 것은 더 친밀한 인간관계를 맺는 데 큰 도움을 준다.

여기서 한 걸음 나아간 더 친밀한 관계는 명함을 주고받는 사람들이다. 대개는 그냥 명함을 주고받고 말지만, 사실 이들이야말로 호위대를 구성하는 중요한 멤버들에 속한다. 관계망을 유지하는 데 관심을 가진 사람이라면 우선적으로 관심을 가져야 할 대상이 바로 이들이다. 단 한 번이라도 명함을 주고받은 사람들을 어떻게 대할 것인가? 멜린다 블라우는 명함 정리기인 롤로덱스(Rolodex)가 디지털 시대에 뒤떨어진 물건처럼 보이지만, 기업을 방문해보면 여전히 중역들의 책상 한구석을 차지하고 있다고 한다. 한 번이라도 명함을 주고받은 사람이라면 이를 좀 더 체계적으로 관리할 필요가 있다.

모두에게 적용되는 정답은 없지만, 나름의 방법을 갖고 있으면 도움이 될 것이다. 나 역시 이들과의 관계망을 어떻게 제대로 유지할 수 있을지 나름대로 고민했다. 그래서 이를 확장하고 유지하는 방법의 하나로 독서 정보 메일을 정기적으로 보내는 것에서 실마리를 찾았다. 디지털 기술을 활용한 나의 인맥 유지법인 셈이다.

여러분도 한번 상상해보라. 내가 보내는 이메일을 모두 읽지 않는다고 해도 일주일에 두세 번 정도 유익한 메일이 여러분을 방문하고, 이 가운데 요긴한 것이 꽤 된다면 나를 기억하지 않겠는가? 사실 이렇게 맺어진 인간관계 때문에 처음에는 의도하지 않았지만 감사 메일을 받을 때도 상당했고, 내가 개인적인 도움을 청하기 위해 전화를 하고 실제로 도움을 받은 적도 있었다. 하지만 처음부터 도움을 받기 위해 이런 일을 시작한 것은 아니다. 하다 보니까 자연스럽게 그런 기회들이 생겨났다.

이처럼 절친하지 않지만 일정한 거리를 두고 유지할 수 있는 인간관계가 가져다주는 즐거움은 누군가와 연결되어 있다는 유대감이다. 그리고 사람이란 자신이 가진 것을 이용해서 누군가에게 도움을 줄 수 있다는 사실 자체만으로도 기쁨을 느낀다. 그런 기회들을 통해 자신이 살아가는 이유와 열심히 살아가야 할 이유를 확인할 수 있기 때문이다. 우연한 장소에서 만난 분들로부터 "보내주는 이메일이 크게 도움이 됩니다"라는 이야기를 듣는 것도 유쾌한 경험 가운데 하나다. 사람은 누구든지 자신의 존재 이유를 누군가가 확인해줄 때 기쁨을 느낀다.

다음으로 중요한 과제는 절친한 사람들 사이에 친밀한 감정을 유지해나가는 방법이다. 이는 인간관계에 관심을 가진 많은 사람들의 중요한 과제이기도 하다. 가족들과 지인들과 좋은 관계를 유지해나가는 일은 자신의 일과 관련시키기에 앞서 한 인간으로서 행복한 인생을 살아가는 데도 도움이 된다. 이런 관계를 유지해나갈 때 지켜야 할 원칙은 가능한 한 변함이 없는 사람이란 평가를 받는 것이다. 한번 맺어진 인간관계도 이따금 자신과 상대방의 처지가 바뀌면서 변화할 수도 있지만, 가능한 한 이익에 따라 인간관계가 지나치게 휘둘리지 않도록 하라. 여기서 중요한 꾸밈말은 '지나치게' 라는 표현이다. 인정하고 싶지 않지만 인간관계 역시 상황의 변화나 시간의 흐름에 따라 변하기 마련이다. 이는 어쩔 수 없는 부분이다. 그럼에도 불구하고 가능한 한 '지나치게' 이익에 휘둘리지 않도록 노력하는 것이 중요하다.

친밀한 사람과의 관계에서도 드물게 일어나는 한 가지 불편한 일이 있다. 그것은 말이나 글, 또는 행동으로 상대방이 가진 삶의 에너지를 계속해서 빼앗아가는 것이다. 이들은 사사건건 시비를 걸기도 하고 의욕을 낮추는 말이나 행동을 예사롭게 하는데, 이런 사람들을 두고 흔히 '에너지 뱀파이어' 라고 부르기도 한다. 마치 흡혈귀처럼 상대방을 괴롭히는 사람들이다. 여러 번 노력을 해도 그런 상대방을 바꾸기가 불가능하다고 판단되면 관계를 정리하거나 만남의 빈도를 줄여야 한다. 친밀한 관계 때문에 이러지도 저러지도 못한 상태로 질질 끌려가는 사람들을 만날 때면 지켜보는 사람이 화가 날 정도다. 불가피한 경우라면 절친한 인맥도 구조조정의 대상이 되어야 한다고 생각한다.

친밀한 정도에 따라서 만남의 횟수나 주고받는 소통의 횟수가 달라지겠지만, 이를 유지해나감에 있어서도 중요한 원칙은 바로 '꾸준함' 이라 할 수 있다. 인간관계 역시 근면과 성실이 가장 중요하다. 이 두 가지 덕목만 가지고 있어도 개인적인 이익에 따라 관계의 명암이 크게 달라지지 않고 좋은 관계를 계속해서 유지할 수 있다. 여기에 한 가지를 더하자면 인간관계가 반드시 자신과 타인과의 관계만을 뜻하는 것은 아니라는 점이다. 타인과 원만한 관계를 유지하기 위해서는 자신과 또 다른 자신 사이에도 제대로 좋은 관계를 맺어야 한다. 스스로 세상을 바라보는 관점이나 실력 등 자신을 지탱해주는 토대를 확실히 다져나가는 것도 좋은 인간관계의 기초에 해당한다.

세상이 점점 이익 중심으로 돌아가고 이익에 따라 친밀한 관계도 변화하기 쉽지만, 자신만의 원칙을 갖고 이런 관계를 자기중심으로 만들어가는 일도 권할 만한 원칙이라 생각한다. 어떻게 하면 관계망을 유지하는 일에서도 효과를 볼 수 있을까? 모든 인간관계를 유지하는 비법은 부지런히, 꾸준하게 하는 것이다. 친밀한 관계에 있는 사람이라면 시간을 내서 만날 수도 있고 그것이 가능하지 않으면 이따금 전화를 할 수도 있는 일이다. 필요하다면 사적인 서신을 메일이나 편지 형식으로 보낼 수 있다.

그런데 여기서 주의해야 할 점은 상대방을 이용한다는 인상을 심어주지 말아야 한다는 것이다. 이따금 그런 의도를 조심하지 않고 드러내는 사람들을 만나게 되는데, 그런 사람과의 관계는 피상적일 수밖에 없다. 또한 무엇인가를 부탁할 때라도 한 번 더 깊이 생각해야 한다. 부탁을 한다는 것은 부탁을 받는 사람에게도 부담이 되는 일일 뿐만 아니라 부탁을 전후해서 서로 어색해질 수 있기 때문이다. 물론 부탁을 할 수도 있지만 이때도 부탁을 받는 사람의 입장에서 한 번 더 생각해보는 지혜를 가져야 한다.

만남이란 것은 그것이 한 번이든 두 번이든, 서로 귀한 기회를 갖는 것을 뜻한다. 명함을 효율적으로 관리하는 도구를 사용할 수도 있고, 만남 이후에 중요한 대화를 체계적으로 메모하는 방법을 이용할 수도 있다. 상대방과의 지속적인 인연을 이어가기 위한 별도의 방법을 생각해보는 것도 좋다. 내가 잘 아는 분들 가운데는 규칙적으로 인사 메일을 보내는 분들도 있고, 또 이따금 필요한 정보를 메일에 담아서 보내는 분들도 있다. 자주는 아니더라도 '내가 당신을 기억하고 있습니다' 라는 사실을 전달하는 것만으로도 의미가 있다고 생각한다. 모두에게 가능한 일은 아니겠지만 나처럼 메일을 이용해서 정기적으로 필요한 정보를 보내는 것도 꽤 괜찮은 방법 가운데 하나다.

연결망이란 그 안에 무엇인가가 계속 흘러 다녀야 유지될 수 있다. 관심, 추억, 정보, 배려 등 여러분이 비교우위에 있는 것이 연결망을 통해 흐르도록 해야 한다. 그냥 누구를 만났다는 사실만으로는 충분하지 않다. 유지 보수에는 반드시 일정한 투자가 필요하다. 인간관계도 넓은 의미에서 보면 도로나 항만과 다를 바가 없다. 인맥을 유지하기 위해 꾸준히 보수 공사를 벌인다고 생각하고 투자하면 분명 도움이 될 것이다.

모두를 정중하게 대하라.

인연이 닿은 사람들과의 연을 이어갈 수 있는 방법을 찾아 실천하라.

인생에 한 방은 없다

여러분은 그동안의 삶을 되돌아보았을 때 후회가 없는가? 물론 우리 모두가 흠결 많은 인간인지라 아주 없을 수는 없지만, 최대한 줄일 수는 있어야 한다. 후회 없는 인생을 넘어 성공하는 인생을 위해 수많은 저자들이 정말 수많은 이야기를 한다. 꿈을 향해 나아가라고 주문하는 사람도 있고, 구체적인 목표를 만들어 차근차근 추진해나가라고 조언하는 사람도 있으며, 따뜻한 말로 심리적 위안을 주는 사람도 있다. 나 또한 이런 책을 여러 권 썼지만 이번 책에서는 그동안 다루지 않았던 부분을 구체적으로 이야기하고자 했다.

아무리 꿈을 크게 갖고 늘 소망하면서 살아가더라도 실제로 내 것이 되지 않으면 영원히 꿈이나 소망으로 남을 것이다. 그리고 간절히 소망하는 바를 자신의 것으로 만들어내려면 구체적인 실천이 뒤따라야 하고 그 실천 또한 한 번이 아니라 계속해서 반복되어야 한다. 즉, 소망을 실현시키는 해답은 바로 '습관의 변화'에 있다고 할 수 있다.

책에서는 각자가 바라는 것을 주로 아웃풋으로 놓고 이를 가능하게 하는 것을 인풋으로 나누어 다루었다. 그리고 나는 인풋 가운데서도 결정적인 것에 해당하는 습관을 주로 다루었다. 타인의 습관이 아니라 내가 지녀온 습관을 중심으로 습관을 경영하라는 메시지를 담은 책이다. 아웃풋을 체계적으로 관리하는 것을 두고 '목표경영'이란 용어를 사용할 수 있다면, 마찬가지로 인풋인 습관을 체계적으로 관리하는 것을 두고 '습관경영'이란 용어를 사용할 수 있을 것이다. 모든 습관을 바꿀 필요는 없다. 핵심적인 습관 몇 가지를 변화시키는 프로젝트에서 큰 성과를 거둘 수 있다면 삶은 크게 달라질 수 있다.

더 나은 성과를 만들고, 자기 자신을 더 나은 존재로 만들기 위해 습관을 바꾸려는 노력은 2500여 년 전 아리스토텔레스의 책에서도 등장했다. 그는 《니코마코스 윤리학》에서 "탁월한 사람이라서 올바르게 행동하는 것이 아니다. 올바르게 행동했기 때문에 탁월한 사람이 되는 것이다", "인간은 반복적으로 행하는 것에 따라 판명되는 존재다. 따라서 탁월함은 단일 행동이 아니라 바로 습관에서 온다"라는 명언을 남겼다. 또한 사업가, 발명가, 정치가, 교육자로 이름을 떨쳤던 벤저민 프랭클린도 일반 시민에게 습관 개조의 방법과 위력을 체계적으로 설파한 인물이다. 그는 일찍이 습관의 힘에 주목하고 자신과 세상 사람들을 더 나은 존재로 인도하기 위해 나섰다. 그는 습관을 개조하는 것을 아예 하나의 프로젝트로 삼아서 일상의 선을 만드는 데 앞장섰던 열정적인 인물이기도 했다.

여러분이 직업적으로나 인간적으로 남과 뚜렷하게 구분되는 성공적인 인생을 살아가기를 간절히 소망한다면, 귀한 결실을 거둬야 하고 이를 가능하게 하는 노력이 뒤따라야 한다. 그 노력은 습관의 변화라는 용어를 자신의 것으로 만드는 것이다. 그러나 습관의 변화는 쉽지 않다. 때문에 대다수가 소망하는 대로 살기를 간절히 원하지만 그렇게 살아가는 사람은 소수 중에서도 소수에 불과하다. 보다 쉬운 것을 권하는 시대에 근본적인 것을 변화시키자는 주장은 독자들에게 다소 부담이 될 수도 있다. 하지만 옛날이나 지금이나, 그리고 미래에서도 잘사는 일과 성공하는 일의 본질에는 크게 변화가 없다고 생각한다. 습관의 변화 없이는 쉽지 않을 것이다. 이 책에서 소개한 '핵심 습관'들은 더 나은 삶을 소망하는 분들에게 도움이 될 것이다.

"인생은 한 방이 아니라 축적!"

KI신서 3606

공병호 습관은 배신하지 않는다

1판 1쇄 발행 2011년 10월 20일
1판 24쇄 발행 2020년 6월 15일

지은이 공병호
펴낸이 김영곤 **펴낸곳** (주)북이십일 21세기북스
디자인 표지 김진 **디자인 본문** 네오북
영업본부 이사 안형태 **영업본부장** 한충희
출판영업팀 김수현 오서영 최명열
제작팀 이영민 권경민

출판등록 2000년 5월 6일 제10-1965호
주소 (우413-120) 경기도 파주시 회동길 201(문발동)
대표전화 031-955-2100 **팩스** 031-955-2151 **이메일** book21@book21.co.kr

(주)북이십일 경계를 허무는 콘텐츠 리더
21세기북스 채널에서 도서 정보와 다양한 영상자료, 이벤트를 만나세요!
페이스북 facebook.com/jiinpill21   **포스트** post.naver.com/21c_editors
인스타그램 instagram.com/jiinpill21   **홈페이지** www.book21.com
유튜브 www.youtube.com/book21pub
서울대 가지 않아도 들을 수 있는 명강의! 〈서가명강〉
네이버 오디오클립, 팟빵, 팟캐스트에서 '서가명강'을 검색해보세요!

ⓒ 공병호, 2011

ISBN 978-89-509-3362-3 03320
책값은 뒤표지에 있습니다.

이 책 내용의 일부 또는 전부를 재사용하려면 반드시 (주)북이십일의 동의를 얻어야 합니다.
잘못 만들어진 책은 구입하신 서점에서 교환해 드립니다.